D1730200

Juristische Ausbildung

Übungen

herausgegeben von

Prof. Dr. Dagmar Coester-Waltjen, München
Prof. Dr. Dirk Ehlers, Münster
Prof. Dr. Klaus Geppert, Berlin
Prof. Dr. Dr. h.c. Harro Otto, Bayreuth
Prof. Dr. Jens Petersen, Potsdam
Prof. Dr. Friedrich Schoch, Freiburg i. Br.
Prof. Dr. Klaus Schreiber, Bochum

De Gruyter Recht · Berlin

Rolf Wank

Übungen
im Arbeitsrecht

3., neubearbeitete und erweiterte
Auflage

De Gruyter Recht · Berlin 2002

Dr. *Rolf Wank*
Professor für Bürgerliches Recht, Handels-, Wirtschafts- und Arbeitsrecht
an der Ruhr-Universität Bochum

Gedruckt auf säurefreiem Papier,
das die US-ANSI-Norm über Haltbarkeit erfüllt.

Die Deutsche Bibliothek – CIP-Einheitsaufnahme

Wank, Rolf:
Übungen im Arbeitsrecht / von Rolf Wank. – 3., neubearb. Aufl. –
Berlin : De Gruyter Recht, 2002
  (Jura : Übungen)

  ISBN 3-89949-002-9 (De Gruyter Recht)
  ISBN 3-11-017203-8 (de Gruyter)

Einband: Iris Farnschläder, D-34131 Kassel
Datenkonvertierung/Satz: WERKSATZ Schmidt & Schulz GmbH,
D-06773 Gräfenhainichen
Druck und Bindung: Kösel GmbH & Co., Kempten

Vorwort

Ebenso wenig wie in anderen Rechtsgebieten genügt im Arbeitsrecht das bloße Lernen des Stoffes, wenn man ihn nicht in eine Falllösung umsetzen kann. In der vorliegenden Schrift werden einige Standard-Probleme am Fall behandelt, wie sie dem Studenten in der Wahlfach-Klausur, aber auch – im Individualarbeitsrecht – als Teil der Pflichtfachklausur Zivilrecht, häufig begegnen. Auf die Einarbeitung der Auswirkungen der Schuldrechtsreform auf das Arbeitsrecht wurde besonderer Wert gelegt. Das in der Vorauflage enthaltene Beispiel für eine Hausarbeit entfiel zugunsten von zwei neuen Klausuren, einem Fall zur Leistungsverweigerung des Arbeitnehmers und zu § 310 Abs. 4 BGB sowie einem Fall zu § 613 a BGB.

Die hier abgedruckten Aufbauschemata weisen dieselben Vor- und Nachteile auf wie Aufbauschemata allgemein. Ihr Vorzug besteht darin, dass Sie als Student erkennen können, an welcher Stelle der Fallbearbeitung eine dogmatische Streitfrage wie einzuführen ist. Der Nachteil dieser Schemata besteht darin, dass sie häufig weniger als Hilfe denn als Zwangsjacke verwandt werden. Benutzen Sie die Schemata mit Verstand: Überprüfen Sie Ihren Sachverhalt genau darauf, ob nicht eine Besonderheit vorliegt, aufgrund deren eine ganz andere Bearbeitung erforderlich ist.

Die Schrift wurde gegenüber der 2. Aufl. völlig überarbeitet und auf den Stand von Mai 2002 gebracht.

Bochum, im Mai 2002 *Rolf Wank*

Inhalt

1. Teil: Einführung

2. Teil: Einübung in die Fallbearbeitung

Schrifttum

I. Lehrbücher

Boemke, Studienbuch Arbeitsrecht, 2001
Brox/Rüthers, Arbeitsrecht, 15. Aufl. 2002
Dütz, Arbeitsrecht, 7. Aufl. 2002
Gitter/Michalski, Arbeitsrecht, 5. Aufl. 2002
Hanau/Adomeit, Arbeitsrecht, 12. Aufl. 2000
Hromadka/Maschmann, Arbeitsrecht, Band 1, 2. Aufl. 2002, Band 2,
  2. Aufl. 2001
Junker, Grundkurs Arbeitsrecht, 2001
Lieb, Schwerpunkte, Arbeitsrecht, 7. Aufl. 2000
Löwisch, Arbeitsrecht, 5. Aufl. 2000
Preis, Arbeitsrecht, 2. Aufl. 2001
Söllner, Grundriß des Arbeitsrechts, 12. Aufl. 1998
Wollenschläger, Arbeitsrecht, 1999
Zöllner/Loritz, Arbeitsrecht, 5. Aufl. 1998

II. Handbücher

Kasseler Handbuch zum Arbeitsrecht, 2 Bände, 2. Aufl. 2000
Münchener Handbuch zum Arbeitsrecht, 3 Bände, 3. Aufl. 2002
Schaub, Arbeitsrechts-Handbuch, 9. Aufl. 2000

III. Fallsammlungen

Belling/Luckey, Höchstrichterliche Rechtsprechung zum Arbeitsrecht,
  2. Aufl. 2000
Buchner, Fälle zum Wahlfach Mitbestimmungs-, Betriebsverfassungs- und
  Personalvertretungsrecht, 2. Aufl. 1994
Gitter/Michalski/Frotscher, Arbeitsrecht, 3. Aufl. 2002
Hauck/Linck/Wagner, Grundlegende Entscheidungen zum Arbeits-
  recht, 1994
Heckelmann/Franzen, Fälle zum Arbeitsrecht, 2. Aufl. 2000
Oetker, 30 Klausuren aus dem Arbeitsrecht, Individualarbeitsrecht, 5. Aufl.
  1998; 30 Klausuren aus dem Arbeitsrecht, Kollektives Arbeitsrecht,
  5. Aufl. 2001
Richardi/Annuß, Arbeitsrecht, 7. Aufl. 2000

IV. Kommentare

1. Kommentare zum BGB, §§ 611–630

Erman-*Hanau*, Band 1, 10. Aufl. 2000

Münchener Kommentar, 3. Aufl. 1997
- *Söllner*, §§ 611–611b
- *Schaub*, §§ 612–617, 619
- *Lorenz*, § 618
- *Schwerdtner*, §§ 620–630

Soergel-*Kraft*, Band 4, Schuldrecht III, 1, 12. Aufl. 1997
- *Wiedemann*, Band 2, Schuldrecht I, 12. Aufl. 1990

Schliemann (Hrsg.), Das Arbeitsrecht im BGB, 2. Aufl. 2002

Staudinger
- *Richardi*, §§ 611–615, 13. Bearbeitung 1999
- *Oetker*, §§ 616–619, 13. Bearbeitung 1997
- *Neumann*, Vorbem. zu § 620, 13. Bearbeitung 1995
- *Preis*, §§ 620–630, 13. Bearbeitung 1995

2. Kommentierung aller wichtigen arbeitsrechtlichen Gesetze im Erfurter Kommentar, 2. Aufl. 2001, 3. Aufl. 2002

3. S. im Übrigen die Kommentare zu den arbeitsrechtlichen Spezialgesetzen, insbes. zum Kündigungsrecht:
- *Ascheid/Preis/Schmidt*, Großkommentar zum Kündigungsrecht, 2000 (zit. APS-Bearbeiter)
- Gemeinschaftskommentar zum Kündigungsschutzgesetz und zu sonstigen kündigungsschutzrechtlichen Vorschriften (zit. KR-Bearbeiter), 6. Aufl. 2002
- *v. Hoyningen-Huene/Linck*, Kündigungsschutzgesetz, 13. Aufl. 2002

Hinweis: Die hier genannten Schriften werden abgekürzt zitiert.

1. Teil: Einführung

I. Zweckmäßiges Lernen

Wenn Sie Arbeitsrecht lernen wollen, so brauchen Sie beides: Stoffkenntnis und Erfahrung in der Falllösung. Diese Schrift will Ihnen helfen, die anhand von Lehrbüchern gewonnenen Erkenntnisse am Fall einzuüben und zu kontrollieren. Sie sollten also beim Erlernen des Arbeitsrechts gleichzeitig mit Lehrbuch und Fallanleitung arbeiten.

Am besten gehen Sie dabei nach der »Schwerpunkt-Methode« vor. Konsumieren Sie Ihr Lehrbuch nicht wie einen Roman, sondern beschäftigen Sie sich mit Problemschwerpunkten. Nehmen Sie als Beispiel die Frage, ob der Franchise-Nehmer Arbeitnehmer oder Selbstständiger ist. Sie können diese Frage in die allgemeine Problematik des Arbeitnehmerbegriffs einordnen. Dazu sollten Sie sich zunächst einmal allgemein über Rechtsprechung und Literatur zu diesem Fragenkreis informieren. Um zu einem Verständnis Ihrer Spezialproblematik zu gelangen, sollten Sie wie folgt vorgehen:

1. Wie sieht der Grundfall aus?
   Um welches Rechtsproblem geht es, in welche Fragen nach welchen Rechtsfolgen ist es verpackt, welche weiteren Probleme folgen aus der zugrunde liegenden Entscheidung, welche Argumente werden in Rechtsprechung und Literatur vertreten?
2. Welche Erweiterungen des Grundfalls gibt es?
   In welchen anderen außer den klar einzuordnenden Fällen taucht das Problem noch auf? Wie ist es strukturiert, wie sind hier Detailprobleme und Argumente?
3. Welche Varianten des Grundfalles gibt es?
   Wie sind sie strukturiert, welche Probleme und Argumente gibt es?

Nach dieser Vorklärung werden Sie feststellen können, ob Ihr konkreter Fall in die Kategorie »Grundfall zum Arbeitnehmerbegriff« oder in die Kategorie »Erweiterungen des Grundfalls zum Arbeitnehmerbegriff« oder in die Kategorie »Varianten des Grundfalls zum Arbeitnehmerbegriff« gehört und sowohl die grundsätzliche Fragestellung als auch die spezielle Fragestellung in Ihrem Fall richtig erkennen. Wenn Sie bei diesem Lernen gleichzeitig die Probe am Fall machen, etwa nach der vorliegenden Fallsammlung, stoßen Sie schneller zum Kern der Probleme vor.

Hüten Sie sich davor, nach Theorien zu lernen! Lernen Sie stattdessen in Rechtsproblemen und Anwendungsfällen. Auch die Theorien sind in der Weise entstanden, dass man bestimmte Rechtsprobleme lösen und Erklärungsmuster für bestimmte Anwendungsfälle liefern wollte. Am Anfang steht das Problem, nicht die Theorie. Kandidaten, die nicht nach Problemen, sondern nach Theorien lernen, werfen dem Prüfer in der mündlichen Prüfung zwar die Namen aller Theorien an den Kopf; aber die dazugehörige Problematik können sie selbst an einem einfachen Fall nicht erkennen, und damit sind ihre Kenntnisse unbrauchbar. Lernen Sie demgegenüber anwendungsbezogen, d. h. anhand von Fällen!

II. Besonderheiten des Arbeitsrechts?

1. Es besteht manchmal die Vorstellung, dass es im Arbeitsrecht gegenüber dem vergleichsweise durchnormierten Bürgerlichen Recht an einer ausreichenden Kodifizierung fehle; alles beruhe auf Richterrecht und Rechtsfiguren wie Treue- und Fürsorgepflicht. Dieser Eindruck täuscht. Tatsächlich ist das Arbeitsrecht in einer Fülle von Einzelgesetzen geregelt – nehmen Sie sich irgendeine Sammlung arbeitsrechtlicher Gesetze zur Hand und Sie werden das bestätigt finden. Die §§ 611–630 BGB, in die in den BGB-Kommentaren das gesamte Arbeitsrecht gepresst wird, geben insoweit leicht ein falsches Bild.

Soweit das Gesetzesrecht durch Richterrecht ausgelegt und konkretisiert wird, entspricht das dem in den anderen Rechtsgebieten Üblichen (vgl. etwa die Kommentierung zur Verkehrssicherungspflicht[1] mit der zu den dringenden betrieblichen Erfordernissen bei der Kündigung[2]). Besonderen Rechtsfiguren, die durch Gewohnheitsrecht und Richterrecht im Bürgerlichen Recht entwickelt (und die durch die Schuldrechtsreform ins Gesetz aufgenommen) wurden (z. B. »Positive Vertragsverletzung«), entsprechen eigene Rechtsfiguren des Arbeitsrechts (z. B. »gefahrgeneigte Arbeit«, jetzt »innerbetrieblicher Schadensausgleich«, »arbeitsrechtlicher Gleichbehandlungsgrundsatz«, »betriebliche Übung«). Nur in einem Gebiet ist das geltende Recht mangels gesetzlicher Regelung ganz überwiegend dem Richterrecht zu entnehmen: im Arbeitskampfrecht.

2. Für Ihre Fallbearbeitung ergibt sich: Gehen Sie zunächst immer von der gesetzlichen Regelung aus! Sie werden erstaunt sein, wie vieles sich auf eine

---

1   ZB in MK-*Mertens*, BGB, 2. Aufl 1986, § 823, Rn 177 ff, 182 ff.
2   S zB KR-*Etzel*, § 1 KSchG, Rn 515 ff.

gesetzliche Regelung zurückführen lässt (so verweist z. B. die Formulierung »aus dringenden betrieblichen Gründen erforderlich« in § 1 Abs. 2 KSchG auf das Verhältnismäßigkeitsprinzip;[3] die Formulierung in Art. 9 Abs. 3 GG, »zur Wahrung und Förderung der Arbeits- und Wirtschaftsbedingungen« zeigt, dass der politische Streik keinen verfassungsrechtlichen Schutz genießt.[4] Vieles lässt sich, wenn schon nicht unmittelbar aus dem Wortlaut, so jedenfalls aus dem gesetzlichen System ableiten. Beispielsweise ergibt sich für das Ineinandergreifen betrieblicher und sozialer Gründe in § 1 KSchG folgender Zusammenhang und damit folgende Prüfungsreihenfolge:

– dringende betriebliche Erfordernisse, § 1 Abs. 2 KSchG
  (= nur betriebliche Gründe)
– soziale Auswahl, § 1 Abs. 3 Satz 1 KSchG
  (= nur soziale Gründe im Anschluss an die Prüfung nach Abs. 2)
– ausnahmsweise besondere betriebliche Gründe vorrangig vor sozialen Gründen, § 1 Abs. 3 Satz 2 KSchG
  (betriebliche Gründe innerhalb der Auswahl nach Abs. 3 Satz 1).

Soweit gesetzliche Regelungen durch Richterrecht ausgelegt oder konkretisiert worden sind, gibt es bei der Falllösung zwei Möglichkeiten, die Subsumtionsmethode *Gesetzesauslegung* und die Fallgruppenbildung *Gesetzeskonkretisierung*.[5] Bei der Subsumtionsmethode wird jedes einzelne Merkmal einer Gesetzesvorschrift zunächst abstrakt ausgelegt, sodann wird ein Sachverhaltsmerkmal unter das gesetzliche Merkmal in der Auslegung, die es durch Rechtsprechung und Schrifttum gefunden hat, subsumiert. Bei der Fallgruppenbildung wird die Norm durch Fallgruppen, Untergruppen und Unter-Untergruppen so weit konkretisiert, dass eine Anwendung auf den konkreten Fall möglich ist. Dieses methodische Vorgehen ist z. B. für die §§ 138, 242, 826 BGB, § 1 UWG und § 1 Abs. 2 KSchG geboten.

Auch im Falle von Richterrecht sollten Sie bei der Falllösung ähnlich verfahren wie beim Gesetzesrecht, und zwar gleichgültig, ob es sich um gesetzesauslegendes und gesetzeskonkretisierendes Richterrecht handelt oder um gesetzesvertretendes Richterrecht, wie im Arbeitskampfrecht. Bilden Sie zunächst Rechtssätze, als ob es sich um Gesetzesrecht handelte, und legen Sie diese dann aus oder konkretisieren Sie sie.

---

3 *v Hoyningen-Huene/Linck,* § 1 KSchG, Rn 139 ff.
4 MünchArbR-*Otto,* § 285, Rn 37 ff; *Wank,* Anm zu BAG EzA Art 9 GG Arbeitskampf Nr 80 mwN.
5 Zur Konkretisierung s *Larenz,* Methodenlehre der Rechtswissenschaft, 6. Aufl 1991, S 288 ff; *Wank,* Grenzen richterlicher Rechtsfortbildung, 1978, S 145 ff.

In einem zweiten Schritt sind Fallgruppen zu bilden. Sie können beispielsweise mit Hilfe eines Kommentars die einzelnen Fallgruppen zu einer
bestimmten Frage ermitteln und sodann prüfen, ob sich Ihr konkreter Fall
unter eine dieser Fallgruppen subsumieren lässt.

III. Die Prüfungsreihenfolge

Auch für arbeitsrechtliche Klausur- und Hausarbeitsaufgaben gelten die allgemeinen Grundsätze[6] wie für zivilrechtliche Fälle.[7] Üblicherweise ist nach
einem Anspruch gefragt. Die Frage kann aber auch dahin gehen, ob die
Kündigung wirksam ist oder ob der Tarifvertrag oder die Betriebsvereinbarung wirksam sind.

Auch für die Lösung arbeitsrechtlicher Fälle gilt, dass jede juristische
Prüfung von einer Rechtsfolge ausgehen muss. An der Spitze Ihrer Prüfung
muss also die Antwort in Form einer abstrakten Rechtsfolge aus einem
Rechtssatz des Gesetzesrechts oder des Richterrechts stehen, aus der sich die
konkrete Rechtsfolge ergibt, nach der am Ende der Aufgabenstellung gefragt
ist. Allgemeine Erörterungen zur »Rechtsnatur« der Kündigung, zum
»Wesen des Arbeitskampfs« oder dergleichen sind überflüssig und damit
falsch.

Viele Studenten meinen, im Arbeitsrecht komme es nicht auf eine exakte
Subsumtion an. So schreiben sie etwa in einer Klausur über das Prinzip
»ohne Arbeit kein Lohn« oder über das Prinzip »Lohn ohne Arbeit« statt,
wie es geboten wäre, gleich unter §§ 615, 616 BGB oder eine entsprechende
Vorschrift zu subsumieren.

Suchen Sie zu der abstrakten Rechtsfolge den abstrakten Tatbestand, entweder aus einem Rechtssatz des Gesetzesrechts oder aus einem Rechtssatz
des Richterrechts. Zerlegen Sie ihn in einzelne Tatbestandsmerkmale, die
Sie für die Hausarbeit mit Hilfe von Lehrbüchern und Kommentaren, in der
Klausur mit Hilfe der Auslegungsregeln der juristischen Methodenlehre
»auslegen« oder »konkretisieren«.

Bei diesem Prüfschritt sollen Ihnen die anliegenden Aufbauschemata
helfen. Die Arbeit der Zerlegung in Tatbestandsmerkmale und in eine bestimmte Reihenfolge wird Ihnen insofern abgenommen.

---

6 S zB *Brox*, JA 1987, S 169 ff; *Diederichsen*, Die BGB-Klausur, 9. Aufl 1998; *Olzen/
Wank*, Zivilrechtliche Klausurenlehre mit Fallrepetitorium, 3. Aufl 2001.
7 Zu Besonderheiten des Arbeitsrechts s *Estelmann*, JuS 1989, S 298 ff; *Lieb*, Arbeitsrecht, § 2.

Subsumieren Sie schließlich mit den Sachverhaltsangaben unter die im Wege der Auslegung oder Konkretisierung ermittelten abstrakten Merkmale des Rechtssatzes.

IV. Arten von Arbeitsrechts-Klausuren

Sie können sich die Vorbereitung auf die Übungen und das Examen erleichtern und die Angst vor unbekannten Aufgabenstellungen abbauen, wenn Sie sich klarmachen, dass es auch hier – wie im Bürgerlichen Recht allgemein – einige Grundmuster für Klausuren gibt.

Im *Individualarbeitsrecht* geht es um das Arbeitsverhältnis insgesamt und um einzelne Ansprüche aus dem Arbeitsverhältnis.

Bei der ersten Frage orientieren Sie sich an dem Schema Entstehung, Änderung und Beendigung des Arbeitsvertrages. Zur Entstehung sind die Sonderprobleme Qualifizierung des Beschäftigungsverhältnisses (Fall Nr. 1) und fehlerhaftes Arbeitsverhältnis (Fall Nr. 2) zu merken, bei der Änderung die Problematik Direktionsrecht oder Vertragsänderung – und im Zusammenhang damit die Mitbestimmung des Betriebsrats (Fall Nr. 12) – und bei der Beendigung ordentliche Kündigung (Fall Nr. 8), außerordentliche Kündigung (Fall Nr. 9) und Befristung (Fall Nr. 1) ebenso wie einige Sondervorschriften, wie § 613 a Abs. 4 BGB (Fall Nr. 10).

Die Anspruchsklausur kann auf den Primäranspruch, also auf Erfüllung, oder auf Sekundäransprüche, insbes. auf Schadensersatz, gerichtet sein.

Der *Erfüllungsanspruch* des Arbeitgebers gegen den Arbeitnehmer hat praktische Bedeutung nur in der Variante, ob der Arbeitnehmer einer Weisung des Arbeitgebers Folge leisten muss (s. Fall Nr. 5).

Der Arbeitnehmer kann gegen den Arbeitgeber geltend machen: Erfüllungsansprüche

– betr. die Hauptleistung des Arbeitgebers, die Lohnzahlung,
– betr. Lohnersatzleistungen, z.B. Lohnfortzahlung im Krankheitsfall (s. Fall Nr. 4)
– betr. Erfüllung von Nebenleistungspflichten, z.B. Zahlung von Sonderzuwendungen (s. Fall Nr. 3); hierzu sind die Probleme Gleichbehandlung, betriebliche Übung und Widerruf zu beachten.

Schadensersatzansprüche des Arbeitgebers gegen den Arbeitnehmer unterliegen den Sonderregeln des innerbetrieblichen Schadensausgleichs (s. Fall Nr. 6). Bei Schadensersatzansprüchen des Arbeitnehmers gegen den Arbeitgeber sind §§ 104 f. SGB VII betr. Personenschäden und das Problem der Eigenschäden zu beachten (s. Fall Nr. 7).

In Ausbildung und Praxis kommt der *Kündigung* erhebliche Bedeutung zu.

Sie sollten sich zum Kündigungsrecht fünf Problemkreise merken:

- Kündigungserklärung
- Fristen und Termine
- Kündigungsgrund
- Kündigungsverfahren
- Sonderkündigungsschutz.

Bei der *Kündigungserklärung* können Probleme der Auslegung der Willenserklärung, der Form und des Zugangs oder der Stellvertretung auftreten.

Bei *Fristen und Terminen* ist die Rechtslage gegenüber früher dadurch erheblich vereinfacht, dass die Gesamtregelung für die ordentliche Kündigung jetzt in § 622 BGB enthalten ist. Sonderprobleme können sich dadurch ergeben, dass ein Tarifvertrag abweichende Regelungen vorsieht oder dass das Gesetz für besondere Personengruppen eine abweichende Regelung enthält (s. z. B. § 86 SGB IX).

Schwerpunkt ist die Frage des *Kündigungsgrundes.* Während für die Kündigungserklärung, für Fristen und Termine das Kündigungsschutzgesetz keine Rolle spielt, ist es in diesem Zusammenhang zu beachten. Entweder unterliegt die Kündigungserklärung dem Kündigungsschutzgesetz – dann ist ein Kündigungsgrund gem. § 1 Abs. 2 KSchG erforderlich; oder sie unterliegt dem Gesetz nicht; dann bedarf es keines Kündigungsgrundes, und es findet nur eine Inhaltskontrolle nach §§ 134, 138, 242 BGB statt; insbesondere bei Kündigungen im Kleinbetrieb (§ 23 Abs. 1 KSchG) ist § 242 BGB zu beachten.

Beim *Verfahren* geht es einmal um das Verfahren bei der Kündigung (z. B. Anhörung des Betriebsrats, Einhaltung der 2-Wochen-Frist gem. § 626 Abs. 2 BGB), und zum anderen um das Verfahren vor Gericht. Hierbei ist zwischen der Kündigungsschutzklage nach dem Kündigungsschutzgesetz gem. § 4 KSchG und der allgemeinen Feststellungsklage gem. § 256 ZPO i. V. m. § 46 Abs. 2 ArbGG auf Bestehen des Arbeitsverhältnisses zu unterscheiden. Beide Klagearten unterscheiden sich hinsichtlich des Streitgegenstandes und damit u. a. auch des Umfangs der gerichtlichen Prüfung und der Rechtskraft.[8]

8 Dazu eingehend *Prütting* in Germelmann ua, ArbGG, 4. Aufl 2002, Einl Rn 161 ff.

Einige Personengruppen genießen einen *besonderen Kündigungsschutz*, sowohl im Hinblick auf das materielle Recht als auch im Hinblick auf das Verfahren (so u. a. Betriebsratsmitglieder, Schwangere und Mütter, Schwerbehinderte; zu Auszubildenden s. Fall Nr. 9).

Bevor Sie bei einer *ordentlichen Kündigung* auf Einzelheiten des § 1 Abs. 2 KSchG eingehen, müssen Sie unbedingt prüfen:

- persönlicher Geltungsbereich des Gesetzes: nur anwendbar auf Arbeitnehmer, die seit mehr als einem halben Jahr im selben Betrieb beschäftigt sind, § 1 Abs. 1 KSchG
- sachlicher Geltungsbereich, der Betrieb muss mehr als fünf Arbeitnehmer beschäftigen, § 23 KSchG
- Einhaltung der Klagefrist (merken Sie sich die Kette §§ 4, 7, 13 KSchG).

Ist die Klagefrist von drei Wochen ab Zugang der Kündigungserklärung eingehalten, gelangen Sie zu § 1 Abs. 2 KSchG.

Ist die Klagefrist nicht eingehalten, so müssen Sie unterscheiden:

- Ist Streitgegenstand die Wirksamkeit der Kündigung nach §§ 1 Abs. 2, 3 KSchG, so ist die verspätete Klage unbegründet, §§ 4, 7 KSchG.
- Ist Streitgegenstand ein anderer Unwirksamkeitsgrund (z. B. keine Anhörung des Betriebsrats, § 102 Abs. 1 Satz 3 BetrVG), so ist keine Einhaltung der Klagefrist erforderlich, § 13 Abs. 3 KSchG.

Die *außerordentliche Kündigung* ist in der Regel eine fristlose Kündigung. Doch findet bei nach Tarifvertrag unkündbaren Arbeitnehmern eine außerordentliche befristete Kündigung statt.

Der Kündigungsgrund für die außerordentliche Kündigung richtet sich nach § 626 BGB. Bezüglich der Klagefrist nimmt § 13 Abs. 1 Satz 2 KSchG auf die §§ 4 und 7 KSchG bezug, d. h. es gilt auch hier die Dreiwochenfrist. Das wird oft übersehen.

Im *kollektiven Arbeitsrecht* können Klausuren aus dem Bereich des Betriebsverfassungsrechts und des Rechts der Unternehmensmitbestimmung, des Tarifvertragsrechts und des Arbeitskampfrechts vorkommen.

Im *Betriebsverfassungsrecht* geht es meist darum, unter welchen Voraussetzungen ein Mitwirkungsrecht (Anhörungs-, Widerspruchs- oder echtes Mitwirkungsrecht) des Betriebsrats besteht. Die Rechtsfolgen können sowohl kollektivrechtlicher Art sein (im Verhältnis Arbeitgeber-Betriebsrat) als auch individualrechtlicher Art (z. B. Unwirksamkeit der Maßnahme des Arbeitgebers gegenüber dem Arbeitnehmer; s. zum Ganzen die Fälle Nr. 11 und 12).

Das *Mitbestimmungsrecht* zeichnet sich durch eine Verschränkung von Gesellschaftsrecht und Arbeitsrecht aus. Probleme ergeben sich insbes. daraus, dass grundsätzlich die Strukturen des Gesellschaftsrechts beibehalten wurden und das Mitbestimmungsrecht (insbes. nach dem Mitbestimmungsgesetz 1976) dem Gesellschaftsrecht aufgepfropft wurde.

Im *Tarifvertragsrecht* ist üblicherweise zu prüfen, ob der Tarifvertrag zwischen den Parteien gilt, wie er auszulegen ist und wie die Konkurrenz zu anderen Rechtsgrundlagen ist (Konformität des Tarifvertrages mit dem Gesetz, Konkurrenz zu Betriebsvereinbarungen gem. §§ 77 Abs. 3, 87 Abs. 1 Einleitungssatz BetrVG, Konkurrenz zu Individualarbeitsverträgen (Günstigkeitsprinzip, § 4 Abs. 3 TVG).

Arbeitskampfrecht kann entweder unmittelbar im Hinblick auf die am Arbeitskampf beteiligten Parteien Klausurgegenstand sein oder mittelbar im Hinblick auf die Parteien des Arbeitsverhältnisses. Häufige Fragen sind dabei die Rechtmäßigkeit von Streik und Aussperrung und die Verteilung des Lohnrisikos (s. Fall Nr. 13).

V. Auswirkungen der Schuldrechtsreform auf das Arbeitsrecht

Die Schuldrechtsreform hat einerseits zu Änderungen im BGB geführt, die sich natürlich auch auf arbeitsrechtliche Falllösungen auswirken, andererseits aber auch eigene arbeitsrechtliche Vorschriften mit sich gebracht.[9]

So müssen Sie bei Ihrer Falllösung jetzt beachten, dass einige durch Rechtsfortbildung entstandene Rechtsinstitute nunmehr gesetzlich geregelt sind, so die PVV in § 280 BGB (s. z.B. Fall Nr.4), wobei zwischen einer Verletzung leistungsbezogener Pflichten einerseits und einer Verletzung nicht leistungsbezogener Pflichten andererseits (§§ 282, 280 Abs. 1, 241 Abs. 2 BGB) unterschieden werden muss. C.i.c. finden Sie nunmehr in §§ 280 Abs. 1, 311 Abs. 2 BGB, die Störung der Geschäftsgrundlage in § 313 BGB.

Viele Vorschriften sind neu gefasst. So müssen Sie statt auf §§ 275/323 ff. BGB jetzt auf §§ 275/326 BGB zurückgreifen. Insoweit ist wichtig, dass

---

9 Zu den speziellen Auswirkungen der Schuldrechtsreform auf das Arbeitsrecht s insbes *Gotthardt*, Arbeitsrecht nach der Schuldrechtsreform, 2002; ferner *Annuß*, BB 2002, S 458; *Canaris*, JZ 2001, S 504; *Däubler*, NZA 2001, S 1329; *Henssler*, RdA 2002, S 129; *Joussen*, NZA 2001, S 745; *Lingemann*, NZA 2002, S 181; *Löwisch*, NZA 2001, S 445; *Olzen/Wank*, Die Schuldrechtsreform, 2002, Rn 469 ff; *Reinecke*, DB 2002, S 583; *Wilhelm*, JZ 2001, S 861, 865.

§ 326 BGB im Arbeitsrecht durch zahlreiche Spezialvorschriften, wie z. B. §§ 615, 616 BGB oder § 3 EFZG verdrängt wird (s. Fälle 4 und 5).

In vielen Fällen muss das Konkurrenzverhältnis zwischen Vorschriften des Bürgerlichen Rechts zu denen des Arbeitsrechts durchdacht werden. So gilt der Gedanke des Abmahnungserfordernisses aus § 314 BGB nunmehr auch (nicht nur kraft Richterrechts sondern kraft Gesetzes) bei der Kündigung.

Rein arbeitsrechtliche Vorschriften finden Sie in § 619 a BGB zur Arbeitnehmerhaftung (s. Fall Nr. 6); in § 615 Satz 3 BGB zum Lohnrisiko (s. Fall Nr. 4); in § 275 Abs. 3 BGB zum Leistungsverweigerungsrecht (s. Fall Nr. 5).

VI. Verzeichnis der Aufbauschemata

2. Teil: Einübung in die Fallbearbeitung

1. Ausgangsfall
»Drei Rundfunk-Mitarbeiter«

Beim Hessischen Rundfunk, Abt. Fernsehen (HR), sind der Regisseur R, der Korrespondent K und die Orchestergeigerin G eingestellt. R hat einen Vertrag mit dem HR höchstens für die Dauer der Serie »Texas«. Er wurde zunächst nur für drei Folgen eingestellt; angesichts des anhaltenden Publikumserfolges ist sein Vertrag mehrmals um drei Folgen verlängert worden. R benutzt die Studios des HR. Er arbeitet überwiegend mit eigenem Personal; auf die Ausgestaltung der einzelnen Folgen der Serie, auf Arbeitseinteilung und Drehorte nimmt die Rundfunkanstalt keinen Einfluss. – R ist im Übrigen als Regisseur am Hamburgischen Staatstheater angestellt.

K ist seit zehn Jahren werktags im Durchschnitt acht Stunden in dem ihm vom HR zur Verfügung gestellten Regionalstudio als Korrespondent und Moderator tätig. Er steht der Zentrale für Berichte, Kommentare, Interviews und Recherchen zur Verfügung. Aufgrund seines vierteljährlich erneuerten Vertrages erhält er monatlich pauschal 2 000 €.

G hat vor zwei Jahren das Examen an der Musikfachschule, das Voraussetzung für die Einstellung beim HR-Orchester ist, endgültig nicht bestanden. Sie wird seitdem im gleichen Umfang wie die festangestellten Orchestermusiker beim HR eingesetzt, indem sie fehlende Orchestermusiker vertritt; dabei wird sie jeweils für den einzelnen Einsatz eingestellt.

R, K und G meinen, sie seien Arbeitnehmer des HR; Arbeitsverträge dürften im Übrigen nur unbefristet abgeschlossen werden. Sie erheben beim Arbeitsgericht Klage auf Feststellung, dass sie beim HR in unbefristeten Arbeitsverhältnissen stehen. Die Rundfunkanstalt hält dem entgegen, die Rundfunkfreiheit sei in der Verfassung besonders geschützt. Die Anstalt dürfe deshalb, unabhängig vom allgemeinen Arbeitsrecht, ihr Personal nach ihrem Bedarf einstellen und dabei vor allem auch dem Abwechslungsbedürfnis des Publikums Rechnung tragen.

R, K und G fragen, ob ihre Klagen begründet sind.

Lösung

Vorüberlegungen

1. Es sind die Rechtsverhältnisse von drei Personen zu untersuchen. In derartigen Fällen empfiehlt es sich, jedes für sich zu prüfen und notfalls nach oben zu verweisen. Ein allgemeiner Vorspann für mehrere Personen oder Rechtsverhältnisse ist nicht zu empfehlen. Das Gutachten orientiert sich an der Klage. Das Gericht muss über die einzelnen Klagen getrennt entscheiden.

2. Betrifft die Fallfrage eine Klage, so können entweder Zulässigkeit und Begründetheit zu prüfen sein (»Wie wird das Gericht entscheiden?«) oder nur die Begründetheit (hier:»Sind ihre Klagen begründet?«). Im zweiten Fall ist auf prozessuale Probleme nicht einzugehen.

3. Jeder der drei Mitarbeiter stellt zwei Fragen: Ist er Arbeitnehmer? Ist sein Beschäftigungsverhältnis befristet? Beide Fragen sind aus der Einkleidung des Falles gedanklich herauszuarbeiten und getrennt zu prüfen.

4. Bei der Frage, ob R, K und G Arbeitnehmer sind, muss auf den Meinungsstreit zum Arbeitnehmerbegriff eingegangen werden. Wie stellt man einen Meinungsstreit in Rechtsprechung und Literatur zweckmäßigerweise dar? Dafür gibt es mehrere Möglichkeiten. Wichtig ist zunächst als gedankliche Vorüberlegung, die *Fallrelevanz* zu überprüfen.

Beispiel: Ein Problem ist in Rechtsprechung und Literatur lebhaft umstritten. Im konkreten Fall würden die Anhänger aller dazu vertretenen Meinungen zum gleichen Ergebnis kommen. Ist auf den Meinungsstreit einzugehen? – Es genügt, jeweils knapp aufzuzeigen, zu welchem Ergebnis man nach Meinung (1), (2) und (3) kommt, Übereinstimmung im Ergebnis festzustellen und den Streit im Einzelnen dahinstehen zu lassen.

Ist der Meinungsstreit fallrelevant, empfiehlt sich folgende Art der Darstellung:

Meinung (1)	– Inhalt, Vertreter, Argumente pro Meinung (1), kontra Meinung (1) mit Hilfe von Meinungen (2) und (3)
Meinung (2)	– Inhalt, Vertreter, Argumente pro Meinung (2), kontra Meinung (2) mit Hilfe von Meinungen (1) und (3)
Meinung (3)	– Inhalt, Vertreter, Argumente pro Meinung (3), kontra Meinung (3) mit Hilfe von Meinungen (1) und (2)

Stellungnahme (4)   – eigene Stellungnahme unter Verwendung der
genannten Argumente

Es empfiehlt sich, dass Sie die von Ihnen abgelehnten Meinungen zuerst, die
von Ihnen zugrundegelegte Meinung zuletzt nennen.

5. Wichtig ist es bei jeder Fallbearbeitung, die *Spezialprobleme* gerade des
vorliegenden Falles zu erkennen. Sie zeigen sich meist schon bei einer
gründlichen Lektüre des Sachverhalts. Im vorliegenden Fall fällt bei der
Durchsicht des Sachverhalts auf:

a) Problem des Verhältnisses Arbeitsrecht/Verfassungsrecht.
Wie können beide in Aufbau und Inhalt auf einander bezogen werden?

b) Wer ist Träger des Grundrechts aus Art. 5 GG?

c) Kann von einem Abwechslungsbedürfnis die Rede sein, wenn ein
Mitarbeiter seit zehn Jahren an derselben Stelle beim Rundfunk beschäftigt wird?

d) Ist innerhalb der Fallgruppe »Aushilfskraft« weiter zu differenzieren?

Ausarbeitung
A. Die Klage des R

Die Klage des R ist begründet, wenn R beim HR in einem unbefristeten
Arbeitsverhältnis steht.

Das setzt voraus, dass R Arbeitnehmer ist. R könnte jedoch auch Selbstständiger (»freier Mitarbeiter«) sein, auf den Arbeitsrecht nicht anwendbar
ist. In Betracht kommt, dass der HR mit ihm einen Werkvertrag, § 631 BGB,
für die Dauer der Serie »Texas« geschlossen hat.

I. Der Arbeitnehmerbegriff der h. M.

Wie zwischen Arbeitnehmern und Selbstständigen abzugrenzen ist, ist in
der Literatur umstritten. Nach h. M. kommt es auf die persönliche Abhängigkeit des Beschäftigten an.[1] Sie wird vor allem verstanden als Weisungs-
gebundenheit hinsichtlich Ort, Zeit und Inhalt der Arbeit.[2] Daneben wird

---

1   Seit BAG AP Nr 1 zu § 611 BGB Abhängigkeit st Rspr.; aus der Lit s *Brox/
Rüthers*, Arbeitsrecht, Rn 18 ff; *Hanau/Adomeit*, Arbeitsrecht, Rn 534 ff; *Hueck/Nip-
perdey*, Arbeitsrecht, Bd I, § 9 III 3, S 41 ff; *Söllner*, Arbeitsrecht, § 3 I, S 17 ff; s auch
Zöllner/Loritz, Arbeitsrecht, § 4 III 5, S 45 ff.
2   S die Nachw bei *Wank*, Arbeitnehmer und Selbständige, 1988, S 11 ff.

auch berücksichtigt, ob der Beschäftigte in die Organisation des Auftraggebers eingeordnet und auf dessen Personal und Material angewiesen ist.[3] Dabei soll im Verhältnis zwischen Vertrag und tatsächlicher Durchführung im Zweifel die tatsächliche Handhabung den Ausschlag geben.[4] Unerheblich seien die Bezeichnung im Vertrag sowie die wirtschaftliche Abhängigkeit.[5]

II. Der Arbeitnehmerbegriff der Minderheitsmeinung

In der Literatur werden demgegenüber eine Reihe unterschiedlicher Abgrenzungskriterien genannt, wie »Verlust der Dispositionsfreiheit«,[6] »soziale Schutzbedürftigkeit«,[7] »sachliche Abhängigkeit«[8] und »freiwillige Übernahme des Unternehmerrisikos«.[9]

Auf den Meinungsstreit braucht allerdings nur eingegangen zu werden, wenn man nach den verschiedenen Meinungen im Ausgangsfall zu divergierenden Ergebnissen gelangt.

III. Anwendung auf den Streitfall

1. Folgt man der h.M., so ergibt sich: Auf den Inhalt der Arbeit des R nimmt der HR keinen Einfluss. Wann und wo R arbeitet, bleibt ihm überlassen. Er ist auch nicht in die betriebliche Organisation des HR eingegliedert, da er überwiegend mit eigenem Personal arbeitet. Allerdings benutzt er die Studios des HR. Bei einer Gesamtbetrachtung aller Umstände nach der »Schwerpunktmethode« spricht aber die überwiegende Zahl und das überwiegende Gewicht der Umstände für eine selbstständige Tätigkeit des R.[10] Die genauere Bestimmung des Vertragstyps nach Selbstständigenrecht kann daher dahingestellt bleiben.

---

3 BAG AP Nr 11, 21, 24, 25, 26, 37 zu § 611 BGB Abhängigkeit.

4 Seit BAG AP Nr 1 zu § 611 BGB Abhängigkeit st Rspr; s BAG AP Nr 73 zu § 611 BGB Abhängigkeit.

5 BAG AP Nr 1 zu § 611 BGB Abhängigkeit.

6 *Lieb*, Arbeitsrecht, § 1 I 2, S 3 ff; *Wiedemann*, Das Arbeitsverhältnis als Austausch- und Gemeinschaftsverhältnis, 1966, S 13 ff.

7 *Rosenfelder*, Der arbeitsrechtliche Status des freien Mitarbeiters, 1982, S 165 ff.

8 *Heuberger*, Sachliche Abhängigkeit als Kriterium des Arbeitsverhältnisses, 1982, S 15 ff.

9 *Wank* (o Fn 2), S 99 ff, 117 ff; *ders*, NZA 1999, S 225; weitere Nachw bei *Wank*, NZA 1999, S 225, 226 Fn 18; bezüglich § 7 SGB IV *ders*, AuR 2001, S 291, S 327; ferner § 1 Abs 3 Entwurf eines Arbeitsvertragsgesetzes des Freistaats Sachsen, BR-Drucks 293/95.

10 Vgl BAG AP Nr 34 zu § 611 BGB Abhängigkeit.

2. Legt man die Minderheitsmeinungen zugrunde, so zeigt sich, dass R nicht sozial schutzbedürftig und auch nicht sachlich abhängig ist. Er hat seine Dispositionsfreiheit nicht aufgegeben, sondern als selbstständiger Regisseur freiwillig ein Unternehmerrisiko übernommen. Indem er sich jeweils gegenüber verschiedenen Auftraggebern für eine bestimmte Zeitspanne als Regisseur verdingt, hat er die Chance, seine Arbeitskraft optimal einzusetzen, muss dafür aber in Kauf nehmen, dass arbeitsrechtliche Schutzvorschriften auf ihn nicht anwendbar sind.[11] Auch nach den Minderheitsmeinungen ist R daher kein Arbeitnehmer, so dass auf den Meinungsstreit nicht eingegangen zu werden braucht.

Die Frage nach der zulässigen Befristung des Vertrages kann unter diesen Umständen dahinstehen.

Die Klage des R ist unbegründet.

B. Die Klage des K

Die Klage des K ist begründet, wenn zwischen K und dem HR ein unbefristetes Arbeitsverhältnis besteht.

I. Arbeitnehmereigenschaft

1. Folgt man der h.M. zum Arbeitnehmerbegriff, so ergibt sich: K ist insofern vom HR persönlich abhängig, als er zeitlich weisungsgebunden ist. Er muss jeden Werktag, im Durchschnitt acht Stunden täglich, für den HR arbeiten. Örtlich ist er an das Regionalstudio des HR gebunden. Inwieweit er bei der Ausübung seiner Tätigkeit inhaltlichen Weisungen unterliegt, ist im Einzelnen aus dem Sachverhalt nicht ersichtlich. Jedenfalls muss er aber als Korrespondent und Moderator der Zentrale für Berichte, Kommentare, Interviews und Recherchen zur Verfügung stehen; er arbeitet also jeweils aufgrund konkreter Aufträge aus der Zentrale. Die Tatsache, dass er seit 10 Jahren beim HR beschäftigt ist, spricht ebenfalls dafür, dass er in einer dauerhaften Beziehung zum HR steht. Die Art, wie seine Vergütung geregelt ist – monatliches Pauschalhonorar anstelle einer Vergütung für die jeweilige Tätigkeit –, ergibt ein weiteres Indiz für die ständige Betrauung mit Aufgaben für den HR. Schließlich ist er auch durch die tägliche Anwesenheit im Studio voll in die Organisation des HR eingegliedert.[12]

---

11 Vgl *Wank,* Gem Anm zu BAG AP Nr 34–36 zu § 611 BGB Abhängigkeit.
12 Vgl zu diesem Merkmal BAG AP Nr 35 zu § 611 BGB Abhängigkeit; zur Bedeutung von Dienstplänen s BAG AP Nr 68 und 73 zu § 611 BGB Abhängigkeit sowie AP Nr 15 zu § 611 BGB Rundfunkfreiheit.

2. Da er während eines jeden Arbeitstages nur für den HR arbeitet und er auch kontinuierlich beim HR beschäftigt ist, ist er auch sozial schutzbedürftig. Von dem Studio des HR ist er sachlich abhängig. Seine Möglichkeit, über seine Arbeitskraft außerhalb des HR zu verfügen, hat er verloren. Er hat durch die Aufnahme der Tätigkeit beim HR nicht freiwillig ein Unternehmerrisiko übernommen.[13] K ist nach allen Meinungen Arbeitnehmer.

3. Etwas anderes könnte sich aber aus der in Art. 5 Abs. 1 Satz 2 GG gewährleisteten Rundfunkfreiheit ergeben. Der Schutzbereich dieses Grundrechts erstreckt sich auch auf das Recht der Rundfunkanstalten, den Erfordernissen der Programmgestaltung bei der Einstellung und damit bei der Wahl der Vertragsform Rechnung zu tragen.[14] Allerdings gilt das nur für »programmgestaltende Mitarbeiter«, wie Regisseure, Moderatoren oder Kommentatoren. K gehört zu diesem Kreis. Deshalb ist bei der Anwendung des Arbeitsrechts den verfassungsrechtlichen Anforderungen Rechnung zu tragen. Ein schutzwürdiges Abwechslungsbedürfnis aus Gründen der Programmgestaltung, das gegen den Abschluss eines Arbeitsvertrages sprechen könnte, ist aber hier nicht ersichtlich, so dass es bei dem oben gefundenen Ergebnis bleibt: K ist Arbeitnehmer des HR.

II. Befristung

Seine Klage ist allerdings nur dann begründet, wenn das Arbeitsverhältnis zwischen ihm und dem HR unbefristet ist. Nach dem Vertrag ist seine Beschäftigung auf ein Vierteljahr befristet.

1. Die Befristung eines Arbeitsvertrages ist nach § 14 Abs. 2 Satz 1 Halbsatz 1 TzBfG bis zur Dauer von zwei Jahren ohne sachlichen Grund zulässig.[15] Da K aber bereits seit zehn Jahren beim HR beschäftigt ist, ist eine sachgrundlose Befristung des Arbeitsvertrages nicht möglich.

2. Die Befristung könnte jedoch nach § 14 Abs. 1 TzBfG zulässig sein. Die bereits vor In-Kraft-Treten des TzBfG herrschende Meinung, nach der es für die Zulässigkeit einer Befristung im Arbeitsrecht grundsätzlich eines sachlichen Grundes bedarf,[16] ist nunmehr Gesetz geworden. Auszugehen ist von der Enumeration der Sachgründe in § 14 Abs. 1 Satz 2 TzBfG.

a) Hier könnte die Eigenart der Arbeitsleistung nach § 14 Abs. 1 Satz 2 Nr. 4 TzBfG eine Befristung rechtfertigen. Auch bei unveränderter Leis-

---

13   Vgl *Wank*, Gem Anm zu BAG AP Nr 34–36 zu § 611 BGB Abhängigkeit, Bl 119.
14   BVerfGE 59, S 231; s auch BVerfG AP Nr 5 zu Art 5 Abs 1 GG Rundfunkfreiheit.
15   *Hinweis*: Das am 1. Januar 2001 in Kraft getretene TzBfG ist Nachfolgegesetz zum BeschFG.
16   MünchArbR-*Wank*, 2. Aufl, Ergänzungsband 2002, § 116, Rn 63 ff mwN.

tungsfähigkeit des K könnte aufgrund der Art seiner Tätigkeit als Korrespondent und Moderator ein Abwechslungsbedürfnis des Publikums bestehen, dem der Arbeitgeber Rechnung tragen muss.[17] Da aber K bereits seit zehn Jahren beim HR beschäftigt ist, lässt sich ein derartiges Interesse hier nicht feststellen.

b) Ein im Rahmen des § 14 Abs. 1 Satz 2 Nr. 4 TzBfG beachtlicher sachlicher Grund zur Befristung könnte sich aber daraus ergeben, dass der Rundfunk als Grundrechtsträger aus Art. 5 Abs. 1 Satz 2 GG zur Verwirklichung seines Programmauftrags darauf angewiesen ist, sein Personal auszuwechseln.[18] Insbesondere kann die Einführung und Erprobung neuer Programme die Befristung des Arbeitsverhältnisses eines programmgestaltenden Mitarbeiters rechtfertigen. Im Wege der verfassungskonformen Auslegung als Inhaltsbestimmung[19] ist Art. 5 Abs. 1 GG auch bei der Auslegung arbeitsrechtlicher Vorschriften, hier also bei der Auslegung der Vorschriften über die Befristung, zu beachten. Hierbei ist zwischen dem Grundrecht des K aus Art. 12 GG einerseits und dem Grundrecht des HR aus Art. 5 Abs. 1 GG andererseits abzuwägen.[20] Auch insoweit folgt jedenfalls aus der Tatsache der zehnjährigen Beschäftigung des K, dass der HR offenbar seinen Programmauftrag auch in der Weise erfüllen kann, dass er mit seinen Korrespondenten und Moderatoren unbefristete Arbeitsverträge schließt, die er bei Bedarf kündigen kann.[21] Der HR hat nicht vorgetragen, dass ein konkretes betriebliches Bedürfnis für einen Wechsel auf dieser Stelle besteht.[22]

Ein sachlicher Grund für eine Befristung besteht daher nicht. K steht zum HR in einem unbefristeten Arbeitsverhältnis, § 16 Satz 1 TzBfG. Die Klage des K ist begründet.[23]

---

17 S zum Abwechslungsbedürfnis ErfK-*Müller-Glöge,* 3. Aufl 2002, § 14 TzBfG, Rn 63 f; MünchArbR-*Wank,* Ergänzungsband, § 116, Rn 121.

18 Vgl BVerfG AP Nr 9 zu Art 5 Abs 1 GG Rundfunkfreiheit; BAG AP Nr 144 zu § 620 BGB Befristeter Arbeitsvertrag; Münch-ArbR-*Wank,* Ergänzungsband, § 116, Rn 123.

19 *Schlaich/Korioth,* Das Bundesverfassungsgericht, 5. Aufl 2001, Rn 279 ff; *Wank,* Grenzen richterlicher Rechtsfortbildung, 1978, S 97 ff.

20 BAG AP Nr 144 zu § 620 BGB Befristeter Arbeitsvertrag; *Wank* (o Fn 2), S 321 ff; *ders,* RdA 1982, S 363, 366 f; methodisch anders BVerfGE 59, S 231, 236.

21 Vgl BVerfGE 59, S 231, 171; *Hilger,* RdA 1981, S 265, 268; *Otto,* Gem Anm zu BAG AP Nr 34–36 zu § 611 BGB Abhängigkeit.

22 Vgl *Wank* (o Fn 2), S 323.

23 Vgl BAG AP Nr 42 zu § 611 BGB Abhängigkeit.

C. Die Klage der G

Die Klage der G ist begründet, wenn sie beim HR unbefristet als Arbeitnehmerin beschäftigt ist.

I. Arbeitnehmereigenschaft

Die G ist unter Zugrundelegung der h. M. Arbeitnehmerin, wenn sie persönlich abhängig ist.

1. Sie unterliegt bei der Ausübung ihrer Arbeit einer Weisungsbindung als Orchestermitglied. Zeitlich ist sie an Proben- und Aufführungstermine gebunden. Ihre Arbeit muss sie in örtlicher Bindung am Sitz des Orchesters verrichten. Eine sachliche Abhängigkeit besteht zwar nicht im Hinblick auf die ihr gehörende Geige, wohl aber im Hinblick auf die Arbeit im Studio und auf die Zusammenarbeit mit dem Orchester.[24]

2. Da die G wie die anderen Orchestermitglieder beschäftigt wird, die zweifellos Arbeitnehmer sind, ist auch unter Zugrundelegung der anderen Meinungen die Arbeitnehmereigenschaft der G zu bejahen.[25]

II. Befristung

Zweifelhaft ist, ob die jeweilige Befristung auf einen konkreten Einsatz wirksam ist. Voraussetzung für die Wirksamkeit dieser Befristung ist, dass ein sachlicher Grund dafür vorliegt.

Nach § 14 Abs. 1 Satz 2 Nr. 5 TzBfG liegt ein sachlicher Grund insbesondere vor, wenn die Befristung zur Erprobung erfolgt. Um den Befristungsgrund »Probearbeitsverhältnis«[26] handelt es sich hier jedoch nicht. G hat die Prüfung endgültig nicht bestanden, so dass kein Anlass für eine Probezeit vorliegt.

In Betracht kommt aber ein nur vorübergehender betrieblicher Bedarf an der Arbeitsleistung gem. § 14 Abs. 1 Satz 2 Nr. 1 TzBfG. Grundsätzlich stellt die Aushilfe für einen ausgefallenen Arbeitnehmer einen sachlichen Grund für eine Befristung für die Dauer der Verhinderung dar (»Aushilfsarbeitsverhältnis«).[27] Es können auch mehrere Aushilfsarbeitsverhältnisse für jeweils konkrete Vertretungsfälle hintereinander abgeschlossen werden. Unzulässig ist dagegen eine Ausgestaltung des Arbeitsvertrages in der Weise, dass ein Beschäftigter jeweils für bestimmte Aushilfsfälle eingestellt

---

24 Vgl BAG AP Nr 36 zu § 611 BGB Abhängigkeit.

25 Vgl *Wank*, Gem Anm zu BAG AP Nr 34–36 zu § 611 BGB Abhängigkeit.

26 MünchArbR-*Wank*, Ergänzungsband, § 116, Rn 129 ff mwN.

27 KR-*Hillebrecht*, § 620 BGB, Rn 161 ff; Staudinger-*Preis*, § 620 BGB, Rn 172 ff.

wird, obwohl ein kontinuierlicher dauernder Bedarf besteht (»Daueraushilfe«).[28]

Zweifelhaft ist allerdings, ob man den gesamten Beschäftigungszeitraum hier als Einheit sehen darf. Das BAG stellt bei der Beurteilung der Zulässigkeit der Befristung nur auf das letzte Beschäftigungsverhältnis ab.[29] Diese Auffassung ist jedoch abzulehnen. Sie verhindert die gerade im Falle der »Daueraushilfe« gebotene zusammenfassende Betrachtung der Art und Weise der ständig wiederholten Beschäftigung.[30] Hier ist also die Gesamtdauer der Beschäftigung der G für die Beurteilung heranzuziehen. Danach besteht für die Befristung kein sachlicher Grund.

Die Folge ist, dass das rechtsunwirksam befristete Arbeitsverhältnis als auf unbestimmte Zeit geschlossen gilt, § 16 Satz 1 TzBfG.

Die Klage der G ist daher begründet.

Hinweis: In einer Vielzahl von Fällen kommt es auf den Meinungsstreit zum Arbeitnehmerbegriff nicht an, da alle Meinungen zu demselben Ergebnis gelangen. Wenn im Sachverhalt von dem Arbeiter mit 40-Stunden-Woche die Rede ist, der seit 30 Jahren bei der X-AG beschäftigt ist, so verschwenden Sie kein Wort auf die Problematik des Arbeitnehmerbegriffs. Zu Zweifeln Anlass geben manche Beschäftigungsformen, wie kurzfristige Beschäftigung und Teilzeitbeschäftigung. Die damit verbundene Freiheit, seine Arbeitskraft anderweitig einzusetzen, kann ein Indiz für eine Tätigkeit als Selbstständiger sein.[31] Auch bei manchen Berufen stellt sich typischerweise das Abgrenzungsproblem, so bei Handelsvertretern, Tankstellenhaltern, Franchisenehmern, Kantinenpächtern oder Rundfunkmitarbeitern.[32] In diesen Zweifelsfällen müssen Sie auf den Meinungsstreit und auf die abweichenden Literaturansichten eingehen. Der Arbeitnehmerdefinition der h. M. wird vor allem entgegengehalten, dass sie nur den eindeutigen Fall des Arbeitnehmers beschreibt, aber nicht teleologisch gewonnen ist und daher gerade in Zweifelsfällen nicht weiterhilft.

---

28 BAG AP Nr 36 zu § 611 BGB Abhängigkeit; MünchArbR-*Wank*, Ergänzungsband, § 116, Rn 87; Staudinger-*Preis*, § 620 BGB, Rn 184, 186.

29 BAG AP Nr 97, 100, 110 zu § 620 BGB Befristeter Arbeitsvertrag; zust MK-*Schwerdtner*, § 620 BGB, Rn 18 f; zum TzBfG ErfK-*Müller-Glöge*, 3. Aufl 2002, § 14 TzBfG, Rn 12 f.

30 *Colneric*, AuR 1986, S 317; *Kleve/Ziemann*, DB 1989, S 2608; MünchArbR-*Wank*, Ergänzungsband, § 116, Rn 214 ff; Staudinger-*Preis*, § 620 BGB, Rn 53.

31 S BAG AP Nr 47 zu § 5 BetrVG 1972 sowie im einzelnen *Wank* (o Fn 2), S 165 ff, 212 ff.

32 S im einzelnen *Wank* (o Fn 2), S 256 ff, 268 ff, 281 ff, 304 ff.

Aufbauschema Nr. 1:

Arbeitnehmer oder Selbstständiger?
I. BAG und h.M. in der Literatur:
    Maßgebliches Abgrenzungskriterium ist die persönliche Abhängigkeit,
    d.h. vor allem die Weisungsgebundenheit
    1. Maßgebliche Merkmale
        a) Weisungsbindung
            aa) inhaltlich
            bb) zeitlich
            cc) örtlich
        b) Eingliederung
        c) tatsächliche Durchführung
        d) Gesamtbild (»Typus«, Schwerpunktmethode)
    2. Unmaßgebliche Merkmale
        a) wirtschaftliche Abhängigkeit
        b) Bezeichnung im Vertrag
        c) Entgelt
II. Minderheitsmeinung in der Literatur[33], unter Kombination von h.M.
    und Theorie des Unternehmerrisikos, im Hinblick auf § 7 SGB IV:
    Arbeitnehmer ist, wer auf privatrechtlicher Grundlage im Dienste eines
    anderen nach dessen Weisung beschäftigt und in dessen Unternehmens-
    organisation eingegliedert ist. Weisungsbindung bedeutet das Fehlen
    eines eigenen unternehmerischen Entscheidungsspielraums mit Zu-
    rechnung des Ergebnisses an den Beschäftigten. An einem eigenen un-
    ternehmerischen Entscheidungsspielraum fehlt es insbesondere, wenn
    der Beschäftigte keine eigenen Mitarbeiter und keine eigene unterneh-
    merische Organisation einsetzt.

---

[33] *Wank* in Wedde (Hrsg), Neue Beschäftigungsformen, 2002, A Rn 182; *ders*, AuR
2001, S 291, 299; ferner ErfK-*Preis*, 3. Aufl 2002, § 611 BGB Rn 92 f; *Fitting/
Kaiser/Heither/Engels/Schmidt*, BetrVG, 21. Aufl 2002, § 5 Rn 59.

Aufbauschema Nr. 2:

Befristung eines Arbeitsvertrages

Zulässigkeit einer Befristung

- nach Spezialgesetzen (z. b. § 21 BErzGG)
- Befristung ohne Sachgrund
  § 14 Abs. 2, 3 TzBfG
- Befristung mit Sachgrund bei Enumeration
  § 14 Abs. 1 Satz 2 Nr. 1–8 TzBfG
- Befristung mit anderem Sachgrund
  § 14 Abs. 1 Satz 1 TzBfG

Rechtsfolge

- Zulässige Befristung: Arbeitsvertrag endet von selbst, keine Analogie zu Kündigungsvorschriften
- unzulässige Befristung: Vertrag gilt als unbefristet,
  § 16 Satz 1 TzBfG

2. Ausgangsfall
»Der neue Kraftfahrer«

K bewirbt sich im Januar 2000 bei Z als Kraftfahrer. In dem ihm vorgelegten Einstellungsfragebogen verneint K die Fragen nach Gewerkschaftszugehörigkeit und Vorstrafen. K ist Gewerkschaftsmitglied. Er ist 1990 wegen Trunkenheit am Steuer verurteilt worden (die Strafe ist gem. §§ 45 Abs. 1, 46 BZRG getilgt) und 1999 wegen Körperverletzung. Das Flensburger Verkehrszentralregister enthält für K zahlreiche Eintragungen. Auch die ausdrückliche Frage des Z nach einer Schwerbehinderteneigenschaft beantwortet K wahrheitswidrig mit »nein«; aufgrund seiner Behinderung ist K für den Beruf eines Kraftfahrers nur beschränkt geeignet. Nach Krankheiten wird in dem Einstellungsbogen nicht gefragt; K verschweigt vorsichtshalber auch beim Einstellungsgespräch, dass er kurz zuvor einen schweren Herzanfall erlitten hat und dass ihm sein Hausarzt jede anstrengende Tätigkeit ausdrücklich verboten hat.

Ende April 2001 erfährt Z den wahren Sachverhalt. Mitte Mai stellt Z den K von der Arbeit frei. Am 31. Mai 2001 erklärt Z dem K, der bisher seine Pflichten als Fahrer ordnungsgemäß erfüllt hat: »Wegen Ihrer falschen Angaben mache ich Ihre Einstellung rückgängig.«

K klagt am 30. Juni 2001 auf Feststellung, dass sein Arbeitsverhältnis bei Z fortbesteht; Z habe den Betriebsrat vor der Entlassung nicht angehört und das Integrationsamt nicht eingeschaltet.

K macht außerdem den ausstehenden Lohn für Mai und Juni 2001 geltend.

Ist die Klage des K begründet?

Lösung

Vorüberlegungen

K stellt zwei Fragen, die nach dem Fortbestand seines Arbeitsverhältnisses und die nach den Lohnansprüchen für Mai und Juni.

Zu prüfen ist nur die Begründetheit der Klage, auf Zulässigkeitsfragen ist nicht einzugehen.

Die Erklärung des Z ist juristisch ungenau, daher auslegungsbedürftig. Es kommen Kündigung oder Anfechtung in Betracht. Angeknüpft wird an ein Verhalten des K bei der Begründung des Arbeitsverhältnisses, so dass der Fall anscheinend auf eine Anfechtung durch Z hinausläuft. Es geht offenbar um eine Reihe von Angaben, nach denen K zum Teil gefragt worden ist und zum Teil nicht.

Ausarbeitung

Die Klage des K ist begründet, wenn sein Arbeitsverhältnis mit Z fortbesteht und wenn K Lohn für Mai und Juni 2001 zusteht.

A. Fortbestehen des Arbeitsverhältnisses

I. Anfechtungserklärung

Zwischen Z und K wurde im Jahre 2000 ein wirksames Arbeitsverhältnis begründet. Durch die Erklärung des Z vom 31. Mai 2001 kann dieses Arbeitsverhältnis beendet worden sein. Die Erklärung, er wolle das Arbeitsverhältnis rückgängig machen, ist auslegungsbedürftig.

1. In den Fällen, in denen sich ein Arbeitgeber auf eine Täuschung bei der Einstellung des Arbeitnehmers beruft und seine Erklärung nicht eindeutig ist, kann sowohl eine fristlose Kündigung als auch eine Anfechtung gemeint sein.[1] Hier sprechen aber überwiegende Anzeichen dafür, dass Z die Anfechtung erklären wollte: Er spricht von »Rückgängigmachen« und zahlt schon für Mai keinen Lohn. Auch K musste die Erklärung des Z als Anfechtungserklärung verstehen, § 133 BGB.[2] Z hat die Erklärung gegenüber K als dem richtigen Adressaten abgegeben, § 143 Abs. 2 BGB, und sie ist K auch zugegangen, § 130 BGB.

2. Fraglich ist allerdings, ob im Arbeitsrecht eine Anfechtung überhaupt zulässig ist oder ob dieses Rechtsinstitut nicht durch die Kündigung verdrängt wird. Das wird vereinzelt vertreten.[3] Dem ist jedoch nicht zuzustimmen. Während das Kündigungsrecht den Bestandsschutz des Arbeitsverhältnisses betrifft, geht es beim Anfechtungsrecht darum, die Privatautonomie bei der Eingehung des Schuldverhältnisses zu wahren. Das muss auch im Arbeitsrecht möglich sein.[4]

Die Erklärung des Z vom 31. Mai hat also zur Beendigung des Arbeitsverhältnisses geführt, wenn Z wirksam angefochten hat.

---

1 *Picker,* ZfA 1981, S 1, 138 ff.
2 *Hinweis:* Seit dem 1. 5. 2000 bedarf die Beendigung des Arbeitsverhältnisses durch Kündigung und Aufhebungsvertrag der Schriftform, § 623 BGB. Die Vorschrift ist auch nicht analog auf die Anfechtung anwendbar.
3 *Schwerdtner,* Arbeitsrecht, Rn 7 ff.
4 BAG AP Nr 35 zu § 123 BGB = EzA § 123 BGB Nr 35 m Anm *Behlert* = NJW 1991, S 2723; *Picker,* ZfA 1981, S 1 ff; Staudinger-*Richardi,* § 611 BGB, Rn 153.

II. Anfechtungsgrund

Dazu bedarf es eines Anfechtungsgrundes. Auch insoweit ist die Erklärung des Z auslegungsbedürftig. Z bezieht sich auf »falsche Angaben«. Damit kann sowohl eine Anfechtung wegen arglistiger Täuschung nach § 123 BGB als auch eine Anfechtung nach § 119 Abs. 2 BGB gemeint sein.

Hinweis: Sie müssen in derartigen Fällen nach beiden Anfechtungsgründen getrennt prüfen. Sie unterscheiden sich in den Tatbestandsvoraussetzungen (Irrtum/arglistige Täuschung, Frist nach § 121 BGB/nach § 124 BGB) und in den Rechtsfolgen. Für die beiden Anfechtungsgründe gelten im Arbeitsrecht jeweils unterschiedliche Besonderheiten.

Da beide Anfechtungsgründe in Betracht kommen und beide Anfechtungsgründe nebeneinander geltend gemacht werden können, ist die Erklärung des Z in beiden Hinsichten auszulegen.

1. Z kann eine Anfechtung wegen arglistiger Täuschung durch K nach § 123 BGB erklärt haben. In Betracht kommt eine Täuschung des K durch Tun oder durch Unterlassen. Insoweit ist danach zu unterscheiden, ob der Arbeitnehmer auf eine vom Arbeitgeber gestellte Frage falsch antwortet oder ob er ungefragt eine Mitteilung unterlässt.

a) aa) Eine Täuschung durch Tun liegt darin, dass K die Fragen nach der Gewerkschaftszugehörigkeit und nach Vorstrafen sowie die Frage nach einer Schwerbehinderteneigenschaft falsch beantwortet hat. Keine Täuschung besteht darin, dass er die Eintragungen in die Verkehrssünderkartei nicht angegeben hat, da insoweit keine Vorstrafen vorliegen.

bb) Die Täuschung ist aber nur dann beachtlich, wenn sie rechtswidrig ist. Zwar enthält der Wortlaut des § 123 BGB dieses Merkmal nur bei der Drohung, jedoch ergibt sich aus dem Zweck der Vorschrift, dass es auch für die Täuschung gilt.[5] Ungeschriebenes Tatbestandsmerkmal der arglistigen Täuschung ist daher wie bei der Drohung deren Rechtswidrigkeit.[6]

Hinweis: Wer hier, mit der früheren Lehre, anders entscheidet, muss die entsprechenden Probleme beim Merkmal »Arglist« erörtern.

Im Arbeitsrecht ist nicht jede wahrheitswidrige Beantwortung eines Arbeitsplatzbewerbers auf eine Frage des Arbeitgebers rechtswidrig. Voraussetzung ist vielmehr, dass die Frage des Arbeitgebers ihrerseits zulässig ist.[7]

---

5   BAG AP Nr 35 und Nr 40 zu § 123 BGB; *v Lübtow,* Festschrift für Bartholomeyczik, 1973, S 175; *Wank,* Anm zu BAG EzA § 123 BGB Nr 23, S 102.
6   MünchArbR-*Richardi,* § 46, Rn 39.
7   Ausführlich zum Fragerecht des Arbeitgebers MünchArbR-*Buchner,* § 41, Rn 39 ff.

Hinweis: Zur Einschränkung des Fragerechts des Arbeitgebers werden unterschiedliche dogmatische Begründungen genannt. Manche Autoren beziehen sich auf ein Recht auf Arbeit,[8] ein Autor bezieht sich auf vorvertragliche Verhaltenspflichten.[9] Die h. M. stellt darauf ab, ob die Frage des Arbeitgebers das allgemeine Persönlichkeitsrecht des Arbeitsplatzbewerbers verletzt.[10]

Die genannten Ansichten heben nur jeweils einen bestimmten Aspekt hervor. Insbesondere ist das allgemeine Persönlichkeitsrecht in einer Reihe von Fällen gar nicht betroffen, in denen üblicherweise ein Fragerecht des Arbeitgebers verneint wird, weil die Frage in Wahrheit keinen persönlichen Charakter hat.

Beachte: Steht dem Arbeitgeber kein Fragerecht zu, so handelt der Arbeitnehmer nicht rechtswidrig, wenn er eine falsche Antwort gibt.

In manchen Fällen ergibt sich die Unzulässigkeit der Frage aus einem gesetzlichen Frage- oder Diskriminierungsverbot, wie § 611a BGB. Richtig ist es daher, je nach der Art der Frage auf ein spezielles Frageverbot, auf das allgemeine Persönlichkeitsrecht oder auf das aus der Konkretisierung des Art. 12 GG im Arbeitsrecht abzuleitende Recht auf Arbeit abzustellen.[11]

(1) Dass eine Frage nach der *Gewerkschaftszugehörigkeit* als negative Einstellungsvoraussetzung unzulässig ist, ergibt sich bereits aus Art. 9 Abs. 3 Satz 2 GG.[12] Die unzutreffende Antwort des K auf die Frage nach der Gewerkschaftszugehörigkeit stellt daher keine rechtswidrige Täuschung dar.

(2) Bei der Frage nach *Vorstrafen* kann man in einer unzulässigen Frage entweder eine Verletzung des allgemeinen Persönlichkeitsrechts oder eine Verletzung des Rechts auf Arbeit sehen. Einigkeit besteht jedenfalls darüber, dass nur die Frage nach in Bezug auf den zu besetzenden Arbeitsplatz einschlägigen Vorstrafen zulässig ist.[13]

Im Hinblick auf eine Einstellung als Kraftfahrer betrifft die Frage nach Vorstrafen wegen Trunkenheit einschlägige Delikte. K ist auch einschlägig vorbestraft. Fraglich ist aber, ob er sich nicht trotzdem als nicht vorbestraft

---

8   *Gamillscheg,* AcP 164 (1964), S 385, 391 ff; *Leipold,* AuR 1971, S 161, 166; *Wiedemann,* Festschrift für Herschel, 1982, S 463, 470.

9   *Hofmann,* ZfA 1975, S 1, 6 ff.

10   BAGE 5, S 159, 163; Staudinger-*Richardi,* § 611 BGB, Rn 90.

11   *Wank,* Anm zu BAG EzA § 123 BGB Nr 23.

12   S auch *Schaub,* Arbeitsrechts-Handbuch, § 26 III 3, S 120.

13   BAGE 5, S 159, 163 f; 15, S 261, 263; *Hofmann,* ZfA 1975, S 1, 10 ff, 27 ff; Staudinger-*Richardi,* § 611 BGB, Rn 158.

bezeichnen darf. Die gegen ihn verhängte Strafe ist getilgt. Gem. § 53 Abs. 1 Nr. 2 BZRG darf sich der Verurteilte als unbestraft bezeichnen, wenn die Verurteilung zu tilgen ist. Das muss erst recht dann gelten, wenn die Tilgung bereits erfolgt ist. K kann sich demnach hinsichtlich des Trunkenheitsdelikts als unbestraft bezeichnen.

Ob K auch die Vorstrafe wegen Körperverletzung verneinen durfte, ist zweifelhaft. Die Körperverletzung stellt nur dann ein einschlägiges Delikt dar, wenn die Eignung als Kraftfahrer betroffen ist. Ohne weitere Angaben im Sachverhalt ist die Einschlägigkeit zu verneinen.

(3) Die Frage des Z nach der *Schwerbehinderteneigenschaft* des K war hingegen zulässig. Nach gefestigter Rechtsprechung des BAG darf der Arbeitgeber den Stellenbewerber vor der Einstellung nach dessen Schwerbehinderteneigenschaft auch dann fragen, wenn die Behinderung für die auszuübende Tätigkeit bedeutungslos ist.[14] In der Literatur wird teilweise geltend gemacht, dass es auf die Auswirkung der Behinderung auf den vorgesehenen Arbeitsplatz ankommt.[15] Auch nach dieser Ansicht war die Frage des Z hier zulässig. Die Täuschung des K war somit rechtswidrig.

Insgesamt hat K daher eine rechtswidrige Täuschung durch positives Tun begangen, indem er die Frage nach der Schwerbehinderteneigenschaft wahrheitswidrig verneinte.

b) aa) K könnte darüber hinaus eine Täuschung durch Unterlassen begangen haben, indem er seinen Herzanfall verschwieg.

Auch ohne dass ein Arbeitgeber fragt, besteht für einen Arbeitsplatzbewerber in manchen Hinsichten eine Offenbarungspflicht.[16] Sie besteht jedenfalls dann, wenn der Bewerber elementaren Anforderungen nicht genügt, wenn er also für die in Aussicht genommene Stelle völlig ungeeignet ist.[17] Bei Krankheit kommt es auf die Eignung gerade für den vorgesehenen Arbeitsplatz an.[18] K sollte als Kraftfahrer tätig werden. Er hatte kurz vor der Einstellung einen schweren Herzanfall erlitten, und sein Hausarzt hatte ihm jede anstrengende Tätigkeit ausdrücklich verboten. Unter diesen Um-

---

14 BAG AP Nr 40 und Nr 49 zu § 123 BGB.

15 ErfK-*Preis*, 3. Aufl 2002, § 611 BGB, Rn 347; *Thüsing/Lambrich*, BB 2002, S 1146, 1148 f.

16 BAG AP Nr 6 zu § 276 BGB Verschulden bei Vertragsschluss; *Wank*, JuS 1995, S 1086, 1088.

17 *Hofmann*, ZfA 1975, S 1, 47, 48, 53 f; MünchArbR-*Buchner*, § 38, Rn 55 ff. Das gilt aber nicht, wenn eine Schwangere auf Grund von mutterschutzrechtlichen Vorschriften nicht beschäftigt werden kann; s EuGH, NZA 2001, S 1241 – Tele Danmark.

18 *Hofmann*, ZfA 1975, S 1, 43 ff; MünchArbR-*Richardi*, § 46, Rn 42.

ständen bedeutete die Aufnahme einer Vollzeitbeschäftigung als Kraftfahrer für ihn eine derart erhebliche Belastung, dass eine krankheitsbedingte Arbeitsunfähigkeit drohte. K war daher verpflichtet, diese Umstände bei seiner Bewerbung anzugeben.

bb) In dem Verstoß gegen eine Offenbarungspflicht liegt zugleich die Rechtswidrigkeit der Unterlassung.

cc) K handelte vorsätzlich. Ihm war bekannt, dass es für seine Einstellung auf die Krankheit ankommen konnte, und er verschwieg sie bewusst.

dd) Die Verletzung der Offenbarungspflicht ist aber nach § 123 BGB nur dann beachtlich, wenn sie für die Einstellung kausal war und auch gegenwärtig noch kausal ist.

Für die Einstellung des K bei Z im Jahre 2000 war das Verschweigen der Krankheit kausal. Im Arbeitsrecht ist aber eine ursprünglich für die Einstellung kausale Täuschung dann nicht mehr beachtlich, wenn sie im Laufe der Zeit ihre Bedeutung für das Arbeitsverhältnis verloren hat. Zwar ist es für die Zulässigkeit einer Anfechtung nicht erforderlich, dass die ursprüngliche Täuschung so gewichtig ist, dass der Arbeitgeber noch heute zu einer fristlosen Kündigung berechtigt wäre. Der Arbeitgeber kann sich jedoch auf die frühere Täuschung nicht mehr berufen, wenn sich der Anfechtungsgrund heute nicht mehr auswirkt.[19]

K hat sich über ein Jahr als Fahrer bewährt. Dies nimmt Z jedoch nicht ohne Weiteres das Recht auf Anfechtung des Arbeitsvertrages wegen arglistiger Täuschung. Da K seine Erkrankung im Rahmen des Vorstellungsgesprächs nicht offenbart hat, ist zu vermuten, dass Z in Kenntnis dieses Umstandes den Arbeitsvertrag nicht abgeschlossen hätte. Da K aber inzwischen wieder ganz gesund ist, wirkt die Täuschung über die Erkrankungen heute – im Zeitpunkt der Anfechtungserklärung – nicht mehr fort. Eine auf § 123 BGB gestützte Anfechtung wegen Verschweigens des Herzanfalls ist mithin treuwidrig (§ 242 BGB).

2. Z kann sich außer auf den Anfechtungsgrund aus § 123 BGB auch auf den Anfechtungsgrund aus § 119 Abs. 2 BGB stützen.

Ein Anfechtungsgrund besteht dann, wenn sich Z über wesentliche Eigenschaften des K geirrt hat. Nach h.M. sind dabei nur sog. Dauereigenschaften zu berücksichtigen.[20] Das Merkmal »wesentlich« muss jedoch teleologisch so verstanden werden, dass es darauf ankommt, ob die Eigen-

19   BAGE 22, S 278; BAG AP Nr 12 zu § 123 BGB; BAG AP Nr 3 zu § 119 BGB; MünchArbR-*Richardi*, § 46, Rn 48 f.
20   BAGE 11, S 270, 272; krit *Wank*, JuS 1995, S 1086, 1088.

schaft für das beabsichtigte Arbeitsverhältnis für den Arbeitgeber von Bedeutung ist. So kann es bei einem befristeten Arbeitsverhältnis auch auf
vorübergehende Eigenschaften ankommen.[21] Jedoch ist das Anfechtungsrecht aus § 119 Abs. 2 BGB normativ insoweit zu beschränken, als ein Irrtum in Bezug auf solche Eigenschaften, nach denen der Arbeitgeber nicht
hätte fragen dürfen, unbeachtlich ist.[22]

Auf den Irrtum über die Gewerkschaftszugehörigkeit des K kann sich Z
nicht berufen, sei es, dass man eine Dauereigenschaft verneint, sei es, dass
man Art. 9 Abs. 3 Satz 2 GG heranzieht.

Auch der Irrtum des Z über die Herzerkrankung des K ist unbeachtlich.
Der Gesundheitszustand eines Arbeitnehmers gehört nach gefestigter
Rechtsprechung des BAG zu den verkehrswesentlichen Eigenschaften i. S.
des § 119 Abs. 2 BGB, sobald aufgrund der Krankheit dauerhaft die Eignung
des Bewerbers für die konkrete Stelle fehlt oder beeinträchtigt ist.[23] Hier
begründet die Herzerkrankung des K als solche keinen Anfechtungsgrund
nach § 119 Abs. 2 BGB, da sie keine Dauereigenschaft darstellt. Denn nach
h. M. ist selbst die vorübergehende Leistungsminderung regelmäßig noch
keine verkehrswesentliche Eigenschaft. K ist wieder ganz gesund und daher
zumindest nicht wegen des Herzanfalls in seiner Leistungsfähigkeit gemin-
dert.

Die Schwerbehinderteneigenschaft kann nur dann eine verkehrswesentliche Eigenschaft begründen, wenn der Arbeitnehmer wegen der Behinderung für die angestrebte Tätigkeit nicht geeignet ist. Das ist hier der Fall, so
dass die Verkehrswesentlichkeit der Schwerbehinderung des K zu bejahen
ist.

Grundsätzlich können auch fortbestehende Zweifel an der Ehrlichkeit
des K, die angesichts der Täuschung aufkommen können, zur Anfechtung
nach § 119 Abs. 2 BGB berechtigen. Die fehlende Ehrlichkeit eines Stellen-
bewerbers kann indes nur in besonderen Vertrauenspositionen eine verkehrswesentliche Eigenschaft begründen;[24] für K als Kraftfahrer ist das zu
verneinen.

Insgesamt kann sich Z sowohl auf den Anfechtungsgrund des § 119
Abs. 2 BGB als auch auf eine Anfechtung wegen arglistiger Täuschung nach
§ 123 BGB berufen.

---

21 *Wank*, Anm zu BAG EzA § 123 BGB Nr 23.
22 *ErfK-Preis*, § 611 BGB, Rn 430.
23 BAG AP Nr 3, zu § 119 BGB; *Preis*, Arbeitsrecht, S 229; ausführlich zu den verkehrswesentlichen Eigenschaften MünchArbR-*Richardi*, § 46, Rn 32 ff.
24 *Picker*, ZfA 1981, S 1, 95.

III. Anfechtungsfrist

Z muss seine Anfechtung auch rechtzeitig erklärt haben.

Z erfuhr von den zur Anfechtung berechtigenden Umständen Ende April 2001 und erklärte Ende Mai 2001 die Anfechtung des Arbeitsvertrages. Hinsichtlich der Anfechtung nach § 123 BGB kann die Erklärung innerhalb eines Jahres von der Entdeckung der Täuschung an erfolgen, § 124 BGB. Anders als bei der Anfechtung nach § 119 BGB ist die Ausschlussfrist des § 626 Abs. 2 BGB auf die Drohungs- und Täuschungsanfechtung nicht analog anzuwenden.[25]

Im Ergebnis war die Anfechtung des Z nach § 123 BGB rechtzeitig. Die Anfechtung nach § 119 Abs. 2 BGB erfolgte dagegen nicht unverzüglich und ist deshalb gem. § 121 BGB unwirksam.

IV. Anhörung des Betriebsrats

Die Anfechtungserklärung könnte aber deshalb gem. § 102 Abs. 1 Satz 3 BetrVG unwirksam sein, weil Z den Betriebsrat vorher nicht angehört hat. Die Vorschrift gilt jedoch nach ihrem Wortlaut nur für den Fall einer Kündigung. Sie ist auf die Anfechtung auch nicht analog anwendbar.[26]

V. Besonderer Kündigungsschutz

Auch § 85 SGB IX steht der Anfechtung des Arbeitsvertrages nicht entgegen; denn die Kündigungsverbote des besonderen Kündigungsschutzes sind auf die Anfechtung nicht anzuwenden, und zwar auch nicht analog.[27]

Im Ergebnis hat Z seine Willenserklärung auf Abschluss eines Arbeitsvertrages mit K wirksam angefochten.

VI. Rechtsfolge

Aufgrund der wirksamen Anfechtung könnte das Arbeitsverhältnis des K rückwirkend zum Juni 2002 aufgelöst sein, so dass seine Klage unbegründet ist.

Rechtsfolge einer wirksamen Anfechtungserklärung ist gem. § 142 BGB die rückwirkende Nichtigkeit der angefochtenen Erklärung (ex-tunc-Wirkung). Diese Rechtsfolge ist allerdings im Arbeitsrecht in der Regel nicht

---

25   Ganz hM, ErfK-*Preis*, § 611 BGB, Rn 455; str für die Anfechtung nach § 119 BGB, dafür BAG AP Nr 35 zu § 119 BGB; dagegen MünchArbR-*Richardi*, § 46, Rn 51; *Picker*, ZfA 1981, S 1, 108 ff; s jüngst zur Unterscheidung zwischen Anfechtung und Kündigung BAG AP Nr 49 zu § 123 BGB.
26   *Picker*, ZfA 1981, S 1, 43 f; Staudinger-*Richardi*, § 611 BGB, Rn 174.
27   ErfK-*Preis*, § 611 BGB, Rn 423.

akzeptabel. Zum einen ist wegen des Austausches einer Vielzahl von Leistungen über einen längeren Zeitraum das Bereicherungsrecht für eine Rückabwicklung wenig geeignet; zum anderen bedarf der Arbeitnehmer für die bereits geleistete Arbeit eines Schutzes. Mit der h. M. ist daher davon auszugehen, dass das »fehlerhafte Arbeitsverhältnis« für die Vergangenheit wie ein wirksames Arbeitsverhältnis zu behandeln ist und dass die Anfechtungserklärung bei einem bereits in Vollzug gesetzten Arbeitsverhältnis nur für die Zukunft wirkt (ex-nunc-Wirkung).[28]

Nur in Ausnahmefällen besteht nach der Rechtsprechung des BAG kein Grund, von der regelmäßigen Rechtsfolge der rückwirkenden Anfechtung (§ 142 BGB) abzuweichen. Eine Ausnahme wird dann gemacht, wenn das Arbeitsverhältnis – aus welchen Gründen auch immer – zwischenzeitlich außer Funktion gesetzt worden ist; dann wirkt die Anfechtung auf den Zeitpunkt der Außervollzugsetzung zurück, da bereicherungsrechtliche Abwicklungsprobleme nicht auftreten. Diese Einschränkung gilt insbesondere bei der Anfechtung wegen arglistiger Täuschung, da derjenige, der den Abschluss eines Arbeitsvertrages durch arglistige Täuschung erschlichen hat, nicht darauf vertrauen kann, dass das Arbeitsverhältnis auch für die Zeit der Außerfunktionssetzung bis zur Anfechtungserklärung als rechtsbeständig behandelt wird. Gesichtspunkte des Arbeitnehmerschutzes greifen insoweit nicht ein.[29]

Im Ergebnis hat die Anfechtungserklärung des Z das Arbeitsverhältnis mit K spätestens zum 31. 5. 2001 beseitigt, so dass der Feststellungsantrag des K unbegründet ist.

B. Der Lohnanspruch des K

I. Der Lohnanspruch für die ersten beiden Maiwochen

1. K könnte bis Mitte Mai 2001 ein Lohnanspruch aus § 611 BGB zustehen. Der Fälligkeit steht § 614 BGB nicht entgegen, da K im Mai gearbeitet hat.

2. Das Arbeitsverhältnis, aus dem der Lohnanspruch des K folgt, könnte jedoch aufgrund der Anfechtungserklärung des Z vom 31. Mai 2001 gem. § 142 BGB rückwirkend vernichtet worden sein.

a) Die Ansicht, nach der § 142 BGB auch im Arbeitsrecht gilt und sich die Lohnansprüche bei bereits ausgetauschten Leistungen aus bereiche-

---

28 Seit BAG AP Nr 1 zu § 611 BGB Faktisches Arbeitsverhältnis st Rspr; s Münch-ArbR-*Richardi*, § 46, Rn 58 ff mwN; aA *Beuthien*, RdA 1969, S 161 ff; *Käßer*, Der fehlerhafte Arbeitsvertrag, 1979.

29 BAG AP Nr 49 zu § 123 BGB; ferner Soergel-*Kraft*, vor § 611 BGB, Rn 43 mwN.

rungsrechtlichen Grundsätzen (§ 818 Abs. 2 BGB) ergeben, ist, ist grundsätzlich abzulehnen. Vielmehr ist in der Rechtsprechung des BAG anerkannt, dass ein bereits in Vollzug gesetztes Arbeitsverhältnis nicht mehr mit rückwirkender Kraft angefochten werden kann, es sei denn, dass das Arbeitsverhältnis zwischenzeitlich wieder außer Funktion gesetzt worden ist.

b) Vielmehr gilt für das fehlerhafte Arbeitsverhältnis – hier für die ersten beiden Maiwochen – die Besonderheit, dass es für die Vergangenheit wie ein wirksames Arbeitsverhältnis zu behandeln ist mit der Folge, dass entstandene Lohnansprüche auch durch eine Anfechtungserklärung des Arbeitgebers nicht untergehen.[30]

c) Eine Ausnahme ist nach zutreffender Ansicht jedoch für die letzten beiden Maiwochen, in denen K nicht mehr gearbeitet hat, zuzulassen. Ein nach §§ 611, 615 Satz 1 BGB grundsätzlich in Betracht kommender Lohnanspruch ist wegen rückwirkender Kraft der Anfechtung nach § 123 BGB zu verneinen. Da das Arbeitsverhältnis seit Mitte Mai nicht mehr fortgesetzt wurde, können bereicherungsrechtliche Rückabwicklungsprobleme nicht entstehen. Die Anfechtungserklärung wirkt daher auf den Zeitpunkt der Außervollzugsetzung zurück.

II. Der Lohnanspruch für Juni

K könnte einen Anspruch aus §§ 611, 615 BGB auf Lohn für Juni 2001 haben. Das setzt das Bestehen des Arbeitsverhältnisses voraus. Schließt man sich der hier vertretenen Ansicht an, dass die Anfechtung wegen arglistiger Täuschung zurückwirkt (s. im vorigen unter B. I. 2. c), dann hat die Anfechtungserklärung des Z vom 31. Mai 2001 das Arbeitsverhältnis rückwirkend aufgelöst. Folgt man der Gegenansicht, dann ist durch diese Anfechtungserklärung das Arbeitsverhältnis jedenfalls für die Zukunft aufgelöst worden. Nach beiden Ansichten ergibt sich übereinstimmend, dass im Juni zwischen Z und K kein Arbeitsverhältnis mehr bestanden hat. K hat daher keinen Lohnanspruch für Juni 2001.

> **Gesamtergebnis:** Die Klage des K ist hinsichtlich des Lohnanspruchs für die ersten beiden Maiwochen begründet, im Übrigen unbegründet.

---

[30] *Lieb*, Arbeitsrecht, § 2 I 2 a, S 40 ff; Erman-*Hanau*, § 611 BGB, Rn 267; *Picker*, ZfA 1981, S 1, 51 ff; Staudinger-*Richardi*, § 611 BGB, Rn 180 ff.

Hinweis: Bei Anfechtungen des Arbeitgebers stellen sich die allgemeinen Fragen der §§ 119, 123 BGB, insbesondere
- Anfechtungserklärung
- Anfechtungsgrund
- Anfechtungsfrist.

Hinzu kommen einige typische arbeitsrechtliche Probleme, wie insbesondere die Einschränkung des Fragerechts des Arbeitgebers und die Einschränkung der Rückwirkung nach § 142 BGB (»fehlerhaftes Arbeitsverhältnis«).

Aufbauschema Nr. 3:

Anfechtungsrecht des Arbeitgebers

1. Anfechtungserklärung, §§ 133, 130 BGB
   Auslegung der Erklärung des Arbeitgebers
   Prüfung, ob fristlose Kündigung oder Anfechtung
2. Anfechtungsgrund
   §§ 119 Abs. 2 und 123 BGB nebeneinander prüfen
   a) Arglistige Täuschung
      aa) Tatbestand
          Arbeitgeber fragt – Täuschung durch Tun
          Arbeitgeber fragt nicht – Täuschung durch Unterlassen
              Voraussetzung: Rechtspflicht zum Handeln; besteht, wenn
              Mitteilung für das konkrete Arbeitsverhältnis wesentlich
          Terminologie (s. u.): Offenbarungspflicht

          Auskunftspflicht   Mitteilungspflicht
      bb) Rechtswidrigkeit
          (1) Nach teilweise vertretener Ansicht nicht zu prüfen, da nicht im
              Wortlaut des § 123 BGB; die Probleme der Offenbarungs-
              pflicht sind vielmehr bei cc), Arglist, zu prüfen.
          (2) Nach BAG und h. M. nach Tatbestand, Rechtswidrigkeit und
              Schuld gliedern, wie auch sonst bei Handlungen. Die Offen-
              barungspflicht ist dann hier zu prüfen.
          (a) Täuschung durch Tun, Verletzung einer Auskunftspflicht –
              nur dann, wenn der Arbeitgeber ein Fragerecht hat. Im Ar-
              beitsrecht Einschränkung des Fragerechts
              (1) h. M.: durch das allgemeine Persönlichkeitsrecht
              (2) Minderheitsmeinung: durch das Recht auf Arbeit
              (3) Minderheitsmeinung: je nachdem
                  – durch das allgemeine Persönlichkeitsrecht
                  – durch Diskriminierungsverbote
                  – durch das Recht auf Arbeit
          Faustformel: Ein Fragerecht des Arbeitgebers besteht nur,
          wenn die Frage »arbeitsplatzbezogen« ist. Besteht kein Frage-
          recht, ist die falsche Antwort des Arbeitnehmers nicht rechts-
          widrig.

(b) Täuschung durch Unterlassen
Die Täuschung ist nur dann rechtswidrig, wenn eine Pflicht zum Handeln besteht (»Mitteilungspflicht«). Sie besteht, wenn die Angabe für das Arbeitsverhältnis wesentlich ist.

cc) Schuld (»Arglist«)
(1) Nach h. M. hier nur Vorsatz prüfen
(2) Nach Minderheitsmeinung Problem des Fragerechts hier prüfen + Vorsatz

dd) Kausalität der Täuschung
(1) Kausalität bei der Einstellung
(2) Fortwirkende Kausalität (Besonderheit des Arbeitsrechts)

b) Irrtum, insbesondere § 119 Abs. 2 BGB

aa) Irrtum

bb) Wesentliche Eigenschaft
(1) h. M.: nur Dauereigenschaft, z. B. Schwangerschaft nicht
(2) Minderheitsmeinung: bei teleologischer Auslegung wesentlich = von Bedeutung für das konkrete Arbeitsverhältnis; systemkonforme Ergebnisse zu § 123 BGB

3. Anfechtungsfrist
a) §§ 123, 124 BGB
Besonderheit des Arbeitsrechts, Verwirkung
b) §§ 119, 121 BGB
(1) BAG früher: § 626 Abs. 2 BGB analog
(2) Überwiegende Meinung heute: keine Analogie zu § 626 BGB

4. Rechtsfolge: § 142 BGB, Rückwirkung
Besonderheit des Arbeitsrechts: »fehlerhaftes Arbeitsverhältnis«, keine rückwirkende Nichtigkeit, sondern nur Nichtigkeit ex nunc (str.) inbes. für § 123 BGB str.

3. Ausgangsfall
»Gestrichene Zulagen«

Seit zehn Jahren wird an die Mitarbeiter der betriebsratslosen U-AG ein monatlicher »Essenszuschuss« mit Hilfe von Verpflegungsmarken gezahlt. Darüber existieren, wie allgemein im Unternehmen bekannt ist, betriebsinterne »Richtlinien über die Gewährung von Essenmarken«. In den bei der U-AG verwandten Einstellungsformularen wird darüber nichts ausgesagt. Im Tarifvertrag zwischen dem für die U-AG zuständigen Arbeitgeberverband und der zuständigen X-Gewerkschaft heißt es: »Nebenabreden bedürfen der Schriftform«.

Außerdem wird seit sieben Jahren – ebenfalls aufgrund betriebsinterner Richtlinien – ein »Jahresbonus« zusammen mit dem Dezembergehalt gezahlt, dessen Höhe sich nach dem Unternehmensgewinn richtet, der aber bisher mindestens jeweils ein Monatsgehalt erreicht hatte. Er wird nur an vollzeitbeschäftigte Mitarbeiter gezahlt; die U-AG ist der Meinung, Teilzeitbeschäftigte seien für ihre Arbeit weniger motiviert als Vollzeitbeschäftigte. 40 % der Mitarbeiter der U-AG sind, nahezu ausnahmslos teilzeitbeschäftigte, Frauen.

Als die U-AG in wirtschaftliche Schwierigkeiten gerät, verfügt die Firmenleitung mit Wirkung ab Dezember die Einstellung der Zahlung von Essenszuschuss und Jahresbonus. Der seit 20 Jahren bei der U-AG beschäftigte Angestellte A, der seit November dieses Jahres dort beschäftigte Arbeiter B und die seit 15 Jahren nur halbtags beschäftigte Arbeitnehmerin C machen im Dezember den Essenszuschuss und den Jahresbonus (diesen in Höhe eines Monatsgehalts) geltend. Alle drei sind nicht Mitglieder der X-Gewerkschaft. In ihren Arbeitsverträgen heißt es: »Es gelten die jeweils einschlägigen Bestimmungen des maßgeblichen Tarifvertrages.«

Frage 1: Sind die Ansprüche von A, B und C begründet?

Frage 2: Hätte C einen Anspruch auf den Jahresbonus, wenn die anderen Arbeitnehmer den Jahresbonus erhielten?

Frage 3: Hätte A einen Anspruch auf Zahlung des Jahresbonus, wenn es der U-AG finanziell durchschnittlich geht und auch in diesem Jahr Gewinne verbucht werden, jedoch nunmehr – entgegen den bisherigen Gepflogenheiten – seit den letzten drei Jahren bei Zahlung des Jahresbonus immer der Hinweis abdruckt wurde, dass es sich bei dem Jahresbonus um eine freiwillige jederzeit widerrufbare Leistung handelt, auf die in Zukunft kein Anspruch besteht?

Lösung

Vorüberlegungen

Der Sachverhalt enthält bereits die maßgeblichen Differenzierungen. Drei Personen machen Ansprüche geltend. Offenbar liegt bei jeder eine zumindest etwas abweichende Fallgestaltung vor. Aus dem Sachverhalt ergibt sich, dass B erst seit November bei der U-AG beschäftigt ist, während A und C dort schon seit vielen Jahren arbeiten. Möglicherweise ergibt sich aus der Tatsache der Neueinstellung eine Veränderung in der rechtlichen Bewertung. Bei C handelt es sich um eine Arbeitnehmerin. Weiterhin wird gesagt, dass die bei der U-AG beschäftigten Frauen nahezu ausnahmslos Teilzeitbeschäftigte sind. Auch daraus können sich Abweichungen ergeben.

Bei den Zuschüssen wird zwischen einem Essenszuschuss und einem Jahresbonus unterschieden. Schon der Sachverhalt lässt erkennen, dass sich der Jahresbonus nach dem Unternehmensgewinn richtet. Insofern könnten beide Zuschüsse unterschiedlich zu behandeln sein. Als weiterer Hinweis enthält der Sachverhalt die Angabe, dass die Arbeitnehmer nicht Gewerkschaftsmitglieder sind. Dennoch ist von einem Tarifvertrag die Rede. Offenbar spielt dieser Tarifvertrag bei der Falllösung eine Rolle.

In derartigen Fällen empfiehlt es sich, die Lösung für jeden einzelnen Anspruchsteller und für jede einzelne Anspruchsgrundlage getrennt aufzubauen. Daraus ergibt sich das im Folgenden zugrundegelegte Aufbauschema für die Lösung.

Ausarbeitung

Frage 1

A. Ansprüche des A gegen die U-AG

I. Der Anspruch auf Zahlung des Essenszuschusses

1. Eine Anspruchsgrundlage aus Gesetz, Tarifvertrag, Betriebsvereinbarung oder Einzelarbeitsvertrag ist nicht ersichtlich.

Hinweis: Es kommt ein Anspruch »aus betrieblicher Übung« in Betracht. Nach überwiegender Meinung stellt die betriebliche Übung selbst aber keine Anspruchsgrundlage dar, sondern lediglich ein tatsächliches Verhalten. Nach der von der Rechtsprechung vertretenen Vertragstheorie ergibt sich der Anspruch möglicherweise aus Vertrag in Verbindung mit betrieblicher Übung, nach der Vertrauenshaftungstheorie aus § 242 BGB in Verbindung mit betrieblicher Übung. Empfehlenswert ist es daher, nicht die betriebliche Übung als Anspruchsgrundlage zu nennen, sondern die Bezeichnung gemäß der Theorie, der Sie für Ihre Lösung folgen.

2. Ein Anspruch des A könnte sich aus § 242 BGB, venire contra factum proprium (widersprüchlichem Verhalten), aufgrund einer betrieblichen Übung ergeben. Die dogmatische Rechtsgrundlage des Anspruchs aus betrieblicher Übung ist in Rechtsprechung und Lehre umstritten. Vertreten werden heute noch im Wesentlichen zwei Ansätze.[1] Dabei kommen diese Ansätze bei der Begründung von Ansprüchen in der Regel zu gleichen Ergebnissen.

a) Nach der *Vertragstheorie*[2] wird der Inhalt der konkreten Übung durch (konkludenten) Antrag des Arbeitgebers und (stillschweigende) Annahme des Arbeitnehmers Bestandteil des Arbeitsvertrages. Daran ist zutreffend, dass es im einzelnen Fall beim Arbeitgeber an einem Erklärungsbewusstsein fehlen kann[3] und dass trotzdem eine Willenserklärung vorliegt, wenn die Handlung aus Sicht des Arbeitnehmers von seinem Empfängerhorizont her als Willenserklärung mit einem bestimmten Inhalt zu verstehen war und der Erklärende dies bei Anwendung der erforderlichen Sorgfalt hätte erkennen und vermeiden können. Grundsätzliche dogmatische Bedenken aus dem allgemeinen Recht der Willenserklärungen bestehen daher nicht.[4] Doch führt diese Theorie im Bereich der betrieblichen Übung regelmäßig zu Fiktionen.

b) Überzeugender ist demgegenüber die Theorie der *Vertrauenshaftung*.[5] Grundlage der Haftung des Arbeitgebers ist § 242 BGB, und zwar der Gedanke eines venire contra factum proprium. Ein Arbeitgeber, der durch mehrfaches gleichförmiges Verhalten in den Arbeitnehmern ein Vertrauen

---

1 Zur früher auch vertretenen normativen Theorie vgl. *Gamillscheg*, Festschrift für Hilger/Stumpf, 1983, S 227, 243 ff.
2 BAG AP Nr 2 und 6 zu § 611 BGB Gratifikation; BAG AP Nr 5, 8, 9, 22, 27, 29 und 38 zu § 242 BGB Betriebliche Übung; *Brox/Rüthers*, Arbeitsrecht, Rn 49e; *Hueck/Nipperdey*, Arbeitsrecht, Bd I, § 25 V, S 150 ff; *Säcker*, Gruppenautonomie und Übermachtkontrolle im Arbeitsrecht, 1972, S 485 ff; Nachw zur Gegenansicht bei *Hueck/Fastrich*, AR-Blattei Betriebsübung I A II 1.
3 Dazu BGHZ 91, S 324, 327 f; 109, S 171, 177; MünchArbR-*Richardi*, § 13, Rn 16.
4 AA *Schubert*, JR 1985, S 15 f.
5 *Canaris*, Die Vertrauenshaftung im deutschen Privatrecht, 1971, S 372 ff; Erman-*Hanau*, § 611 BGB, Rn 277; *Hromadka*, NZA 1984, S 241, 244; *Joost*, RdA 1989, S 7, 11 f; *Lieb*, Arbeitsrecht, Rn 55 ff, 59; MünchArbR-*Richardi*, § 13, Rn 19 f; *Seiter*, Die Betriebsübung, 1967, S 92 ff; *Singer*, ZfA 1993, S 487, 491 ff; Staudinger-*Richardi*, § 611 BGB, Rn 263; *Zöllner/Loritz*, Arbeitsrecht, § 6 I 7, S 71.

erzeugt hat, verhält sich widersprüchlich, wenn er – jedenfalls ohne sachlichen Grund – von diesem Verhalten wieder abrückt.

3. Zu prüfen ist, ob die Voraussetzungen für eine Vertrauenshaftung aufgrund betrieblicher Übung gegenüber A vorliegen.

a) Der Essenszuschuss wird seit 10 Jahren gezahlt. Gründe, aus denen sich Bedenken dafür ergeben könnten, dass A nicht auf die Fortzahlung vertraut, sind nicht ersichtlich. Im Gegenteil hat der Arbeitgeber durch die Schaffung von Richtlinien das Vertrauen der Arbeitnehmer auf Weiterzahlung verstärkt.

b) Die Bindung des Arbeitgebers ist auch nicht durch einen Freiwilligkeitsvorbehalt oder einen Widerrufsvorbehalt ausgeschlossen oder eingeschränkt worden.[6]

c) Eine fehlende Bindung könnte sich aus §§ 125 Satz 1, 126 BGB oder §§ 127, 126, 125 Satz 2 BGB ergeben.

Für die Vertrauenshaftungstheorie stellt sich die Frage nach dem Schriftformerfordernis im Tarifvertrag jedoch nicht, da es nach ihrer dogmatischen Begründung nicht um eine rechtsgeschäftliche Einigung geht. Die Schriftformklausel kann eine Bindung des Arbeitgebers nicht verhindern.

Exkurs: Die folgenden Ausführungen sind nur dann erheblich, wenn Sie der Vertragstheorie folgen.

»Aus der Sicht der in der Rechtsprechung vorherrschenden Vertragstheorie ist demgegenüber fraglich, ob ein gesetzlicher Schriftformzwang vorliegt. Er könnte durch die Schriftformklausel des Tarifvertrags gegeben sein. Tarifverträge sind im Sinne des BGB gem. Art. 2 EGBGB Gesetze. Zweifelhaft ist jedoch, ob der Tarifvertrag auf A anwendbar ist. Nach § 4 Abs. 1 Satz 1 TVG gilt der Tarifvertrag nur dann für A, wenn er tarifgebunden ist. Nach § 3 Abs. 1 TVG sind nur Mitglieder einer Gewerkschaft als Tarifvertragspartei nach § 2 Abs. 1 TVG tarifgebunden. Da A kein Mitglied der X-Gewerkschaft ist, gilt der Tarifvertrag nicht gem. § 4 Abs. 1 TVG unmittelbar und zwingend für ihn.

Durch die Inbezugnahme des Tarifvertrages im Arbeitsvertrag zwischen A und der U-AG ist der Tarifvertrag jedoch auch auf A anwendbar. Damit wird auch die Schriftformklausel des Tarifvertrages zum Vertragsbestandteil. Allerdings handelt es sich aufgrund der Einbeziehung nicht um eine gesetzliche, sondern um eine vertragliche Schriftformklausel. Für diese

---

6   S zu den Differenzierungen *Dütz*, Anm zu BAG EzA § 125 BGB Nr 10, S 8 ff; *Wank*, in: Hromadka, Änderung von Arbeitsbedingungen, 1989, S 35, 43 ff; s ferner *Freitag*, NZA 2002, S 294.

bestimmt § 125 Satz 2 BGB, dass bei Nichteinhaltung (nur) im Zweifelsfall Nichtigkeit eintritt. Für die Zahlung des Essenszuschusses gibt es als schriftliche Grundlage nur die betriebsinterne, allein von der U-AG verfasste Richtlinie über die Gewährung von Essenmarken. Eine schriftliche Annahme eines evtl. schriftlichen Angebots durch A gem. §§ 127, 126 Abs. 2 BGB liegt nicht vor. Dennoch könnte A einen Anspruch auch nach der Vertragstheorie haben, wenn die Zahlung des Essenszuschusses entweder nicht unter die Schriftformklausel fällt oder sich die U-AG nicht auf diese Klausel berufen kann.

Zweifelhaft ist, ob es sich bei der Zahlung von Essenszuschuss um eine »Nebenabrede« im Sinne des Tarifvertrages handelt. Z. T. wird die Ansicht vertreten, alles, was die Hauptpflichten, darunter die Lohnzahlungspflicht des Arbeitgebers, betrifft, sei nicht Gegenstand von »Neben«abreden.[7] Diese Auffassung führt jedoch zu dem widersinnigen Ergebnis, dass gerade für die wichtigeren Fragen keine Schriftformklausel vorgeschrieben ist.[8] Richtig ist vielmehr, dass der Ausdruck »Nebenabrede« in Schriftformklauseln alles das umfasst, was nicht bereits durch Tarifvertrag oder Einzelarbeitsvertrag geregelt ist.[9] Demnach ist die Schriftformklausel einschlägig. Gem. § 125 Satz 2 BGB tritt Nichtigkeit jedoch nur im Zweifel ein. Da der Arbeitgeber davor geschützt sein will, dass er auf Zahlung in Anspruch genommen wird, ist in diesen Fällen bei Nichteinhaltung der Schriftform grundsätzlich von der Rechtsfolge der Nichtigkeit auszugehen.

Die Parteien könnten aber die Schriftformklausel im konkreten Fall für die Zahlung des Essenszuschusses einständlich aufgehoben haben. In der Literatur wird z. T. eine solche Aufhebung von Schriftformklauseln dann bejaht, wenn sich die Parteien de facto über die Schriftformklausel hinwegsetzen.[10] Dies würde aber gerade den Zweck der vereinbarten Schriftformklausel konterkarieren. Dem Arbeitgeber könnte es jedoch aufgrund des Verbots widersprüchlichen Verhaltens[11] untersagt sein, sich auf die Schriftformklausel zu berufen. In Rechtsprechung und Literatur ist eine Einschränkung des § 125 BGB für die Fälle anerkannt, in denen eine Partei die Erfüllung der Schriftform geradezu vereitelt.[12] Darum geht es hier nicht.

---

7 BAG AP Nr 12 zu § 4 BAT.
8 *Herschel*, Anm zu BAG AP Nr 2 zu § 19 TV Arb Bundespost.
9 *Wank*, ZfA 1987, S 355, 368; *ders* (o Fn 6), S 35, 57 ff.
10 MK-*Förschler*, BGB, 3. Aufl 1993, § 125 BGB, Rn 77; einschränkend MK-*Einsele*, 4. Auflage 2001, Rn 66.
11 BAG AP Nr 8 zu § 4 BAT.
12 BGH, NJW 1977, S 2072.

Derselbe Rechtsgedanke jedoch, der dazu führt, dass man überhaupt aus dem Verhalten des Arbeitgebers das Vorliegen einer betrieblichen Übung bejaht, muss auch dazu führen, dass eine derartige betriebliche Übung nicht einfach mit einer Schriftformklausel aus der Welt geschafft werden kann. Auch insofern verhält sich der Arbeitgeber widersprüchlich.[13] Wenn das BAG in vergleichbaren Fällen die Berufung auf die Schriftformklausel zugelassen hat,[14] so lag das wohl daran, dass das BAG den öffentlichen Dienst privilegieren wollte. Nach der Vertragstheorie liegt folglich ein Vertrag vor, der gem. § 125 BGB nichtig ist; jedoch kann sich die U-AG, nach der hier vertretenen Auffassung, nicht auf die Nichtigkeit berufen.«
Ende des Exkurses

4. Fraglich ist, ob die U-AG einseitig die Einstellung der Zahlung verfügen durfte. In der Literatur wird z. T. die Ansicht vertreten, da es sich um eine freiwillige Leistung handele, könne der Arbeitgeber einseitig auch ohne wichtigen Grund seine Verpflichtung widerrufen.[15] Die ganz überwiegende Meinung stimmt dem nicht zu.[16]

Allerdings könnten sich Erleichterungen in der Weise ergeben, dass sich der Arbeitgeber unter leichteren Voraussetzungen als sonst bei Verträgen von seiner Verpflichtung wieder lossagen kann. Während im allgemeinen Zivilrecht eine einseitige Lossagung nur unter Berufung auf den Wegfall der Geschäftsgrundlage gem. § 313 BGB in Betracht kommt, könnten im Arbeitsrecht die Voraussetzungen erleichtert sein.[17] Mit der Rechtsprechung ist jedoch der Ansicht zuzustimmen, dass – ähnlich wie beim Wegfall der Geschäftsgrundlage – nur bei Gefährdung des Betriebs aufgrund der Weiterzahlung der Sozialleistung ein wichtiger Grund anzunehmen ist, der zum einseitigen Widerruf berechtigt.[18] Da hier nur wirtschaftliche Schwierigkeiten vorliegen, aber die Existenz des Unternehmens nicht gefährdet ist, war die U-AG nicht zum einseitigen Widerruf berechtigt.

Damit besteht der Anspruch des A auf Zahlung des Essenzuschusses für den Monat Dezember und die weiteren Monate.

---

13   BAG AP Nr 1 zu § 127 BGB; BAG, BB 1989, S 1124; krit *Dütz*, Anm zu BAG EzA § 125 BGB Nr 10, S 17.
14   BAG AP Nr 27 zu § 242 BGB Betriebliche Übung; krit *Singer*, ZfA 1993, S 487, 502 ff, 505 ff; *Wank*, ZfA 1987, S 355, 410.
15   *Peterek*, Festschrift für Gaul, 1987, S 184, 192; *Wolf*, JZ 1971, S 273.
16   *Backhaus*, AuR 1983, S 65, 72 f; *Hromadka*, NZA 1984, S 241, 246; *Gamillscheg* (o Fn 1), S 227, 237.
17   Vgl *Wank*, Anm zu BAG, EzA § 77 BetrVG 1972 Nr 20.
18   BAG AP Nr 5 und Nr 51 zu § 611 BGB Gratifikation.

II. Der Anspruch auf Zahlung des Jahresbonus

1. Eine Anspruchsgrundlage aufgrund Gesetz, Tarifvertrag, Betriebsvereinbarung oder Einzelarbeitsvertrag liegt nicht vor. In Betracht kommt ein Anspruch aus § 242 BGB, venire contra factum proprium, aufgrund betrieblicher Übung. Hier wurde die Leistung bereits sieben Jahre gewährt, es bestanden Richtlinien, und die Arbeitnehmer, darunter der A, durften auf die Fortzahlung vertrauen.

In Bezug auf Bindungswirkung und Schriftformklausel kann auf die obigen Ausführungen verwiesen werden.

2. Besonderheiten können sich im Hinblick auf ein Widerrufsrecht der U-AG ergeben. Zum einen kann man Bedenken haben, ob überhaupt ein Anspruch auf eine bestimmte Leistung besteht, da der Jahresbonus in wechselnder Höhe gezahlt wurde. Hier ließe sich insbesondere einwenden, dass der Jahresbonus an den Unternehmensgewinn gekoppelt ist. Wenn also kein Gewinn anfällt, fehlt es vielleicht bereits an einer Anspruchsvoraussetzung. Die Frage kann dann dahinstehen, wenn jedenfalls hier ein Widerruf durch die U-AG berechtigt ist.

Wann ein sachlicher Grund für einen Widerruf bei einer betrieblichen Übung vorliegt, hängt vom Leistungszweck der Zulage ab.[19] Da der Leistungszweck hier in einer Treueprämie liegt, die durch eine Gewinnausschüttung erreicht werden soll, liegt dann, wenn in einem Jahr kein Gewinn erreicht wird, jedenfalls ein sachlicher Grund für einen Widerruf vor. Es kann daher dahinstehen, ob es schon an der Anspruchsvoraussetzung fehlt oder ob die U-AG hier aus sachlichem Grund den Widerruf erklärt hat.

A hat keinen Anspruch gegen die U-AG auf Zahlung des Jahresbonus.

B. Ansprüche des B gegen die U-AG

I. Der Anspruch auf Zahlung des Essenszuschusses

In Betracht kommt auch bei B ein Anspruch aus § 242 BGB i. V. m. betrieblicher Übung. Hier ergibt sich allerdings das Bedenken, dass das gleichförmige Verhalten der U-AG zwar gegenüber anderen, im Betrieb schon länger beschäftigten Arbeitnehmern geübt wurde, nicht aber gegenüber B. B ist erst im vorigen Monat in das Unternehmen eingetreten. Er konnte daher noch kein Vertrauen aufgrund eines mehrfach geübten Verhaltens entwickeln.

1. Wie in Fällen des Neueintritts eines Arbeitnehmers in den Betrieb die Geltung einer betrieblichen Übung zu erklären ist, ist in Rechtsprechung

---

19 *Hromadka*, NZA 1984, S 241, 246; *Wank* (o Fn 6), S 35, 46 ff.

und Literatur umstritten. Die Vertreter der Vertragstheorie nehmen an, der Arbeitgeber erkläre dem neu eintretenden Arbeitnehmer, für ihn sollten alle im Betrieb bereits geltenden Regeln gelten oder es bestehe ein Erfahrungssatz, dass den Arbeitnehmern günstige Regelungen bekannt würden.[20] Nach der Vertrauenstheorie vertraut der Neueintretende darauf, dass alle im Betrieb bereits geltenden Regeln auch für ihn gelten.[21]

2. Diese Ansichten vermögen nicht zu überzeugen. Es fehlt an dem entscheidenden Merkmal, dem Vertrauen gerade desjenigen Arbeitnehmers, der den Anspruch geltend macht.

a) Richtig ist demgegenüber die Ansicht, dass ein solcher Anspruch nur aus § 242 BGB i.V.m. betrieblicher Übung i.V.m. dem Gleichbehandlungsgrundsatz entstehen kann. Hier würde B, wenn zwar allen bereits länger im Betrieb beschäftigten Arbeitnehmern aufgrund der betrieblichen Übung ein Anspruch zustünde, ihm aber nicht, gegenüber allen anderen Arbeitnehmern ungleich behandelt.

Der Ungleichbehandlung liegt ein regelgeleitetes Verhalten des Arbeitgebers zugrunde. Ein spezieller Gleichbehandlungsgrundsatz ist nicht ersichtlich, so dass sich B zur Unterstützung seines Anspruchs nur auf den arbeitsrechtlichen Gleichbehandlungsgrundsatz berufen kann.

Da es für die Ungleichbehandlung der neueingetretenen Arbeitnehmer keinen sachlichen Grund gibt, wenn der Arbeitgeber nicht bei Vertragsabschluss den Anspruch ausgeschlossen hat, ist der Tatbestand des arbeitsrechtlichen Gleichbehandlungsgrundsatzes erfüllt.

b) B leitet allerdings als Rechtsfolge der Verletzung des Gleichbehandlungsgrundsatzes einen Anspruch auf Zahlung des Essenszuschusses ab. Das setzt voraus, dass bei Verletzung des Gleichbehandlungsgrundsatzes ein Anspruch darauf besteht, in gleicher Weise eine Zahlung zu erhalten. In Rechtsprechung und Literatur wird weitgehend die Ansicht vertreten, dass sich ein solcher positiver Zahlungsanspruch immer notwendigerweise bei einer Verletzung des Gleichbehandlungsgrundsatzes ergebe.[22] Das ist jedoch unzutreffend.[23] Bei einer Verletzung des Gleichbehandlungsgrundsatzes ergibt sich nur – negativ –, dass der Arbeitgeber den Benachteiligten

---

20   BAG NZA 2002, 527; *Schaub*, Arbeitsrechts-Handbuch, § 111, Rn 6, 13; s auch *Hromadka*, NZA 1984, S 241, 246; *Gamillscheg* (o Fn 1), S 227, 240.
21   *Hromadka*, NZA 1984, S 241, 246; *Hueck/Fastrich*, AR-Blattei D Betriebsübung I A II 2b; Staudinger-*Richardi*, § 611 BGB, Rn 266.
22   BAGE 36, S 187, 194 = AP Nr 117 zu Art 3 GG; *Schaub*, NZA 1984, S 73, 75.
23   S BAG AP Nr 11 zu Art 119 EWG-Vertrag (*Pfarr*); Staudinger-*Richardi*, § 611 BGB, Rn 266, 269; ferner *Wank*, RdA 1985, S 1, 14.

gleich behandeln muss. Damit ist nicht vorgegeben, in welcher Weise die Gleichbehandlung vollzogen wird. Im Verhältnis zum Benachteiligten ist der Arbeitgeber berechtigt, die Anspruchsvoraussetzungen neu festzusetzen, solange er nur die früher Privilegierten und die früher Benachteiligten gleich behandelt. Insofern hängt der Anspruch des früher Benachteiligten davon ab, ob der Arbeitgeber den früher Privilegierten den Anspruch entziehen kann. Wie im Verhältnis des A zur U-AG festgestellt, kann die U-AG jedoch den seit langem beschäftigten Arbeitnehmern den Essenszuschuss für Dezember nicht entziehen. Die einzige Möglichkeit, in diesem Fall eine Ungleichbehandlung zu vermeiden, besteht daher darin, den Anspruch auch dem Neueingetretenen zu gewähren. Zwar hätte die U-AG dem B gleich bei seinem Eintritt erklären können, dass ihm kein Essenszuschuss gezahlt werde, weil die betriebliche Übung beseitigt werden sollte, und so einen sachlichen Grund für die Ungleichbehandlung schaffen können. Das ist aber hier nicht geschehen.

Deshalb hat auch B einen Anspruch auf Zahlung des Essenzuschusses für Dezember.

II. Anspruch auf Zahlung des Jahresbonus

Der Anspruch des B kann sich nur im Zusammenhang mit dem arbeitsrechtlichen Gleichbehandlungsgrundsatz ergeben. Wie oben festgestellt, haben aber nicht einmal die seit längerem bei der U-AG beschäftigten Arbeitnehmer einen Anspruch auf Zahlung des Jahresbonus im Dezember. Deshalb kann sich für B aufgrund des arbeitsrechtlichen Gleichbehandlungsgrundsatzes erst recht kein Anspruch ergeben.

C. Ansprüche der C gegen die U-AG

I. Anspruch auf Zahlung des Essenszuschusses

In Bezug auf den Essenszuschuss liegt der Fall bei C genauso wie bei A. Aus den oben genannten Gründen hat die C einen Anspruch auf Zahlung des Essenszuschusses für Dezember[24].

II. Anspruch auf Zahlung des Jahresbonus

1. Ein Anspruch kann sich auch für C nur aus § 242 BGB i.V.m. betrieblicher Übung ergeben.

---

24 Zur (unzulässigen) Ungleichbehandlung von Teilzeitarbeitnehmern bei Essenszuschüssen s BAG EzA Nr 65 zu § 2 BeschFG 1985.

2. Fraglich ist aber, ob ein Anspruch aus betrieblicher Übung auch für C überhaupt entstehen konnte. Bedenken ergeben sich daraus, dass der Jahresbonus bisher nur an vollzeitbeschäftigte Mitarbeiter gezahlt wurde und dass offenbar eine derartige Regelung auch in den betriebsinternen Richtlinien enthalten ist. C arbeitet seit 15 Jahren als Halbtagsbeschäftigte bei der U-AG. Gleichgültig, welcher Theorie der betrieblichen Übung man folgt, ist jedenfalls im Verhältnis zu Teilzeitbeschäftigten keine Übung im Hinblick auf eine Zahlung des Jahresbonus erkennbar.

3. C könnte aber einen Anspruch aus betrieblicher Übung in Verbindung mit einem speziellen oder mit dem allgemeinen Gleichbehandlungsgrundsatz haben.

Aus der Verletzung eines Gleichbehandlungsgrundsatzes folgt jedoch nicht bereits unmittelbar ein Anspruch der C auf Zahlung des Jahresbonus, sondern nur auf Gleichbehandlung mit den vollzeitbeschäftigten Männern. Diese haben jedoch für Dezember dieses Jahres keinen Anspruch auf Zahlung des Jahresbonus, sei es dass es an den Anspruchsgrundlagen fehlt, sei es dass die U-AG einen wirksamen Widerruf ausgesprochen hat.

Selbst wenn daher ein Gleichbehandlungsgrundsatz verletzt sein sollte, steht der C für dieses Jahr kein Anspruch auf Zahlung des Jahresbonus zu.

Frage 2

In der Alternative wird gefragt, ob C einen Anspruch auf den Jahresbonus hätte, wenn die anderen Arbeitnehmer den Jahresbonus erhielten.

In diesem Fall könnte sich ein Anspruch aus dem Gleichbehandlungsgrundsatz ergeben.

A. Ungleichbehandlung der C

Dem arbeitsrechtlichen Gleichbehandlungsgrundsatz könnten hier speziellere arbeitsrechtliche Gleichbehandlungsgrundsätze vorgehen. In Betracht kommen § 4 Abs. 1 Satz 2 TzBfG, § 612 Abs. 3 BGB und § 611a BGB. Teilzeitbeschäftigte Frauen können sich sowohl auf eine Diskriminierung wegen der Teilzeitarbeit als auch auf eine Diskriminierung wegen des Geschlechts stützen.[25]

---

25 ErfK-*Schlachter*, 3. Aufl 2002, § 612 BGB, Rn 48.

I. § 4 Abs. 1 Satz 2 TzBfG

Nach § 4 Abs. 1 Satz 1 TzBfG ist eine Benachteiligung allein aus Gründen der Teilzeitbeschäftigung unzulässig. Hier liegt im Hinblick auf den Jahresbonus eine Benachteiligung der Teilzeitbeschäftigten vor. Zulässig sind derartige Benachteiligungen allerdings dann, wenn ein sachlicher Grund vorliegt, der nicht in der bloßen Tatsache der Teilzeitbeschäftigung liegen darf. Hier beruft sich die U-AG auf eine angeblich geringere Motivation der Teilzeitbeschäftigten, also auf einen Grund, der in der Teilzeitbeschäftigung selbst liegt. Dieser kann die Differenzierung jedoch nicht rechtfertigen. Die Benachteiligung der Teilzeitbeschäftigten ist daher unzulässig. C hat folglich gem. § 4 Abs. 1 Satz 2 TzBfG einen Anspruch entsprechend ihrer Beschäftigungszeiten, also nur auf die Hälfte des Betrages, den Vollzeitbeschäftigte bekommen.

II. § 612 Abs. 3 BGB

1. Die Nichtgewährung des Jahresbonus an die C könnte darüber hinaus gegen das Lohngleichheitsgebot des § 612 Abs. 3 BGB verstoßen haben. Dann müsste es sich bei dem Jahresbonus um eine Vergütung i.S. dieser Vorschrift handeln. Was unter den Begriff der Vergütung fällt, bestimmt sich nach dem Begriff des »Entgelts« i.S. des Art. 141 (früher Art. 119 Abs. 2) EGV[26]. Unter den Begriff fällt danach nicht nur das Arbeitsentgelt, das in einem Gegenseitigkeitsverhältnis zur Dienstleistung steht, sondern auch jede sonstige Vergütung, die der Arbeitgeber aufgrund des Arbeitsverhältnisses dem Arbeitnehmer mittelbar oder unmittelbar in bar oder in Sachleistungen zahlt. Der von der U-AG seit sieben Jahren gezahlte Jahresbonus ist den vollzeitbeschäftigten Arbeitnehmern aufgrund des Arbeitsverhältnisses gezahlt worden. Damit handelt es sich um eine Vergütung i.S. des § 612 Abs. 3 BGB. – Fraglich ist jedoch, ob es nicht an einer Vereinbarung i.S. des § 612 Abs. 3 BGB fehlt, wenn man der Vertrauenshaftungstheorie folgt[27]. Der Begriff der Vereinbarung in § 612 Abs. 3 BGB muss jedoch aufgrund der europarechtlichen Entwicklung im Lichte des Art. 141 EGV (Art. 119 EGV a.F.) gemeinschaftsrechtskonform dahingehend ausgelegt werden, dass auch Leistungen erfasst werden, die neben den vertraglichen Vereinbarungen erbracht werden[28], um eine Umgehung des § 612 Abs. 3

---

26 MünchArbR-*Richardi*, § 11, Rn 56; Staudinger-*Richardi*, § 612 BGB, Rn 53 f.
27 Eine Vereinbarung iS des § 612 Abs 3 BGB wäre bei der Vertragstheorie anzunehmen.
28 Ähnlich auch Erman-*Hanau*, § 612 BGB, Rn 32.

BGB zu verhindern. Folglich ist auch nach der Vertrauenshaftungstheorie § 612 Abs. 3 BGB anwendbar.

2. Zweifelhaft ist allerdings, ob auch eine Benachteiligung aufgrund des Geschlechts vorliegt. Die Zahlung des Jahresbonus ist an das Kriterium »Vollzeitbeschäftigung« und nicht an das Geschlecht geknüpft worden. Eine unmittelbare Diskriminierung aufgrund des Geschlechts ist somit zu verneinen.

Allerdings sind bei der U-AG die Teilzeitbeschäftigten nahezu ausnahmslos Frauen. Insofern werden durch das Erfordernis der »Vollzeitbeschäftigung« mittelbar nahezu ausnahmslos Frauen nachteilig betroffen. Nach heute einhelliger Auffassung werden von § 612 Abs. 3 ebenso wie von § 611 a BGB auch mittelbare Diskriminierungen aufgrund des Geschlechts erfasst[29]. Problematisch ist hingegen, welche Voraussetzungen erfüllt sein müssen, damit eine Maßnahme oder Regelung eine mittelbare Diskriminierung auf Grund des Geschlechts darstellt.[30]

3. Einigkeit besteht insoweit, dass die Prüfung der mittelbaren Diskriminierung im Entgeltbereich auf zwei Prüfungsstufen zu erfolgen hat.

a) Auf der *ersten Stufe* ist zu prüfen, ob der objektive Tatbestand der mittelbaren Diskriminierung erfüllt ist. Das setzt nach herrschender Ansicht[31] voraus, dass eine an sich geschlechtsneutrale Maßnahme oder Regelung zu einer *Ungleichbehandlung* zweier Gruppen führt. Die Ungleichbehandlung muss zudem eine der beiden Geschlechtergruppen *erheblich stärker benachteiligen* als die andere, wobei es nicht auf die absoluten Zahlen der betroffenen Arbeitnehmer ankommt, sondern auf die Prozentsätze, zu denen einerseits Männer und andererseits Frauen die begünstigende Voraussetzung erfüllen. Die ungleiche Wirkung der geschlechtsneutralen Entgeltregelung muss schließlich *auf dem Geschlecht oder auf den Geschlechterrollen beruhen*[32].

29 Zu § 611a: *Hanau/Preis*, ZfA 1988, S 177, 183 f; MünchArbR-*Richardi*, § 11, Rn 16; *Wank*, RdA 1985, S 1, 20; *ders*, ZfA 1987, S 355, 407 f; zu § 612 Abs. 3: ErfK-*Schlachter*, § 612 BGB, Rn 54.
30 Eingehend zum Ganzen *Wank* in Hanau/Steinmeyer/Wank, Handbuch des europäischen Arbeits- und Sozialrechts, 2002, § 16.
31 BAG AP Nr 6 zu § 2 BeschFG 1985; AP Nr 7 und 8 zu § 1 BetrAVG Gleichberechtigung; AP Nr 95 zu § 1 LohnFG; *Bertelsmann/Pfarr*, Diskriminierung im Erwerbsleben, 1989, S 111 ff; *Hanau/Preis*, ZfA 1988, S 177, 186 ff; *Wisskirchen*, Mittelbare Diskriminierung von Frauen im Erwerbsleben, 1994, S 70 ff.
32 Ob es für den objektiven Tatbestand der mittelbaren Diskriminierung noch eines Zurechnungszusammenhangs zwischen der Maßnahme oder Regelung und der nachteiligen Betroffenheit bedarf, ist in letzter Zeit vom 4. Senat des BAG sowie von einem Teil des Schrifttums in Frage gestellt worden; vgl BAG AP Nr 28 zu § 23 a

b) Auf der *zweiten Prüfungsstufe* ist sodann festzustellen, ob die mittelbare Diskriminierung durch objektive Gründe gerechtfertigt ist, die nichts mit dem Geschlecht zu tun haben. Insoweit muss der Arbeitgeber nach der Rechtsprechung des EuGH zu Art. 141 EGV (Art. 119 EGV a. F.) darlegen und beweisen, dass die Ungleichbehandlung einem *wirklichen Bedürfnis des Unternehmens* dient und für die Erreichung dieses Ziels *geeignet und erforderlich* ist.

4. Die von der herrschenden Meinung befürwortete Prüfungsfolge der mittelbaren Diskriminierung ist insoweit abzulehnen, als sie für den objektiven Tatbestand einer mittelbaren Diskriminierung das Erfordernis einer »stärkeren Betroffenheit« verlangt. Auf dieses Merkmal kann es aus zwei Gründen nicht ankommen. Zum einen wollen die Benachteiligungsverbote des § 611 a Abs. 1 und des § 612 Abs. 3 BGB den Einzelnen davor schützen, dass er wegen seines Geschlechts benachteiligt wird. Ein von einem statistischen Ergebnis ausgehendes Prinzip kann diesem Schutzzweck nicht gerecht werden. Der hinter dem Benachteiligungsverbot stehende individuelle Gerechtigkeitsgedanke verlangt vielmehr, dass auch für den Fall, dass eine Regelung oder Maßnahme nur eine einzige Person benachteiligt, die Benachteiligung nicht »wegen des Geschlechts« erfolgt[33]. Hiervon ausgehend kann die stärkere Betroffenheit einer Geschlechtergruppe allenfalls Indizcharakter für eine mittelbare Diskriminierung haben.

Zum anderen geht es um die Rechtmäßigkeitskontrolle von Normen und Arbeitgebermaßnahmen. Daher kommt es auf den Regelungsgehalt als solchen an und nicht darauf, wie sich die Regelung oder die Maßnahme zufällig auswirkt.

5. a) Im vorliegenden Fall wird die C durch das an sich geschlechtsneutrale Kriterium der Vollzeitbeschäftigung benachteiligt. Der objektive Tatbestand der mittelbaren Diskriminierung ist nach der hier vertretenen Auffassung bereits dann erfüllt, wenn diese Benachteiligung auf dem Geschlecht der C oder deren Geschlechterrolle »beruht«, der U-AG die geschlechtsspezifische Benachteiligung also zurechenbar ist. Dieser Zurechnungszusammenhang ist zum einen dann zu verneinen, wenn die konkrete Benachteiligung in keinem ursächlichen Zusammenhang mit dem Geschlecht oder den Geschlechterrollen steht, insbesondere also rein zufällig ist. Um einer völligen Ausuferung mittelbarer Diskriminierungen entgegenzutreten, muss die ein Geschlecht treffende nachteilige Auswirkung einer

---

BAT; *Schlachter*, NZA 1995, S 393, 397; zur Frage der Zurechenbarkeit s näher *Wisskirchen* (o Fn 31), S 102 ff sowie die nachfolgenden Ausführungen.
33 So auch *Herrmann*, SAE 1993, S 269, 280.

Regelung oder Maßnahme dem Arbeitgeber aber auch im wertenden Sinne zurechenbar sein[34]. Dem Arbeitgeber dürfen nämlich keine gesamtgesellschaftlichen Probleme aufgebürdet werden[35]. Ist der Staat selbst nicht dazu in der Lage, geschlechtsspezifische Ungleichheiten zu kompensieren, so kann er dies auch nicht vom Arbeitgeber verlangen[36].

Die Benachteiligung der C steht in einem ursächlichen Zusammenhang mit der Unternehmenspolitik der U-AG, nämlich einen Jahresbonus nur an Vollzeitbeschäftigte zu zahlen. Zudem betrifft der Ausschluss der C von der Zahlung des Jahresbonus deren arbeitsrechtliche Stellung, so dass es im vorliegenden Fall nicht darum geht, gesamtgesellschaftliche Defizite zu kompensieren. Da der erforderliche Zurechnungszusammenhang zwischen der Maßnahme der U-AG und der nachteiligen Betroffenheit der C somit zu bejahen ist, liegt der objektive Tatbestand der Diskriminierung vor.

b) Zu prüfen ist nunmehr, ob die Diskriminierung der C durch objektive Gründe, die nichts mit dem Geschlecht zu haben, gerechtfertigt gewesen ist. Die U-AG begründet die Zahlung des Jahresbonus allein an Vollzeitbeschäftigte mit ihrer Ansicht, dass Teilzeitbeschäftigte weniger für ihre Arbeit motiviert seien als Vollzeitbeschäftigte. Insoweit handelt es sich jedoch lediglich um eine subjektive Befürchtung, die durch keine ausreichenden Grundlagen untermauert wird.[37]

6. Des Weiteren üben C und die beschäftigten Männer die »gleiche Arbeit« iSd § 612 Abs. 3 BGB aus.

III. § 611 a Abs. 1 BGB

Ob C einen Anspruch wegen Verletzung des § 611 a Abs. 1 BGB hat, ist nicht zu prüfen. Im Hinblick auf die Diskriminierung beim Entgelt ist § 612 Abs. 3 BGB Spezialvorschrift.[38]

IV. Ergebnis zum Tatbestand der Ungleichbehandlung

Damit liegt eine unzulässige Benachteiligung der Teilzeitbeschäftigten sowohl nach § 4 Abs. 1 Satz 1 TzBfG als auch nach § 612 Abs. 3 BGB vor.

---

34 *Hanau/Preis*, ZfA 1988, S 177, 188; *Wisskirchen* (o Fn 31), S 102; s auch *Wank*, RdA 1985, S 1, 21; *ders*, ZfA 1987, S 355, 448; *ders*, SAE 1994, S 195, 198.
35 Vgl *Hanau/Preis*, ZfA 1988, S 177, 189; *Herrmann*, SAE 1993, S 269, 283; *Wisskirchen* (o Fn 31), S 105.
36 *Hanau/Preis*, ZfA 1988, S 177, 189; vgl auch *Herrmann*, SAE 1993, S 281, 192; *Wank*, RdA 1985, S 1, 21.
37 Vgl auch BAG AP Nr 8 zu § 1 BetrAVG.
38 ErfK-*Schlachter*, § 611a BGB, Rn 5.

B. Rechtsfolgen der unzulässigen Ungleichbehandlung

Im Ergebnis haben also die anderen Arbeitnehmer einen Anspruch auf Zahlung des Jahresbonus, und die C ist unzulässigerweise benachteiligt worden. Fraglich ist, ob in diesem Fall aus der Verletzung des Gleichbehandlungsgrundsatzes ein Anspruch auf Gleichstellung folgt. Für die Ungleichbehandlung von Teilzeitkräften ist dies mittlerweile in § 4 Abs. 1 Satz 2 TzBfG normiert[39], so dass C einen Anspruch auf die Hälfte des Jahresbonus hat.

Bei einer Verletzung des Gleichberechtigungsgrundsatzes gem. § 612 Abs. 3 BGB wird ein Anspruch von Teilen der Rechtsprechung und der Literatur bejaht.[40] Dem kann nicht gefolgt werden. Die Verletzung des Gleichbehandlungsgrundsatzes, in welcher Form auch immer (sofern nichts speziell gesetzlich normiert ist), führt nur dazu, dass die bestehende Benachteiligung nicht aufrechterhalten werden kann. Einen Anspruch auf Gleichbehandlung mit den bisher Privilegierten gibt es jedoch nur dann, wenn eine Beseitigung des Verstoßes nicht auf andere Weise möglich ist.[41] Diese Voraussetzung muss aber in jedem Fall überprüft werden. Nur dann und nur solange, wie die anderen Arbeitnehmer einen Anspruch auf Zahlung des Jahresbonus haben, lässt sich die unzulässige Diskriminierung der C nur dadurch beseitigen, dass auch ihr der Anspruch zugebilligt wird. Solange daher der Anspruch bei den anderen männlichen Arbeitnehmern besteht, hat C einen Anspruch auf Zahlung des Jahresbonus auch aufgrund des Gleichbehandlungsgrundsatzes des § 612 Abs. 3 BGB.

Jedoch besteht nur ein Anspruch auf die Hälfte des Jahresbonus, da auch ein halbtags beschäftigter Mann nur diesen bekäme und der Gleichbehandlungsgrundsatz gem. § 612 Abs. 3 BGB nur die Gleichbehandlung von Männern und Frauen herbeiführen soll.

Frage 3

Im Gegensatz zum Grundfall könnte sich hier durch die dreimalige Leistung des Jahresbonus unter ausdrücklichem Vorbehalt der Freiwilligkeit eine andere rechtliche Würdigung des Anspruchs »aus betrieblicher Übung« ergeben. Hinsichtlich des begründeten Anspruchs des A kann auf

---

39 Dies wurde bei der Vorgängernorm des § 2 BeschFG noch abgelehnt.
40 S BAG AP Nr 11 zu Art 119 EWG-Vertrag; ErfK-*Schlachter*, § 612 BGB, Rn 68; *Söllner*, Die Bedeutung des Gleichberechtigungsgrundsatzes in der Rechtsprechung des Bundesverfassungsgerichts, 1994, S 17.
41 Vgl *Baumann*, RdA 1994, S 272 ff; Staub-*Konzen/Weber*, HGB, 4. Aufl 1995, Vor § 59, Rn 153 ff, 259.

die vorhergehenden Ausführungen verwiesen werden. Fraglich ist jedoch, ob der Anspruch wieder beseitigt worden ist. Die wiederholte Betonung der Freiwilligkeit unter Ausschluss eines Anspruchs für die Zukunft stellt eine der bisherigen Übung entgegengesetzte Übung dar. Diese »gegenläufige Übung«[42] müsste dann den Anspruch aus Vertrauenshaftung (nach der Vertragstheorie aus Vertrag) beseitigen können.

I. Gegenläufige Übung

Eine gegenläufige betriebliche Übung kann angenommen werden, wenn der Arbeitgeber wiederholt ein Verhalten an den Tag legt, das der bisherigen Übung widerspricht, und die Arbeitnehmer dem nicht widersprechen.[43] Dabei sind an die Wiederholungen des Verhaltens in der Regel die gleichen Anforderungen zu stellen wie bei der Begründung der bisherigen Übung. Hier hat die U-AG dreimal nur noch unter Vorbehalt geleistet, ohne dass die Arbeitnehmer dem widersprochen hätten. Dies entspricht auch dem Äquivalent bei der Begründung der betrieblichen Übung.

II. Rechtsfolgen

Durch die gegenläufige betriebliche Übung hat der Arbeitgeber die betriebliche Übung als tatsächliches Erscheinungsbild geändert. Er hat aus Sicht der Vertrauenstheorie den Arbeitnehmern das Vertrauen auf künftige Leistungen entzogen, so dass sie nicht mehr auf einen Anspruch vertrauen dürfen. Auch aus Sicht der Vertragstheorie scheidet ein Anspruch aus Vertrag aus, da die Vertragstheorie – konsequent zu der Anspruchsbegründung – in der wiederholten Leistungserbringung des Arbeitgebers nur noch unter Vorbehalt einen neuen (konkludenten) Antrag des Arbeitgebers auf erneute Vertragsänderung annimmt, den der Arbeitnehmer – genau wie die Begründung – stillschweigend annimmt[44].

Durch die gegenläufige Übung hat der Arbeitgeber nunmehr auch die aus der ursprünglichen betrieblichen Übung resultierenden Ansprüche (unabhängig davon welcher Theorie man folgt) beseitigt.

---

42   Zur Beseitigung durch gegenläufige betriebliche Übung s BAG AP Nr 50 und 55 zu § 242 BGB betriebliche Übung.
43   Zur vergleichbaren Problematik bei einem Änderungsangebot des Arbeitgebers s BAG AP Nr 2 und 4 zu § 305 BGB.
44   So neuerdings BAG AP Nr 50 zu § 242 BGB betriebliche Übung; bestätigt durch BAG AP Nr 55 zu § 242 BGB betriebliche Übung. In der zweiten Entscheidung stellt das BAG jedoch höhere Anforderungen daran, dass es den Arbeitnehmern erkennbar sein muss, dass der Arbeitgeber die bisherige Bindung beseitigen will.

Hinweis: Zwar erscheint es bedenklich, in dem Schweigen der Arbeitnehmer auf ein ihnen ungünstiges Angebot zur Vertragsänderung eine Annahme zu sehen,[45] jedoch kommt es hierauf für die Lösung des Falles nicht an, da sowohl die Vertrauenshaftungstheorie als auch die Vertragstheorie zu dem Ergebnis kommen, dass der Anspruch beseitigt wurde.

A hat in der Abwandlung keinen Anspruch auf Zahlung des Jahresbonus.

Hinweis: Im Arbeitsrecht sind, neben den üblichen Anspruchsgrundlagen, die Sie aus der Zivilrechtsklausur kennen, einige zusätzliche Anspruchsgrundlagen zu beachten. Neben Ansprüchen aus Tarifvertrag oder Betriebsvereinbarung sind das im Individualarbeitsrecht vor allem Ansprüche aus §§ 241 Abs. 2, 242 BGB (früher Treuepflicht und Fürsorgepflicht) sowie aus Gleichbehandlung und betrieblicher Übung. Wichtig ist auch, das Verhältnis von Gleichbehandlungsanspruch und betrieblicher Übung zueinander zu durchschauen.

---

45 Dazu *Franzen*, SAE 1997, 344 ff; *Goertz*, AuA 1999, 463 ff; *Kettler*, NJW 1998, 435; *Speiger*, NZA 1998, 510 ff; *Tappe/Koplin*, DB 1998, 2114 ff.

Aufbauschema Nr. 4:

Betriebliche Übung

I. Tatbestand

1. Geltungsgrund allgemein
   a) Vertragstheorie
   b) Theorie der Vertrauenshaftung
2. Geltung gegenüber dem einzelnen Arbeitnehmer
   a) seit langem beschäftigter Arbeitnehmer
      aa) Geltung der Übung allgemein
      bb) Geltung konkret diesem Arbeitnehmer gegenüber
   b) neu eingetretene Arbeitnehmer
      aa) Geltung der Übung allgemein
      bb) Geltung konkret diesem Arbeitnehmer gegenüber
         (1) allgemeine Ansätze zum Geltungsgrund
            – Vertragstheorie
            – Theorie der Vertrauenshaftung
         (2) betriebliche Übung i.V.m. Gleichbehandlungsgrundsatz
3. Bindungswirkung
   a) wiederholte Leistungserbringung
   b) kein Freiwilligkeitsvorbehalt
      aa) keine Bindung aufgrund Freiwilligkeitsvorbehalt
      bb) Wirkung des Freiwilligkeitsvorbehalts wie Widerrufsvorbehalt
   c) Widerrufsvorbehalt
4. Schriftformklausel (nur für Vertragstheorie)
   a) Schriftformklausel im Tarifvertrag
   b) Schriftformklausel im Einzelarbeitsvertrag
      aa) einverständliche Aufhebung
      bb) Rechtsmissbrauch
         (1) allgemein
         (2) öffentlicher Dienst
5. Beseitigung der betrieblichen Übung
   a) vorbehaltlose Gewährung
      aa) gegenläufige betriebliche Übung
         – Vertragstheorie
         – Theorie der Vertrauenshaftung
      bb) einseitiger Widerruf
      cc) Änderungskündigung

b) Freiwilligkeitsvorbehalt
  – Vertragstheorie
  – Theorie der Vertrauenshaftung
c) Widerrufsvorbehalt
  – Vertragstheorie
  – Theorie der Vertrauenshaftung
6. Mitbestimmungsrecht des Betriebsrats
  – kein Mitbestimmungsrecht bei vollständiger Beseitigung
  – Mitbestimmungsrecht bei Kürzung (Einzelheiten str.)
7. Ausübung des Widerrufsrechts
  a) aus wichtigem Grund
  b) bei Gefährdung des gesamten Betriebes

II. Rechtsfolge

Anspruch auf Fortgewährung der Leistung

Aufbauschema Nr. 5:

Gleichbehandlung im Arbeitsrecht

I. Tatbestand

1. Rechtsgrundlage
   a) Spezielle Gleichbehandlungsgrundsätze
      (Art. 141 EWG-Vertrag, Art. 3 GG, § 75 BetrVG, § 611a BGB, § 612
      Abs. 3 BGB, § 4 Abs. 1, 2 TzBfG)
      Achtung, die Tatbestandsvoraussetzungen divergieren! Es ist nur
      die Norm der untersten Stufe in der Normenhierarchie anzuwen-
      den; dabei gilt die lex-specialis-Regel.
   b) Arbeitsrechtlicher Gleichbehandlungsgrundsatz
      Dogmatische Grundlage streitig; hier: Drittwirkung des Art. 3 Abs. 1
      GG in Fällen zivilrechtlicher Regelbefolgung gegenüber Gruppen-
      mitgliedern.
2. Tatbestandsvoraussetzungen:
   a) Regelbefolgung
      (immer irgendeine Form von Norm oder Regel, wie Tarifvertrag,
      Betriebsvereinbarung, einheitliche Arbeitsbedingungen)
      Sonderproblem: Gleichbehandlungsgrundsatz auch bei Kündi-
      gungen? Die h. M. verneint.
   b) Vergleichsgruppenbildung: Es muss sich um Personen oder Perso-
      nengruppen handeln, die von der Sach- und Interessenlage ver-
      gleichbar sind
      Auf das Größenverhältnis der einen zu der anderen Gruppe
      kommt es nicht an (str.).
   c) Ungleichbehandlung
   d) Die Ungleichbehandlung stellt eine *Benachteiligung* dar.
   e) Es gibt *keinen sachlichen Grund* für die Benachteiligung.
      aa) Spezieller Gleichbehandlungsgrundsatz, z. T. spezieller »sach-
          licher Grund«; s. z. B. § 611a BGB »unverzichtbare Vorausset-
          zung«
      bb) Allgemeiner Gleichbehandlungsgrundsatz: »sachlicher Grund«

II. Rechtsfolge

1. In der negativen Richtung: Ungleichbehandlung unzulässig (Rechtsfolge z. B.: Tarifvertrag oder Betriebsvereinbarung unwirksam).

2. In der positiven Richtung: Entgegen verbreiteter Darstellung besteht nicht zwangsläufig ein Anspruch auf gleiche Leistung an die bisher Benachteiligten; sondern nur dann, wenn den bisher Privilegierten auch weiterhin ein Anspruch zusteht und die Zahlung an die bisher Benachteiligten die einzige Möglichkeit zur Gleichbehandlung darstellt.

Hinweis: Im Verhältnis zu den bisher Privilegierten möglicherweise Widerruf für die Zukunft oder Modifizierung oder Übergangsfrist.

Merke: Betriebliche Übung = Gleichbehandlung in der Zeit (Zeitablauf)

Gleichbehandlungsgrundsatz = Gleichbehandlung in der Reihe

4. Ausgangsfall
»Ohne Arbeit kein Lohn«

Arbeiter A ist im Unternehmen des U im Fuhrpark beschäftigt. Seine Aufgabe besteht darin, den Kfz-Bestand des U zu überwachen und auftretende Mängel an den Fahrzeugen nach Möglichkeit sofort zu beseitigen. A macht am Montag blau, am Dienstag arbeitet er wegen der Wochenendstrapazen nur mit halber Kraft. Wegen starken Schneefalls erscheint A am Mittwoch zwei Stunden verspätet beim Arbeitgeber. Dort muss er wegen eines von U verschuldeten Maschinenschadens eine Stunde pausieren. Da in der Nacht zum Donnerstag die Halle abbrennt, in der A arbeitet, kommt er am Donnerstag morgen vergebens zum Betrieb. Die nächsten 8 Wochen erscheint er nicht bei U, weil er sich beim Drachenfliegen verletzt hat und im Krankenhaus liegt. Zu der Verletzung war es gekommen, obwohl sich A beim Flug an die Richtlinien seines Drachenfliegerverbandes gehalten hatte.

Die angestellte Telefonistin B erscheint während 4 Wochen ebenfalls nicht bei U. Sie wurde in ihrem Auto angefahren und schwer verletzt. Hätte sie einen Sicherheitsgurt getragen, wäre ihr nichts passiert.

Auch die seit Jahren in der AOK versicherte Lohnbuchhalterin C kommt 8 Wochen nicht zu U. Sie bleibt nach der Entbindung noch eine Woche im Krankenhaus und danach noch 7 Wochen zu Hause.

1. A, B und C verlangen ihren Lohn für die Zeit, in der sie nicht gearbeitet haben. U lehnt jegliche Zahlung ab.
2. U verlangt von A, dass er die nicht geleistete Arbeit für Montag, Dienstag und Mittwoch nachholt.

Sind die Ansprüche von A, B, C und U begründet?

Lösung

Vorüberlegungen

Es geht um Lohnfortzahlungsansprüche, wobei mehrere unterschiedliche Verhinderungsfälle vorliegen; das legt die Überlegung nahe, dass dafür jeweils unterschiedliche Lösungen gelten.

Die Frage nach der Nachholbarkeit der Arbeit zielt auf die Diskussion um den Fixschuldcharakter der Arbeitsleistung.

Ausarbeitung

Frage 1: Ansprüche der A, B und C gegen U

A. Anspruch des A gegen U auf Zahlung von Lohn für 9 Wochen

I. Lohnanspruch für Montag

1. Ein Lohnanspruch des A gegen U für den Montag ist aufgrund des zwischen ihnen geschlossenen Arbeitsvertrages entstanden, § 611 BGB.

2. Der Anspruch könnte jedoch gem. §§ 326 Abs. 1 Satz 1, 275 Abs. 1 i.V.m. § 441 Abs. 3 BGB wegen Teilunmöglichkeit untergegangen sein.

Beim Arbeitsvertrag handelt es sich um einen gegenseitigen Vertrag i.S. des § 326 BGB, so dass dessen Regeln über die Unmöglichkeit grundsätzlich Anwendung finden. Da die Durchführung des gesamten Arbeitsvertrages auch beim zeitweiligen Ausfall des Arbeitnehmers möglich bleibt, ist in solchen Fällen eine Teilunmöglichkeit zu prüfen.[1] Hier könnte die Arbeitsleistung des A nachträglich teilweise unmöglich geworden sein. Dies hängt davon ab, ob die Arbeitsleistung des A jetzt noch erbringbar ist oder nicht.

a) Nach herrschender Meinung handelt es sich bei der Arbeitsleistung um eine Fixschuld[2].

Da danach die Leistung des A für den Montag nur an diesem Tag erbracht werden konnte, liegt hier nach herrschender Meinung Unmöglichkeit gem. § 275 Abs. 1 BGB vor.

b) Teilweise wird dies in der Literatur kritisiert.[3] Danach soll die Arbeitsleistung nur ausnahmsweise Fixschuld sein. Es müsse in jedem Einzelfall geprüft werden, ob die Arbeitsleistung nachgeholt werden kann oder nicht. Entscheidend soll sein, ob der Leistungserfolg noch durch eine Leistungshandlung wie die geschuldete herbeigeführt werden kann.[4] Hier war die

---

1 Diese Form der Teilunmöglichkeit im Arbeitsrecht darf nicht verwechselt werden mit der Teilunmöglichkeit bei Teilarbeitsunfähigkeit; s dazu *Gitter*, ZfA 1995, S 123 ff; Staudinger-*Oetker*, § 616 BGB, Rn 215 ff; *Wank*, BB 1992, S 1993 ff.
2 Vgl *Fabricius*, Leistungsstörungen im Arbeitsverhältnis, 1970, S 98; MK-*Müller-Glöge*, § 611 BGB, Rn 15; *Söllner*, AcP 167 (1967), S 132, 137; Soergel-*Wiedemann*, BGB, § 275, Rn 25, 29; *Zöllner/Loritz*, Arbeitsrecht, § 18 I 1, S 227; ebenso *Beuthien*, RdA 1972, S 20 ff, der allerdings meint, dies ergebe sich nicht aus dem Gesetz, sondern sei vertragstypisch Inhalt des Arbeitsvertrages (S 23); differenzierend betr. Nachholbarkeit MünchArbR-*Blomeyer*, § 57, Rn 10 f.
3 Vgl *v Stebut*, RdA 1985, S 66 ff; *Wank*, Arbeitnehmer und Selbständige, 1988, S 70; s auch MünchArbR-*Blomeyer*, § 57, Rn 10 f; *Oetker*, Das Dauerschuldverhältnis und seine Beendigung, 1994, S 331 ff, 336 ff.
4 *v Stebut*, RdA 1985, S 66, 70.

Arbeitsleistung des A darauf gerichtet, den Fuhrpark zu warten und Mängel an den Fahrzeugen sofort zu beheben. Die Tätigkeit bezog sich jeweils unmittelbar auf einen bestimmten Tag. So konnte A z.B. Mängel, die am Montag auftraten, am selben Tag *sofort* nicht beheben. Damit konnte die Arbeitsleistung des A nur zu einer bestimmten Zeit erbracht werden. Auch die abweichende Ansicht kommt hier zu einer Nichtnachholbarkeit der Arbeitsleistung und damit zur Unmöglichkeit gem. § 275 Abs. 1 BGB. Eine Entscheidung des Meinungsstreites ist entbehrlich.

c) Darauf, dass A die Arbeitsleistung vorsätzlich nicht erbracht hat, er die Unmöglichkeit also zu vertreten hat (§ 276 BGB), kommt es nach der Schuldrechtsreform nicht mehr an.

Gem. §§ 326 Abs. 1 Satz 1, 275 Abs. 1 i.V.m. § 441 Abs. 3 BGB entfällt somit der Anspruch des A in dem Umfang, in dem er die Leistung nicht erbracht hat, wegen Teilunmöglichkeit.

A hat keinen Lohnanspruch für Montag.

II. Lohnanspruch für Dienstag

1. Der Lohnanspruch des A ist aufgrund des Arbeitsvertrages entstanden, § 611 BGB.

2. Er könnte aber nach §§ 326 Abs. 1 Satz 1, 275 Abs. 1 i.V.m. § 441 Abs. 3 BGB untergegangen sein.

a) Das setzt voraus, dass das teilweise Zurückhalten der Arbeitsleistung als teilweise Nichterfüllung zu werten ist. Das hat das BAG angenommen.[5]

Die Argumente, die hierfür angeführt werden, können indes nicht überzeugen. So wird gesagt, der Fall, in dem der Arbeitnehmer durch unberechtigte Pausen seine Arbeitsleistung teilweise nicht erfülle, sei dem der Langsamarbeit vom äußeren Erscheinungsbild her so ähnlich, dass in der Praxis eine Unterscheidung nicht möglich sei und ein qualitativer Unterschied daher nicht bestehe.[6] Zweifelhaft ist aber schon vom Ansatz her, ob unberechtigte Pausen tatsächlich eine teilweise Nichterfüllung darstellen oder ob sie nicht die gehörige Erfüllung der Arbeitsleistung betreffen.[7] Zudem dient diese Ansicht auch nicht der Rechtssicherheit, da sie zwischen teilweiser und vollständiger Unmöglichkeit unterscheiden muss.[8]

---

5 BAG AP Nr 3 zu § 11 KSchG 1968, mit abl Anm *Fenn*; ebenso *Beuthien*, ZfA 1972, S 73, 80 f; *Motzer*, Die »Positive Vertragsverletzung« des Arbeitnehmers, 1982, S 126 f.

6 *Motzer* (o Fn 5), S 126 f.

7 So *Lieb*, Arbeitsrecht, Rn 198 f.

8 Soergel-*Wiedemann*, vor § 275 BGB, Rn 458.

b) Stellungnahme: Der Arbeitnehmer schuldet keinen Arbeitserfolg, sondern Dienste. Erbringt der Arbeitnehmer in dem vereinbarten Zeitraum die Dienste der geschuldeten Art, erfüllt er seinen Arbeitsvertrag. Leistet er dabei die Dienste nicht in der erforderlichen Intensität, erfüllt er seinen Vertrag nicht gehörig. Es liegt ein Fall der Schlechtleistung vor.

Allerdings können die langsame Arbeit oder das bewusste Zurückhalten der Leistung derart gravierend sein, dass sie die Grenze der Schlechtleistung überschreiten und zur Nichtleistung werden (z. b. der Arbeitnehmer kommt zum Betrieb, bleibt 8 Stunden, arbeitet aber rein tatsächlich gar nicht).[9]

Da A hier immerhin noch mit halber Kraft arbeitet, ist die Grenze zur Nichtleistung nicht überschritten. Es liegt ein Fall der Schlechtleistung vor, auf den § 326 Abs. 1 Satz 1 BGB gem. § 326 Abs. 1 Satz 2 BGB nicht anwendbar ist[10]. Der Anspruch des A ist nicht wegen teilweiser Nichterfüllung untergegangen.

3. Der Lohnanspruch des A könnte aber teilweise nach § 389 BGB untergegangen sein.

Das setzt voraus, dass U wirksam mit einer Gegenforderung gegen den Lohnanspruch des A aufgerechnet hat. In der Erklärung des U, er zahle nichts, könnte die Aufrechnungserklärung nach § 388 BGB zu sehen sein.

a) U könnte gegen A einen Gegenanspruch i. S. des § 387 BGB aus §§ 280 Abs. 1, 3, 281 Abs. 1 Satz 1 2. Alt. BGB haben.

Das setzt u. a. voraus, dass U ein Schaden entstanden ist. Nach h. M. (noch zur PVV) sind dabei jedoch nur Folgeschäden zu berücksichtigen.[11] Jedenfalls komme, abgesehen davon, keine Minderung in Betracht, da die §§ 611 ff. BGB das Rechtsinstitut der Minderung nicht enthielten.[12] Da dem U hier kein Folgeschaden entstanden ist, hat er nach dieser Ansicht auch keinen Gegenanspruch gegen A.

b) Dieser Meinung konnte schon zum früheren Recht nicht gefolgt werden. Es ist unzutreffend, wenn die h. M. aufgrund des Fehlens von Gewähr-

---

9 So wohl auch Soergel-*Wiedemann*, vor § 275 BGB, Rn 458; MünchArbR-*Blomeyer*, § 58, Rn 12.

10 Vgl *Gotthardt*, Arbeitsrecht nach der Schuldrechtsreform, 2002, Rn 180; *Lindemann*, AuR 2002, S 83; *Wedde*, AiB 2002, S 267, 270.

11 S MünchArbR-*Blomeyer*, § 58, Rn 10 ff.

12 BAG AP Nr 71 zu § 611 BGB Haftung des Arbeitnehmers mit krit Anm *Möschel*; *Brox/Rüthers*, Arbeitsrecht, Rn 96; *Gotthardt* (o Fn 10), Rn 180; *Hanau/Adomeit*, Arbeitsrecht, Rn 691; *Schaub*, Arbeitsrechts-Handbuch, § 52, Rn 5 f.

leistungsregeln im Gesetz bei §§ 611 ff. BGB schließt, dass eine Minderung nicht in Betracht komme. Einerseits wird damit das Risiko einer Schlechtleistung durch den Arbeitnehmer notwendig auf den Arbeitgeber übertragen. Andererseits muss eben – wenn Spezialvorschriften nicht bestehen – auf die allgemeinen Vorschriften zurückgegriffen werden. Dann war es jedoch inkonsequent, den Schaden auf Folgeschäden zu beschränken.

Die jetzige Regelung in § 280 BGB unterscheidet nicht mehr zwischen Schaden und Folgeschaden. Der Schaden bestimmt sich nach §§ 249 ff. BGB; dabei besteht der Schaden in der Differenz zwischen dem bei vertragsmäßiger Arbeitsleistung und dem bei halber Kraft zustehenden Entgelt. Dass dem Arbeitgeber durch das Zurückhalten der Arbeitsleistung ein Schaden entsteht, wird man nicht bestreiten können, da beim Arbeitsverhältnis als einem schuldrechtlichen Austauschverhältnis der Arbeitgeber nur deswegen einen bestimmten Lohn zahlt, weil der Arbeitnehmer dafür eine bestimmte Leistung erbringt.[13]

Der Schadensersatzanspruch besteht gem. § 281 Abs. 1 Satz 1 BGB, »soweit« der Schuldner die Leistung nicht wie geschuldet erbringt, hier also für die Leistung mit halber Kraft am Dienstag.

Eine Fristsetzung ist, da die Leistung nicht nachholbar ist, gem. § 281 Abs. 2 2. Alt. BGB entbehrlich.

Deswegen konnte U hier mit einem Schadensersatzanspruch aus §§ 280 Abs. 1, 3, 281 Abs. 1 Satz 1, 2. Alt. BGB gegenüber dem Entgeltanspruch des A aufrechnen.[14] A steht bei Arbeitsleistung mit halber Kraft auch nur der halbe Lohn zu.

c) Als Ergebnis ist festzuhalten, dass U einen Anspruch aus §§ 280 Abs. 1, 3, 281 Abs. 1 Satz 1, 2. Alt. BGB auf den halben Lohn hat. In der Erklärung des U, er wolle nicht zahlen, ist eine Aufrechnungserklärung enthalten. Da die Aufrechnung mit dem gesamten Lohnanspruch für diesen Tag nicht durchgreift, ist der Erklärung des U durch Auslegung zu entnehmen, dass sich die Aufrechnung auf den ihm zustehenden Anspruch, also auf den halben Lohnanspruch, beziehen soll. Somit hat A nach §§ 280 Abs. 1, 3, 281 Abs. 1 Satz 1, 2. Alt. und § 389 BGB nur einen Anspruch auf den halben Lohn für Dienstag aus § 611 BGB.

---

13 So auch *Fikentscher*, Schuldrecht, 9. Aufl 1997, Rn 400; *Leßmann*, Festschrift für E. Wolf, 1985, S 395, 415; MK-*Müller-Glöge*, § 611 BGB, Rn 24; Soergel-*Wiedemann*, vor § 275 BGB, Rn 455 ff; vgl auch OLG Düsseldorf, VersR 1985, S 456, 457.
14 Vgl *Lieb*, Arbeitsrecht, Rn 198 ff; Soergel-*Wiedemann*, vor § 275 BGB, Rn 455 ff.

III. Lohnanspruch für Mittwoch

1. Ein Lohnanspruch ist aufgrund des Arbeitsvertrages entstanden, § 611 BGB.

2. a) Der Lohnanspruch könnte für die Zeit der Verspätung gem. §§ 326 Abs. 1 Satz 1, 275 Abs. 1 i.V.m. 441 Abs. 3 BGB wegen Teilunmöglichkeit untergegangen sein.

b) A könnte aber dennoch einen Anspruch gegen U haben, wenn § 616 Satz 1 BGB eingreift und als lex specialis § 326 BGB verdrängt. A hat hier für zwei Stunden – eine verhältnismäßig nicht erhebliche Zeit – gefehlt. Der Grund hierfür müsste in seiner Person gelegen haben. Die Frage, ob der starke Schneefall ein solcher Grund ist, hängt davon ab, wie § 616 BGB auszulegen ist. Nach zutreffender Ansicht können nur subjektive, nicht aber objektive Gründe, die jeden treffen können, in Betracht kommen[15]. Zu diesen subjektiven Gründen zählen Witterungseinflüsse nicht.

Die abweichende Ansicht[16] will dagegen die Anwendung des § 616 BGB nicht auf subjektiv-individuelle Verhältnisse beschränken. Diese Meinung ist abzulehnen. Zum einen widerspricht sie dem insoweit klaren Wortlaut des § 616 BGB[17], zum anderen ist kein Grund ersichtlich, warum der Arbeitgeber das Risiko dafür tragen soll, dass der Arbeitnehmer aufgrund objektiver Hindernisse nicht in der Lage ist, seine Arbeitsleistung anzubieten.

Nach zutreffender Ansicht liegen die Voraussetzungen des § 616 Satz 1 BGB nicht vor. Es muss daher bei der Rechtsfolge der §§ 326 Abs. 1 BGB, 275 Abs. 1 i.V.m. § 441 Abs. 3 BGB bleiben.

A hat daher keinen Lohnanspruch für den Verspätungszeitraum.

3. Der entstandene Lohnanspruch aus dem Arbeitsvertrag könnte für die Zeit des Maschinenschadens gem. §§ 326 Abs. 1 Satz 1, 275 Abs. 1 i.V.m. § 441 Abs. 3 BGB untergegangen sein. Es liegt zwar eine Teilunmöglichkeit vor, jedoch ist sie von U zu vertreten, so dass § 326 Abs. 1 BGB nicht eingreift. Es gilt vielmehr § 326 Abs. 2 BGB, nach dem dem A der Lohnanspruch für die Stunde verbleibt.[18]

15 Ganz herrschende Meinung, BAG AP Nr 58, 59 zu § 616 BGB; *Brox/Rüthers*, Arbeitsrecht, Rn 163; *Schaub*, Arbeitsrechts-Handbuch, § 97, Rn 14; Soergel-*Kraft*, § 616 BGB, Rn 18; Staudinger-*Oetker*, § 616 BGB, Rn 73 ff; *Zöllner/Loritz*, Arbeitsrecht, § 18 II 3 a), S 234 f.

16 *Moll*, RdA 1980, S 138 ff; *Zeuner*, AuR 1975, S 300, Fn 20.

17 AA *Moll*, RdA 1980, S 138, 149 f, der meint, der historische Gesetzgeber habe mit der Wendung »durch einen in seiner Person liegenden Grund« eine andere Bedeutung verbunden, als sie dem heutigen Sprachgebrauch entspreche.

18 Zur Abgrenzung zwischen § 615 und § 326 Abs 2 Satz 1 BGB s *Gotthardt* (o Fn 10), Rn 105 ff.

IV. Lohnanspruch für Donnerstag

1. Der Lohnanspruch des A ist entstanden, § 611 BGB.

2. a) Der Anspruch könnte gem. §§ 326 Abs. 1 Satz 1, 275 Abs. 1 i.V.m. § 441 Abs. 3 BGB untergegangen sein. Die Arbeitsleistung des A am Donnerstag ist unmöglich geworden (vgl. o.A. I. 2.). Die Unmöglichkeit der Arbeitsleistung ist nicht von U zu vertreten, so dass die Voraussetzungen des § 326 Abs. 1 BGB erfüllt sind.

b) § 326 BGB könnte aber hier unanwendbar sein. Rechtsprechung und h.M. in der Literatur wenden in derartigen Fällen nicht das Gesetz an, sondern lösen diese Fälle mit Hilfe der sog. Betriebsrisikolehre. Danach enthält das BGB eine Regelungslücke. Betriebsrisikofälle können danach sowohl als Unmöglichkeit (die Arbeitsleistung ist nicht mehr nachholbar) als auch als Annahmeverzug (der Arbeitgeber nimmt die von dem Arbeitnehmer angebotene Leistung nicht an) angesehen werden. Aus diesem scheinbaren Dilemma hat das RG[19] geschlossen, das BGB könne für diese Fälle nicht gelten. Vielmehr müsse der Gedanke der »sozialen Arbeits- und Betriebsgemeinschaft« dazu führen, dass die Arbeitnehmer die Gefahr für solche Ereignisse tragen, die auf seiten der Arbeitnehmerschaft liegen und die Arbeitgeber für solche, die auf ihrer Seite liegen. Aus dieser Sphärentheorie hat das BAG die heute herrschende Betriebsrisikolehre entwickelt, die nichts anderes besagt, als dass der Arbeitgeber im Arbeitsfrieden das Risiko für die Hindernisse tragen muss, die der Verwertung der Arbeitsleistung durch ihn entgegenstehen, soweit sie nicht in der Person des Arbeitnehmers begründet sind.[20]

Im vorliegenden Fall trägt damit U das Risiko dafür, dass die Halle abbrennt, in der A arbeitet. U muss den Lohn fortzahlen.

c) In neuerer Zeit wird vermehrt bezweifelt, dass die Betriebsrisikolehre im Arbeitsfrieden noch erforderlich ist.[21] Diese Zweifel sind berechtigt. Die herrschende Meinung ist schon deswegen abzulehnen, weil sie auf der Annahme beruht, Unmöglichkeit und Annahmeverzug stünden in einem Alternativitätsverhältnis.[22] Hierbei ist die herrschende Meinung nicht ein-

---

19 RGZ 106, S 272, 275.

20 BAG AP Nr 2 zu § 615 BGB Betriebsrisiko; BAG AP Nr 31 zu § 615 BGB Betriebsrisiko; BAG AP Nr 56 zu § 615 BGB; für die Literatur vgl nur *Hueck*/Nipperdey, Arbeitsrecht, Bd I, § 44 IV, S 347 ff; MünchArbR-*Boewer*, § 79, Rn 1 ff; *Schaub*, Arbeitsrechts-Handbuch, § 101, Rn 9 ff.

21 Vgl *Bletz*, JR 1985, S 228 ff; MünchArbR-*Blomeyer*, § 57 Rn 19; MünchArbR-*Boewer*, § 79, Rn 19; *Picker*, JZ 1979, S 285 ff; *Rückert*, ZfA 1983, S 1 ff; *v Stebut*, RdA 1985, S 66, 71 f; *Zöllner/Loritz*, Arbeitsrecht, § 18 V 1 c), S 240 f.

22 Vgl *Wank* (o Fn 3), S 70.

mal konsequent. Sieht man die Arbeitsleistung mit ihr als Fixschuld an, muss die Nichtleistung in der Vergangenheit immer zur Unmöglichkeit führen. Für die Regelung des Annahmeverzugs nach § 615 BGB bliebe kein Anwendungsbereich, denn die Unmöglichkeit schließt den Annahmeverzug aus.[23]

Die Widersprüche der herrschenden Meinung werden vermieden, wenn man § 615 BGB als lex specialis zu § 326 BGB ansieht. § 615 BGB trifft dann eine Regelung über die Rechtsfolgen bei Unmöglichkeit der Arbeitsleistung und erfasst damit sowohl die Fälle der Unmöglichkeit als auch die Fälle der »Annahmeunmöglichkeit«.[24]

Dass derartige Fälle nicht nach einer vom Gesetz gelösten Betriebsrisikolehre zu lösen sind, sondern nach § 615 BGB, ergibt sich nunmehr auch aus dem neuen § 615 Satz 3 BGB. Die Vorschrift lässt offen, ob die einschlägigen Fälle der Unmöglichkeit oder dem Annahmeverzug zuzuordnen sind. Sie klärt auch nicht, wann der Arbeitgeber das Risiko des Arbeitsausfalls trägt. Deutlich ist aber die Absicht des Gesetzgebers, dass derartige Fälle mit Hilfe des § 615 BGB zu lösen sind.

3. Im Ergebnis ist es damit zutreffend, auf die Betriebsrisikolehre zu verzichten und den Lohnanspruch des A auf den Arbeitsvertrag, § 611 BGB, i.V.m. § 615 BGB zu stützen. Dessen Voraussetzungen sind auch gegeben, da sich U in Annahmeverzug gem. §§ 293 BGB ff. befindet. Er nimmt die von A zur rechten Zeit am rechten Ort angebotene Arbeitsleistung aus einem Grund nicht an, der im betrieblichen Bereich liegt.

V. Lohnanspruch für 8 Wochen

1. A könnte den ihm aufgrund des Arbeitsvertrages grundsätzlich zustehenden Lohnanspruch wegen Teilunmöglichkeit gem. §§ 326 Abs. 1 Satz 1, 275 Abs. 1 i.V.m. § 441 Abs. 3 BGB verloren haben.

Seine Arbeitsleistung ist für die Dauer des Krankenhausaufenthaltes unmöglich geworden, § 275 Abs. 1 BGB.[25]

Hinweis: Bei Arbeitsunfähigkeit infolge Krankheit wird teilweise § 275 Abs. 3 BGB angewandt.[26] Nach anderer Ansicht muss es jedenfalls dann, wenn dem Arbeitnehmer die Erbringung der Arbeitsleistung objektiv nicht möglich ist, bei § 275 Abs. 1 bleiben.[27]

23   So *Richardi*, NJW 1987, S 1231, 1234.
24   Vgl dazu MünchArbR-*Blomeyer*, § 57, Rn 19 ff; *Wank* (o Fn 3), S 70.
25   Wie hier *Berkowsky*, AuA 2002, S 11 f; *Fischer*, DB 2001, S 1923, 1924; *Joussen*, NZA 2001, 745, 747.
26   *Löwisch*, NZA 2001, S 465, 466.
27   So differenzierend *Gotthardt* (o Fn 10), Rn 84.

Die Unmöglichkeit ist nicht von U zu vertreten.

2. § 326 Abs. 1 Satz 1 BGB könnte jedoch durch § 3 EFZG verdrängt sein. Der Arbeitnehmer A war infolge Krankheit an seiner Arbeitsleistung verhindert. Die Lohnfortzahlungspflicht des Arbeitgebers besteht jedoch nicht, wenn A an der Arbeitsunfähigkeit ein Verschulden trifft. Dies läge dann vor, wenn A gröblich gegen das von einem verständigen Menschen im eigenen Interesse zu erwartende Verhalten verstoßen hat.[28] In der Rechtsprechung ist eine Verletzung, die ein Arbeitnehmer sich bei einer sog. gefährlichen Sportart zugezogen hat, als verschuldet angesehen worden.[29] Eine solche Gefährlichkeit wird angenommen, wenn auch ein trainierter ausgebildeter Sportler bei objektiver Betrachtung ein Verletzungsrisiko nicht vermeiden kann. Nach Auffassung des BAG birgt das Drachenfliegen bei Beachtung der Sicherheitsvorkehrungen an den vorgeschriebenen Örtlichkeiten keine große Gefahr in sich.[30]

A hat hier die Richtlinien des Drachenfliegerverbandes eingehalten; das Drachenfliegen war für ihn keine gefährliche Sportart.

Da den A kein Verschulden trifft, ist der Lohnfortzahlungsanspruch gem. § 3 Abs. 1 EFZG begründet. Allerdings besteht dieser Anspruch nur für die Zeit bis zu 6 Wochen.

3. Für die 7. und 8. Woche greift die Spezialvorschrift des § 3 EFZG nicht ein, so dass es hier bei der Rechtsfolge des § 326 Abs. 1 BGB verbleibt. In dieser Zeit hat A zwar einen Anspruch auf Krankengeld gem. § 44 Abs. 1 SGB V gegen die gesetzliche Krankenkasse, aber keinen Anspruch gegen U.

Ergebnis zu A: A hat einen Lohnanspruch für Dienstag zu 50 %, für Mittwoch abzüglich des Verspätungszeitraums, ferner für die Dauer des Krankenhausaufenthalts in dem von ihm beanspruchten Umfang, außer für die 7. und die 8. Woche.

B. Anspruch der B gegen U auf 4 Wochen Lohn

I. B hat grundsätzlich gegen U einen Anspruch auf Lohn für die 4 Wochen, § 611 BGB.

II. Der Anspruch der B könnte gem. §§ 326 Abs. 1 Satz 1, 275 Abs. 1 i.V.m. 441 Abs. 3 BGB teilweise untergegangen sein. Dann müsste B gem.

---

28 BAG AP Nr 45 zu § 1 LohnFG mit Anm *Trieschmann*; *Hofmann*, ZfA 1979, S 275, 288; MK-*Schaub*, § 616 BGB, Rn 60; *Wank*, Anm zu BAG AR-Blattei D Krankheit III A LohnfortzahlungsG Entscheidungen 145.
29 BAG AP Nr 18 zu § 1 LohnFG (Moto-Cross-Rennen).
30 Vgl dazu BAG AP Nr 45 zu § 1 LohnFG.

§ 275 BGB von der Leistungspflicht frei geworden sein. Dies ist der Fall, wenn die Leistung unmöglich geworden ist.

Wie oben dargestellt, ist umstritten, ob es sich bei der Arbeitsleistung immer um eine Fixschuld handelt oder nicht. Auch die abweichende Ansicht kommt hier im Ergebnis zu einer Fixschuld, denn die Tätigkeit der Telefonistin besteht darin, in einem bestimmten Zeitraum Telefonate entgegenzunehmen und zu vermitteln. Diese Tätigkeit ist nicht nachholbar.[31] Wegen des Fixschuldcharakters der Tätigkeit der B ist die Arbeitsleistung für 4 Wochen unmöglich geworden.

Somit hat B gegen U keinen Anspruch auf Lohn für die vier Wochen, §§ 326 Abs. 1, 275 Abs. 1 i.V.m. § 441 Abs. 3 BGB.

III. Der Lohnanspruch bleibt auch nicht gem. § 3 EFZG erhalten, da B ein Verschulden an ihrer Erkrankung trifft. Verschulden i.s. des § 3 EFZG ist ein Verhalten, das gröblich gegen das im eigenen Interesse gebotene Verhalten verstößt.[32] Was im Einzelfall darunter fällt, kann auch unter Rückgriff auf Rechtsvorschriften, z. B. die StVO, festgestellt werden. Gem. § 21a StVO besteht in Pkw eine Anschnallpflicht. B handelte demnach grob gegen ihre eigenen Interessen und damit schuldhaft i.s. des § 3 EFZG. Sie wäre unverletzt geblieben, wenn sie sich angeschnallt hätte, so dass ihre Sorgfaltspflichtverletzung für den Eintritt der Arbeitsunfähigkeit auch kausal war.

Der Anspruch der B auf Lohn für die 4 Wochen ist daher nach § 326 Abs. 1 Satz 1, 275 Abs. 1 i.V.m. § 441 Abs. 3 BGB untergegangen.

C. Anspruch der C gegen U auf Lohn für 8 Wochen

I. Der aus dem Arbeitsvertrag herrührende Lohnanspruch könnte der C gem. §§ 326 Abs. 1 Satz 1, 275 Abs. 1 i.V.m. § 441 Abs. 3 BGB verloren gegangen sein, wenn ihr ihre Arbeitsleistung teilweise unmöglich geworden ist.

1. Nach h.M.[33] liegt hier aufgrund des Fixschuldcharakters der Arbeitsleistung Unmöglichkeit vor, weil die für die 8 Wochen zu leistende Arbeit nicht mehr nachgeholt werden kann.

2. Zu klären ist, ob auch nach der abweichenden Meinung[34] Unmöglichkeit mangels Nachholbarkeit anzunehmen ist. C arbeitet deswegen nicht, weil sie aufgrund § 6 Abs. 1 MuSchG nicht beschäftigt werden darf. Anders als in § 615 BGB ist zu § 6 Abs. 1 MuSchG nicht ausdrücklich geregelt, dass die Arbeitnehmerin nicht zur Nacharbeit verpflichtet ist. Das

---

31   So explizit *v Stebut*, RdA 1985, S 66, 67.
32   *Schmitt*, EFZG, 4. Aufl 1999, § 3, Rn 85.
33   Vgl oben unter A. I. 2.
34   *v Stebut*, RdA 1985, S 66 ff.

könnte sich aber aus dem Zweck der Vorschrift ergeben. Das Beschäftigungsverbot des § 6 Abs. 1 MuSchG ist entgegen dem Beschäftigungsverbot nach § 3 Abs. 1 MuSchG nicht dispositiv.[35] Die zwingende Wirkung wird sogar dadurch sanktioniert, dass der Arbeitgeber bei Beschäftigung eine Ordnungswidrigkeit begeht, vgl. § 21 Abs. 1 Nr. 1 MuSchG. Die Arbeitnehmerin soll also während der Schutzfrist auf keinen Fall erwerbstätig sein. Diesem von der Arbeitsfähigkeit unabhängigen Beschäftigungsverbot widerspräche es, wenn man die Arbeit als nachholbar ansehen wollte. Es liegt also ein Fall rechtlicher Unmöglichkeit vor. Daher wird man auch nach der abweichenden Meinung zur teilweisen Unmöglichkeit der Arbeitsleistung und damit zur Rechtsfolge des § 326 Abs. 1 BGB kommen, da die Unmöglichkeit auch nicht von U zu vertreten ist.

II. Ein Lohnanspruch könnte der C jedoch nach § 611 BGB i.V.m. §§ 6 Abs. 1, 14 Abs. 1, 13 Abs. 1 MuSchG, § 200 RVO zustehen.

C hat einen Anspruch auf Mutterschaftsgeld gem. § 200 RVO, da sie sowohl in einem Arbeitsverhältnis steht, als auch versichert i.S. der RVO ist. Damit steht ihr für die Zeit der Schutzfrist des § 6 Abs. 1 MuSchG (8 Wochen nach der Entbindung) gegen U ein Anspruch auf das durchschnittliche kalendertägliche Arbeitsentgelt abzüglich von 13 € täglich, die die AOK zu zahlen hat, zu.

Frage 2: Anspruch des U gegen A auf Nacharbeit

U könnte einen Anspruch auf die nichtgeleistete Arbeit des A aus dem Arbeitsvertrag haben. Wie oben dargestellt (oben Frage 1, A. I 2.), ist die Arbeitsleistung des A nach allen Meinungen unmöglich geworden, so dass A gem. § 275 Abs. 1 BGB von der Leistung frei geworden ist.

U hat keinen Anspruch auf Nachholung der Arbeit gegen A.

Hinweis: Lohnfortzahlungsansprüche ergeben sich aus einer Vielzahl von Spezialvorschriften. Hat man einmal erkannt, dass es sich jeweils um Ausnahmevorschriften gegenüber § 326 Abs. 1 Satz 1 BGB handelt, ähnlich wie § 326 Abs. 2 BGB, bereitet das Verständnis für den Aufbau weniger Schwierigkeiten.

Besondere Probleme wirft die sogenannte Betriebsrisikolehre auf. Noch immer wird nicht genügend unterschieden zwischen der Betriebsrisikolehre im Arbeitsfrieden – die von der h.M. weiterhin angewandt wird, aber

---

35 *Meisel/Sowka*, Mutterschutz und Erziehungsurlaub, 5. Aufl 1999, § 6 MuSchG Rn 6.

wegen § 615 BGB überflüssig und verwirrend ist – und der Betriebsrisikolehre im Arbeitskampf, für die ganz andere Überlegungen gelten (s. dazu Fall 13). Sie sollten diese beiden Problemkreise in Ihrer Ausarbeitung klar auseinander halten.

Aufbauschema Nr. 6:

Lohnfortzahlung
1. Entstehung des Anspruchs, § 611 BGB
2. Untergang des Anspruchs gem. § 326 Abs. 1 BGB
3. § 326 Abs. 1 BGB durch Spezialvorschriften verdrängt (also Lohnfortzahlungsanspruch trotz Unmöglichkeit der Arbeitsleistung)
   a) Betriebsrisiko im Arbeitsfrieden
      aa) bisher h.M.: »Betriebsrisikolehre«, außergesetzliches Rechtsinstitut
      bb) Minderheitsmeinung: § 615 BGB als lex specialis, jetzt auch § 615
          Satz 3 BGB
   b) § 616 BGB
      – Arbeitnehmer an der Arbeitsleistung verhindert
      – verhältnismäßig nicht erhebliche Zeit
      – Verhinderungsgrund in der Person des Arbeitnehmers
      – kein Verschulden des Arbeitnehmers
   c) § 3 EFZG
      – Arbeitsunfähigkeit
      – infolge Krankheit
      – kein Verschulden des Arbeitnehmers an Arbeitsunfähigkeit
        (besonderer Verschuldensbegriff des EFZG)

S. zum Zusammenhang zwischen dem Wegfall der Arbeitspflicht und dem
Entgeltanspruch auch Fall Nr. 5

5. Ausgangsfall
»Unzumutbare Arbeit«

1. Heute soll im Bochumer Schauspielhaus, Trägerin ist die Schauspiel Bochum GmbH, das Trauerspiel »Die deutsche Universität« aufgeführt werden. Die fest angestellte Hauptdarstellerin, Alma Mater, sagt dem Regisseur kurzfristig ab. Sie ist verheiratet, ihr Mann ist auf einer Tournee in Süddeutschland.

a) Ihr zehnjähriges Kind K ist plötzlich schwer erkrankt; eine anderweitige Betreuungsmöglichkeit besteht nicht; ihr Hausarzt hat M schriftlich bestätigt, dass sie deswegen zu Hause bleiben muss. In diesem Kalenderjahr ist es das erste Mal, dass M aus diesem Grund nicht arbeitet.

b) Wie oben; aber M ist in diesem Kalenderjahr bereits an zehn Tagen aus diesem Grunde ihrer Arbeit ferngeblieben.

c) Der Darsteller D meldet sich ebenfalls ab; er sieht in dem Stück starke antisemitische Züge, so dass er den Auftritt vor seinem Gewissen nicht verantworten könne.

d) Beleuchter B kommt aus Pflichtgefühl, obwohl er vom Arzt krankgeschrieben wurde.

Für M und D stehen Vertreter zur Verfügung.

Haben M, D und B Anspruch auf ihren Lohn für heute Abend?

2. Die Schauspiel Bochum GmbH ist Mitglied des zuständigen Arbeitgeberverbandes, Beleuchter B ist Mitglied der zuständigen Gewerkschaft, sein Kollege C gehört keiner Gewerkschaft an. Bei Durchsicht der für sie geltenden Bestimmungen stoßen sie auf eine Regelung, nach der entgegen dem Gesetz eine Arbeitsfreistellung nur an zehn Sonntagen im Jahr stattfindet. Aus ihrer Sicht ist diese Klausel, die sich in einem Tarifvertrag findet (Fallvarianten: in einer Betriebsvereinbarung unter Bezugnahme auf eine entsprechende Gestaltung im Tarifvertrag, in den Allgemeinen Arbeitsbedingungen der GmbH und in einem ausgehandelten Arbeitsvertrag) wegen Gesetzesverstoßes unzulässig und zudem im Hinblick auf die Berechnung missverständlich formuliert.

Auch bei Vertragsabschluss mit M, die nicht Gewerkschaftsmitglied ist, hat die GmbH ihre Allgemeinen Arbeitsbedingungen gestellt, wonach M bei »grundloser Beendigung des Arbeitsverhältnisses eine Vertragsstrafe von 2000 Euro« zahlen muss. Des Weiteren muss sie ihren Anspruch auf Weihnachtsgeld jeweils bis zum 1. 7. des folgenden Jahres geltend machen. Bei dieser Regelung handelt es sich um den Verweis auf eine tarifliche Ausschlussfrist.

a) Gelten die Klauseln gegenüber B und C?

b) Sind die Allgemeinen Arbeitsbedingungen der GmbH gegenüber M wirksam?

Lösung

Vorüberlegungen

Bei der Lösung des ersten Falles müssen zwei verschiedene Fragenkreise auseinander gehalten werden. Zunächst ist jeweils zu untersuchen, ob und inwieweit eine Leistungsbefreiung von der Arbeitspflicht in Betracht kommt. Dabei ist einerseits zu beachten, dass die Absätze 2 und 3 des § 275 BGB spezieller gegenüber Abs. 1 sind und andererseits die ausdrücklich auf das Arbeitsrecht bezogene Vorschrift des § 275 Abs. 3 BGB in vielen Fällen durch Spezialvorschriften verdrängt wird.

Im Übrigen sind stets zwei Fragen auseinander zu halten:

– Ist der Arbeitnehmer zur Arbeitsleistung verpflichtet (§ 275 BGB oder Spezialvorschriften)?

– Wenn nein, steht ihm trotzdem ein Lohnanspruch zu (Ausnahme zu § 326 Abs. 1 BGB)?

Im zweiten Fall geht es um § 310 Abs. 4 BGB. Die Ausdehnung der AGB-Kontrolle auf das Arbeitsrecht ist eine der wesentlichen arbeitsrechtlichen Neuerungen der Schuldrechtsreform.[1] Bisher enthielt § 23 Abs. 1 AGBG eine Bereichsausnahme für das Arbeitsrecht; nunmehr sind die Vorschriften über Allgemeine Geschäftsbedingungen (§§ 305 ff. BGB statt AGBG) unter der Maßgabe des § 310 Abs. 4 BGB auch im Arbeitsrecht zu beachten.

Ausarbeitung

Fall 1. a)

1. M hat auf Grund ihres Arbeitsvertrages einen Lohnanspruch nach § 611 Abs. 1 BGB. Dieser Anspruch könnte für heute Abend nach § 275 Abs. 3 i.V.m. §§ 326 Abs. 1 Satz 1, § 441 Abs. 3 BGB entfallen sein.

Das setzt voraus, dass § 275 Abs. 3 BGB eingreift.[2] Das ist dann nicht der Fall, wenn diese Vorschrift durch eine Spezialvorschrift verdrängt wird. Als

---

1   S *Gotthardt*, Arbeitsrecht nach der Schuldrechtsreform, 2002, Rn 209 ff.

2   So Begründung zu § 275 BGB, BT-Drucks 14/6040, S 130.

derartige Spezialvorschrift kommt hier § 45 Abs. 1, 3 Satz 1 SGB V in Betracht[3]. Nach § 45 Abs. 3 Satz 1 SGB V hat der Arbeitnehmer unter den in Abs. 1 und 2 genannten Voraussetzungen einen Anspruch auf Freistellung von der Arbeit. M ist als Angestellte Versicherte nach § 5 Abs. 1 Nr. 1 SGB V. Das Kind der M[4] ist 10 Jahre alt, es ist schwer erkrankt, und M hat keine andere Betreuungsmöglichkeit. Ihr Arzt hat alles das bescheinigt.[5] Der Zehntageszeitraum für Verheiratete, § 45 Abs. 2 Satz 1 SGB V, ist auch noch nicht erschöpft.

Eine Berufung auf § 242 BGB, der in derartigen Fällen früher herangezogen wurde,[6] ist angesichts der ausdrücklichen gesetzlichen Regelung in § 275 Abs. 3 BGB nicht mehr möglich.

Mithin durfte M unter Berufung auf § 45 Abs. 1, 3 Satz 1 SGB V ihrer Arbeit fernbleiben.

2. Die Frage, ob der Arbeitnehmer für den Zeitraum der Freistellung einen Lohnanspruch hat oder nicht, richtet sich entsprechend dem Verweis in § 45 Abs. 3 Satz 1 SGB V nach den speziellen arbeitsrechtlichen Vorschriften. Eine solche Spezialvorschrift ist § 616 Satz 1 BGB.[7] M war aus persönlichen Gründen an der Arbeitsleistung verhindert. Fraglich ist, ob das für eine verhältnismäßig nicht erhebliche Zeit der Fall war. Beim Fernbleiben von der Arbeit für einen Abend ist das zu bejahen. Die Regelung des § 326 Abs. 1 Satz 1 i. V. m. § 441 Abs. 3 BGB, nach der der Gegenanspruch und damit der Entgeltanspruch teilweise entfällt, greift hier nicht ein, denn die Leistungsbefreiung ist gerade nicht gem. § 275 Abs. 3 BGB erfolgt.

Daher behält M nach § 611 Abs. 1 i. V. m. § 616 Satz 1 BGB[8] ihren für heute Abend.

Hinweis: In diesem Fall ruht der Anspruch auf Krankengeld, § 49 Abs. 1 Nr. 1 SGB V. Erst wenn der Arbeitgeber den Arbeitnehmer zwar freistellt, gleichwohl den Anspruch auf Fortzahlung des Entgelts nicht erfüllt, zahlt

---

3　AA (§ 275 Abs 3 BGB anwendbar) *Wedde*, AiB 2002, S 267, 270.
4　Auch das Kind muss versichert sein; das ist gem § 10 SGB V der Fall; vgl ErfK-*Rolfs*, 3. Aufl 2002, § 45 SGB V, Rn 3.
5　Vgl zum ärztlichen Zeugnis *Geyer/Knorr/Krasney*, Entgeltfortzahlung, Krankengeld, Mutterschaftsgeld, Loseblatt, § 45 SGB V, Rn 18; zur arbeitsrechtlichen Wirkung ErfK-*Rolfs*, § 45 SGB V, Rn 4.
6　MünchArbR-*Blomeyer*, § 49, Rn 46.
7　BAG AP Nr 49 zu § 616 BGB; ErfK-*Dörner*, 3. Aufl 2002, § 616 BGB, Rn 13; ErfK-*Rolfs*, § 45 SGB V, Rn 1, 9; aA *Gotthardt* (o Fn 1), Rn 89.
8　Vgl ErfK-*Dörner*, 3. Aufl 2002, § 616 BGB, Rn 2.

die Krankenkasse des Arbeitnehmers für diesen Abend Krankengeld.[9] Der
Anspruch des Arbeitnehmers geht dann in Höhe des gezahlten Kranken-
geldes auf die Krankenkasse nach § 115 Abs. 1 SGB X über.[10]

Fall 1. b)

1. Anders als im Fall a) fehlt M in der Variante bereits zum elften Mal in
diesem Kalenderjahr wegen der Erkrankung ihres Kindes, vgl. § 45 Abs. 2
Satz 1 SGB V. Ein Freistellungsanspruch aus § 45 SGB V besteht in diesen
Falle nicht. § 45 Abs. 2 Satz 1 SGB V billigt für Verheiratete mit einem Kind
nur zehn Kalendertage für Betreuung zu. Eine Berufung auf § 275 Abs. 2
BGB kommt angesichts der Spezialregelung in § 275 Abs. 3 BGB ebenfalls
nicht in Betracht.[11] In diesem Fall könnte jedoch eine Berufung auf § 275
Abs. 3 BGB zulässig sein. Hierbei kommt es zum einen auf die Unzumutbarkeit für M und zum anderen auf das Leistungsinteresse des Gläubigers,
hier der Schauspiel Bochum GmbH, an. Da auch in diesem Fall eine Ver-
tretung bereit steht, fällt die Gesamtabwägung zugunsten der M aus; M
kann die Arbeit nach § 275 Abs. 3 BGB verweigern.

2. Fraglich ist, ob M einen Entgeltanspruch hat. Zwar verliert der
Schuldner nach §§ 326 Abs. 1 Satz 1, 275 Abs. 3 BGB i.V.m. § 441 Abs. 3 BGB
grundsätzlich den Anspruch auf die Gegenleistung, doch kann sich M möglicherweise auch hier auf § 616 Satz 1 BGB stützen. Das setzt voraus, dass
auch in diesem Fall ein Fehlen für eine verhältnismäßig nicht erhebliche
Zeit vorliegt. Nun ist zwar das Fehlen an diesem Abend als solches keine erhebliche Zeit. Bei dieser Auslegung des § 616 Satz 1 BGB muss jedoch im
Hinblick auf die Einheit der Rechtsordnung die Wertung des § 45 SGB V
mit berücksichtigt werden.[12] Damit kann der Anspruch aus § 616 Satz 1
BGB jedenfalls in zeitlicher Hinsicht nicht weiter reichen als der nach § 45
SGB V, d.h. nicht länger als insgesamt 10 Tage im Kalenderjahr.[13] Damit
greift § 616 Satz 1 BGB hier nicht ein.

Aus § 242 BGB ergibt sich nichts anders.

---

9 KassKomm-*Höfler*, Sozialversicherungsrecht Band I, Loseblatt, § 45 SGB V,
Rn 12.
10 *Geyer/Knorr/Krasney* (o Fn 5), § 45 SGB V, Rn 41.
11 S zum Konkurrenzverhältnis *Gotthardt* (o Fn 1), Rn 96.
12 *Geyer/Knorr/Krasney* (o Fn 5), § 45 SGB V, Rn 39; Staudinger-*Oetker*, § 616
BGB, Rn 99; nicht berücksichtigt bei *Gotthardt* (o Fn 1), Rn 90.
13 Für eine Beschränkung auf fünf Tage ErfK-*Dörner*, § 616 BGB, Rn 16; Staudin-
ger-*Oetker*, § 616 BGB, Rn 99.

Damit verbleibt es bei der allgemeinen Regelung über das Schicksal der Gegenleistung nach § 326 Abs. 1 BGB. Danach entfällt der Lohnanspruch von M in diesem Fall nach §§ 326 Abs. 1 Satz 1, 275 Abs. 3 i.V.m. § 441 Abs. 3 BGB.

Fall 1. c)

D könnte aufgrund seines Arbeitsvertrages einen Lohnanspruch nach § 611 Abs. 1 BGB haben. Möglicherweise ist dieser aber für heute Abend durch Ausübung eines Leistungsverweigerungsrechts untergegangen.

1. D könnte ein Leistungsverweigerungsrecht haben, wenn ihm die geschuldete Arbeit unzumutbar ist.

Die Pflicht, in dem Trauerspiel aufzutreten, ergibt sich nicht unmittelbar aus dem Arbeitsvertrag, sondern aus der Ausübung des Direktionsrechts durch den Arbeitgeber. Fraglich ist, unter welchen Voraussetzungen der Arbeitnehmer eine kraft Direktionsrechts angeordnete Arbeit unter Berufung auf sein Gewissen verweigern darf.

a) Rechtsgrundlage könnte *§ 315 Abs. 3 BGB* sein.[14] Bei dieser Vorschrift geht es jedoch nur um die Inhaltskontrolle der Weisung selbst, während die individuelle Berufung auf eine Gewissensentscheidung nur ein Gegenrecht des Arbeitnehmers darstellen kann.

b) Nicht einschlägig ist auch *§ 313 BGB*.[15] Die Vorschrift erfasst nur die Unzumutbarkeit aus wirtschaftlichen, nicht aber aus persönlichen Gründen.

c) Ein Leistungsverweigerungsrecht könnte sich auch aus *§ 275 Abs. 1 BGB* ergeben.[16] Das war jedoch schon zum früheren Recht angesichts der in dieser Vorschrift angeordneten Automatik abzulehnen; nunmehr ergibt sich aus der Zweiteilung in § 275 Abs. 1 BGB (Wegfall der Pflicht kraft Gesetzes) und § 275 Abs. 2, 3 BGB (Wegfall kraft Einrede), dass jedenfalls § 275 Abs. 1 BGB nicht anwendbar ist.

d) Grundlage für ein Leistungsverweigerungsrecht könnte *§ 273 BGB* sein. Die Vorschrift wurde bislang in Fällen der Leistungsverweigerung aus Gewissensgründen vielfach zugrundegelegt.[17] Zwar bestanden dagegen

---

14 So BAG AP Nr 27 zu § 611 BGB Direktionsrecht; BAG AP Nr 1 zu § 611 BGB Gewissensfreiheit.
15 So aber die Begründung zum Regierungsentwurf, BT-Drucks 14/6040, S 130; dagegen zutr. *Henssler*, RdA 2002, S 129, 131.
16 So zum früheren Rechtszustand *Kohte*, NZA 1989, S 161, 164.
17 BAG AP Nr 4 zu § 273 BGB; *Brox/Rüthers*, Arbeitsrecht, Rn 156; *Schaub*, Arbeitsrechts-Handbuch, § 55, Rn 25; *Wank*, Jura 1999, S 31, 32.

insofern Zweifel, als grundsätzlich die Ausübung eines Zurückbehaltungs-
rechts voraussetzt, dass die Leistung nachholbar ist; die Arbeitsleistung gilt
jedoch nach h. M. als Fixschuld mit der Folge, dass sie nicht nachholbar ist.
Dennoch wurde die Anwendbarkeit des § 273 BGB in diesen Fällen im
Arbeitsrecht bejaht.

e) Demgegenüber könnte nunmehr § 275 Abs. 3 BGB spezieller sein.[18]
Die Zumutbarkeit entfällt, wenn der Gewissengrund zu berücksichtigen ist.
Das setzt zunächst voraus, dass eine anzuerkennende Gewissensentscheidung vorliegt und dass diese gegenüber den Interessen des Arbeitgebers
überwiegt.[19] Dabei wird zum Teil von einem objektiven Gewissensbegriff
ausgegangen;[20] dem steht der vom Schrifttum, vom BVerfG[21] und vom
BAG[22] bevorzugte subjektive Gewissensbegriff gegenüber. Ein objektiver
Gewissensbegriff ist bei der herrschenden Pluralität von Moral und Werten
in unserer Gesellschaft aber kaum zu bilden und berücksichtigt ggf. nicht
zureichend die Gewissensnot des Betroffenen. Deshalb ist der subjektive
Gewissensbegriff vorzugswürdig, der unter einer Gewissensentscheidung
jede ernste, sittliche, d.h. an den Kategorien von Gut und Böse orientierte
Entscheidung versteht, die der Einzelne in einer bestimmten Lage als für
sich bindend und verpflichtend erfährt. Allerdings besteht dann die Gefahr,
dass sich jemand auf eine unvernünftige, nicht nachvollziehbare Gewissensentscheidung berufen kann oder dass eine Gewissensentscheidung nur
vorgegeben wird.[23] Deshalb ist die subjektive Gewissensentscheidung einer
Plausibilitätskontrolle zu unterwerfen.[24] Sofern D eine entsprechende Gewissensentscheidung vortragen kann, ist sein Leistungsverweigerungsinteresse mit dem Leistungsinteresse der Schauspiel Bochum GmbH nach
§ 275 Abs. 3 BGB abzuwägen.[25] Hier ist insbesondere zu berücksichtigen,
dass für D ein Vertreter zur Verfügung stand.

18 Vgl *Dedek* in Henssler/von Westfalen, Praxis der Schuldrechtsreform, § 275,
Rn 31; *Gotthardt* (o Fn 1), Rn 92; *Fischer*, DB 2001, S 1923, 1926; *Henssler*, RdA 2002,
S 129, 131; *Olzen/Wank*, Schuldrechtsreform, Rn 135; aA Begründung zu § 275, BT-
Drucks 14/6040, S 130; *Canaris*, JZ 2001, S 499, 504; *Dauner-Lieb* in Dauner-
Lieb/Heidel/Lepa/Ring, Schuldrecht, 2002, § 275, Rn 6 f; *Schmidt-Räntsch*, Das neue
Schuldrecht, 2001, Rn 286.
19 *Wank*, Jura 1999, S 31, 33.
20 LAG Düsseldorf, BB 1988, S 1750; *Kraft*, AcP 163 (1964), S 472, 484.
21 BVerfGE 12, S 45, 54 ff; 69, S 1, 23.
22 BAG AP Nr 1 zu 3 611 BGB Gewissensfreiheit.
23 *Wank*, Politik und Arbeitsrecht, 1990, S 46; *ders*, Jura 1999, S 31, 33.
24 *Wank*, Jura 1999, S 31, 33.
25 Vgl zur Abwägung Palandt-Ergänzungsband-*Heinrichs*, 2002, § 275, Rn 30.

Soweit das Leistungsverweigerungsinteresse des D überwiegt, konnte D die Leistung nach § 275 Abs. 3 BGB verweigern.

2. Gem. §§ 326 Abs. 1 Satz 1, 275 Abs. 3 BGB i.V.m. § 441 Abs. 3 BGB entfällt somit der Lohnanspruch des D für den Abend.[26] Nach §§ 611, 616 Satz 1 BGB bleibt der Lohnanspruch nicht erhalten. § 616 Satz 1 BGB stellt keine spezielle, die Regelung des § 326 Abs. 1 BGB verdrängende Norm dar, weil vom Normzweck des § 616 Satz 1 BGB Gewissenskonflikte des Arbeitnehmers nicht erfasst werden und dieser nur für solche Sachverhalte gilt, bei denen nicht bereits die Arbeitsleistung selbst der Anlass für die Arbeitsverhinderung ist.[27]

Hinweis: Anders läge es bezüglich des Lohnanspruchs nur dann, wenn der Arbeitgeber dem Arbeitnehmer kraft seines Direktionsrechts eine andere als die zur Leistungsverweigerung berechtigende Tätigkeit zuweisen könnte.[28]

Fall 1. d)

Im Falle des B ist fraglich, ob nicht gem. § 275 Abs. 1 BGB Unmöglichkeit eingetreten ist mit der Folge, dass der Lohnanspruch nach § 326 Abs. 1 Satz 1 i.V.m. § 441 Abs. 3 BGB entfällt.

1. Wäre B wegen Krankheit zu Hause geblieben, hätte er gem. § 3 EFZG, der § 326 Abs. 1 BGB verdrängt[29], einen Lohnfortzahlungsanspruch gehabt. B macht jedoch nicht den Lohnfortzahlungsanspruch geltend, sondern den Lohn selbst. Rechtliche Unmöglichkeit nach § 275 Abs. 1 BGB liegt nicht vor.[30] Soweit B trotz der Erkrankung zur Leistung fähig ist, stellt dies einen nach § 275 Abs. 3 BGB zu behandelnden Fall dar, nach dem der Arbeitnehmer die Leistung zwar verweigern kann, hierzu aber nicht gezwungen ist. Zwar braucht B aufgrund der Krankheit und der Krankschreibung nicht zu arbeiten, sondern er könnte sich auf Unmöglichkeit berufen. Wenn er aber arbeitet, zeigt das, dass ihm die Arbeitsleistung in Wahrheit möglich ist.

---

26 Vgl *Gotthardt* (o Fn 1), Rn 94; *Henssler*, RdA 2002, S 129, 131; für den Wegfall des Lohnanspruchs *Kohte*, NZA 1989, S 161, 167; *Kraft/Raab*, Anm zu BAG AP Nr 1 zu § 611 BGB Gewissensfreiheit; *Reuter*, BB 1986, S 385, 389.

27 Staudinger-*Oetker*, § 616 BGB, Rn 69 mwN

28 Noch zur alten Rechtslage: *Brox*, Anm zu BAG AP Nr 27 zu § 611 BGB Direktionsrecht; *Henssler*, AcP 190 (1990), S 583, 567.

29 *Wedde*, AiB 2002, S 267, 270.

30 Vgl *Berkowsky*, AuA 2002, S 11 ff; *Däubler*, NZA 2001, S 1329, 1332; *Fischer*, DB 2001, S 1923, 1924; aA*Gotthardt* (o Fn 1), Rn 84.

2. In diesem Fall steht ihm für die geleistete Arbeit der Lohnanspruch nach § 611 BGB zu.

Hinweis: Eine hier nicht zu erörternde Frage ist es, ob der Arbeitgeber nicht verpflichtet ist, einen Arbeitnehmer, der sich durch das Weiterarbeiten bei Krankheit selbst gefährdet, nach Hause zu schicken.[31]

Fall 2. a)

1. Fraglich ist, ob die missverständliche Klausel im Tarifvertrag gegenüber B und C den in § 11 Abs. 1 ArbZG vorgesehenen Anspruch auf 15 arbeitsfreie Sonntage ausschließt.

Ein Ausschluss der gesetzlichen Regelung könnte daran scheitern, dass der Tarifvertrag an das Gesetz gebunden ist sowie daran, dass der Arbeitgeber eine für ihn ungünstigere Regelung gegen sich gelten lassen muss. Gem. § 305c Abs. 2 BGB gehen Zweifel bei der Auslegung Allgemeiner Geschäftsbedingungen zu Lasten des Verwenders.

a) Der vorliegende Tarifvertrag gilt zwischen der GmbH und B gemäß § 4 Abs. 1 TVG unmittelbar und zwingend, da beide gem. § 3 Abs. 1 TVG tarifgebunden sind. Mangels Tarifbindung des C gilt zwischen ihm und der GmbH der Tarifvertrag ohnehin nicht, es bleibt bei der gesetzlichen Regelung.

b) Im Hinblick auf den zwischen der GmbH und B geltenden Tarifvertrag ist die Regelung des § 305c Abs. 2 BGB über unklare Formulierungen gem. § 310 Abs. 4 Satz 1 BGB nicht anwendbar. Eine Kontrolle von Tarifverträgen erfolgt nur dahingehend, ob sie gegen EG-Recht, das Grundgesetz oder einfachgesetzliche zwingende Vorschriften verstoßen.

aa) Vorliegend weicht der Tarifvertrag lediglich von einer gesetzlichen Vorschrift ab, nämlich von § 11 Abs. 1 ArbZG, der gem. § 12 Satz 1 Nr. 1 ArbZG tarifdispositiv ist. Danach kann für Theaterbetriebe die Anzahl der beschäftigungsfreien Sonntage im Jahr, abweichend von § 11 Abs. 1 ArbZG (mindestens 15 Sonntage), auf mindestens acht Sonntage durch einen Tarifvertrag herabgesetzt werden. Die vorliegende tarifliche Regelung von zehn arbeitsfreien Sonntagen hält sich im Rahmen des Gesetzes. Damit ist die Regelung wirksam.

Die tarifvertragliche Klausel gilt also für B.

---

31 Dazu *Gotthardt* (o Fn 1), Rn 84.

bb) Soweit die Klausel missverständlich ist, müssen die Interpretationsprobleme nach den allgemeinen Grundsätzen über die Auslegung von Tarifverträgen gelöst werden.[32] Eine Vorrangregelung nach Art des § 305 c Abs. 2 BGB (im Zweifel zu Lasten des Verwenders) greift nicht ein. Ebenso wenig gilt für Tarifverträge allgemein, dass sie zu Lasten der Arbeitgeberseite auszulegen sind.[33]

Welches Auslegungsergebnis im vorliegenden Fall eingreift, kann mangels näherer Angaben im Sachverhalt nicht entschieden werden.

2. Zu klären ist, ob die Betriebsvereinbarung zu Lasten von B und C den gesetzlichen Anspruch ausschließt. Dann müsste die Betriebsvereinbarung im Verhältnis zu B und C gelten und der Ausschluss des gesetzlichen Anspruchs wirksam erfolgt sein.

a) Die Betriebsvereinbarung gilt zwischen der GmbH sowie B und C gem. § 77 Abs. 4 Satz 1 BetrVG unmittelbar und zwingend. Die Ausnahmeregelung des § 310 Abs. 4 Satz 1 BGB schließt ausdrücklich auch eine Inhaltskontrolle von Betriebsvereinbarungen anhand der §§ 305 ff. BGB aus, so dass auch diesbezüglich § 305c Abs. 2 BGB als Prüfungsmaßstab ausscheidet. Dagegen könnte sprechen, dass das Verhandlungsgleichgewicht oft auf betrieblicher Ebene weniger gewährleistet ist als auf der tariflichen Ebene. Der Gesetzgeber hat in der Gesetzesbegründung ausgeführt, dass auch die Regelung betreffend Betriebsvereinbarungen dem Schutz der Tarifautonomie dienen solle,[34] obwohl der Abschluss von Betriebsvereinbarungen nicht als Teil der Tarifautonomie angesehen werden kann. Auch wenn die Gesetzesbegründung die Vorschrift nicht trägt, so ist doch der Wortlaut eindeutig, so dass eine Kontrolle von Betriebsvereinbarungen nicht stattfindet.[35] Für Betriebsvereinbarungen gilt folglich kein anderer Prüfungsmaßstab als für Tarifverträge. Damit wird die bisher vom BAG vorgenommene Billigkeitskontrolle durch § 310 Abs. 4 Satz 1 BGB für unzulässig erklärt.[36]

Hier enthält die Betriebsvereinbarung dieselbe Regelung wie im Falle a) der Tarifvertrag.

---

32   Dazu *Wank* in Wiedemann, TVG, 6. Aufl 1999, § 1, Rn 763 ff

33   Wiedemann-*Wank*, § 1 TVG, Rn 780 mit Nachw zum Streitstand.

34   Stellungnahme der Bundesregierung, BT-Drucks 14/6857, S 54.

35   *Annuß*, BB 2002, S 458, 459.

36   *Annuß*, BB 2002, S 458, 459; *Gotthardt* (o Fn 1), Rn 296; aA *Däubler*, NZA 2001, S 1329, 1334.

§ 12 Satz 1 Nr. 1 ArbZG lässt eine entsprechende Reglung »aufgrund eines Tarifvertrages« in einer Betriebsvereinbarung zu. Die Betriebsvereinbarung hält sich im Rahmen des Gesetzes.

b) Wie der Auslegungszweifel zu beheben ist, richtet sich auch hier nicht nach § 305 c Abs. 2 BGB; vielmehr sind die allgemeinen Grundsätze über die Auslegung von Betriebsvereinbarungen zugrunde zulegen.[37] Das konkrete Ergebnis bezüglich des Auslegungszweifels kann auch hinsichtlich der Betriebsvereinbarung nicht geklärt werden.

3. a) Für die einseitig von der GmbH gestellten Allgemeinen Arbeitsbedingungen gilt die Ausnahme nach § 12 ArbZG nicht. Die Klausel, dass nur zehn Sonntage arbeitsfrei sind, ist wegen Verstoßes gegen § 11 Abs. 1 ArbZG i.V.m. § 134 BGB nichtig; der Arbeitsvertrag bleibt im Übrigen jedoch wirksam, § 306 Abs. 1 BGB. An die Stelle der unwirksamen Klausel tritt gem. § 306 Abs. 2 BGB die Regelung des § 11 Abs. 1 ArbZG.[38] Die GmbH muss 15 arbeitsfreie Sonntage gewähren.

b) Im Hinblick auf die Auslegungszweifel gilt die Ausnahmeregelung des § 310 Abs. 4 Satz 1 BGB nicht. Vielmehr gelten die §§ 305 ff. BGB. Die in den Allgemeinen Arbeitsbedingungen enthaltenen Klauseln, bei deren Auslegung sich Zweifel ergeben, sind zu Lasten der GmbH auszulegen, § 305c Abs. 2 BGB.

4. a) Auch für die individuell ausgehandelten Bestimmungen in den Arbeitsverträgen zwischen der GmbH sowie B und C greift die Ausnahmeregelung des § 12 Satz 1 Nr. 1 ArbZG nicht ein. Die Vereinbarung von nur zehn arbeitsfreien Sonntagen verstößt gegen § 11 Abs. 1 ArbZG und ist somit gem. § 134 BGB nichtig. Da davon auszugehen ist, dass der Arbeitsvertrag auch ohne diese Klausel geschlossen worden wäre, bleibt er gem. § 139 BGB wirksam.

B und C stehen 15 arbeitsfreie Sonntage zu, § 11 Abs. 1 ArbZG.

b) Im Hinblick auf die unklare Regelung sind die §§ 305 ff. BGB nicht anwendbar; hier handelt es sich nicht um Allgemeine Geschäftsbedingungen i.S. des § 305 BGB. Zur Behebung des Auslegungszweifels sind die allgemeinen Grundsätze über die Vertragsauslegung heranzuziehen.[39]

---

37 S dazu *Wank*, Festschrift für Kraft, 1998, S 665 ff.

38 Aus § 306 Abs 2 BGB ergibt sich auch für das Arbeitsrecht das Verbot der geltungserhaltenden Reduktion von Allgemeinen Arbeitsbedingungen; vgl *Gotthardt* (o Fn 1), Rn 288.

39 *Flume*, Das Rechtsgeschäft, 4. Aufl 1992, § 16; *Larenz/Wolf*, Allgemeiner Teil des Bürgerlichen Rechts, 8. Aufl 1997, § 28; *Wank*, RdA 1998, S 71, 72 ff, 76.

5. Als Ergebnis lässt sich festhalten, dass § 12 Satz 1 Nr. 1 ArbZG eine Abweichung von § 11 Abs. 1 ArbZG nur durch Tarifvertrag oder durch Betriebsvereinbarung aufgrund eines Tarifvertrages zulässt. Eine Inhaltskontrolle gem. §§ 305 ff. BGB (hier: § 305 c Abs. 2 BGB) findet nur im Hinblick auf Allgemeine Arbeitsbedingungen statt.

Fall 2. b)

1. Bei den Allgemeinen Arbeitsbedingungen der GmbH handelt es sich um Allgemeine Geschäftsbedingungen i. S. d. § 305 BGB, die hier auch seitens der GmbH bei Vertragsabschluss gestellt wurden.

Hinweis: Lässt sich einem Sachverhalt nicht entnehmen, ob der Arbeitgeber die Allgemeinen Arbeitsbedingungen gestellt hat, so wird teilweise auf §§ 310 Abs. 3 Nr. 1 BGB verwiesen, demzufolge die AGB als gestellt gelten. Diese Vorschrift ist jedoch nur anwendbar, wenn man den Arbeitnehmer gem. § 13 BGB als Verbraucher ansieht.[40] Dies ist entgegen dem weitgefassten Wortlaut des § 13 BGB unter Berücksichtigung des Zwecks der Vorschrift jedoch abzulehnen[41], denn Arbeitnehmerschutz und Verbraucherschutz gehören verschiedenen Systemen an.

Die vereinbarten Regelungen sind somit an den §§ 305 ff. BGB zu messen[42].

a) Die Regelung über die Vertragsstrafe könnte wegen Verstoßes gegen § 309 Nr. 6 BGB unwirksam sein.

Danach ist eine Klausel in Allgemeinen Geschäftsbedingungen unwirksam, in der eine Vertragsstrafe für den Fall vereinbart wird, dass sich der andere Vertragteil von dem Vertrag löst. Eine solche Regelung liegt hier vor. Jedoch ist zu berücksichtigen, dass bei Anwendung der §§ 305 ff. BGB gem. § 310 Abs. 4 Satz 2 BGB die »Besonderheiten des Arbeitsrechts« zu beachten sind. Diese stehen der Anwendung des § 309 Nr. 6 BGB im Arbeitsrecht entgegen. Aus dem Umkehrschluss zu § 75c HGB, § 5 Abs. 2 Nr. 2 BBiG und § 134 GewO folgt, dass Vertragsstrafen im Arbeitsrecht grundsätzlich zuläs-

---

40   So *Däubler*, NZA 2001, S 1329, 1332 ff; *Gotthardt* (o Fn 1), Rn 165 ff.

41   *Bauer/Kock*, DB 2002, S 42, 43 f; *Joussen*, NZA 2001, S 445, 749; *Lingemann*, BB 2002, S 458, 460; *Löwisch*, NZA 2001, S 465, 466.

42   *Hinweis*: Gem § 310 Abs 4 Satz 2 BGB ist § 305 Abs 2, 3 BGB für die Einbeziehung von AGB nicht anwendbar. Der Gesetzgeber hielt einen ausreichenden Arbeitnehmerschutz durch § 2 Nachweisgesetz für gewährleistet, s Stellungnahme der Bundesregierung, BT-Drucks 14/6857, S 54.

sig sind.[43] Im Arbeitsrecht hätte der Arbeitgeber sonst auch erhebliche Beweisschwierigkeiten hinsichtlich des ihm entstandenen Schadens.

Eine Vertragsstrafe muss jedoch auch der allgemeinen Inhaltskontrolle gem. § 307 Abs. 1 BGB standhalten. Die vorliegende Regelung ist klar und verständlich, so dass kein Verstoß gegen das Transparenzgebot des § 307 Abs. 1 Satz 2 BGB vorliegt.

Da die Strafe auch nur für den Fall der grundlosen Vertragsauflösung gezahlt werden muss, liegt auch keine unangemessene Benachteiligung der M gem. § 307 Abs. 1 BGB vor.[44] Die Vertragsstrafe wurde somit wirksam vereinbart.

b) Bezüglich des Anspruchs auf Weihnachtsgeld liegt ein Verweis auf eine tarifliche Ausschlussklausel vor. Die tarifliche Regelung der Ausschlussfrist selbst kann gem. § 310 Abs. 4 Satz 1 BGB nicht kontrolliert werden. Die Übernahme einer tariflichen Regelung in Allgemeine Arbeitsbedingungen könnte gem. § 310 Abs. 4 Satz 3 BGB i.V.m. § 307 Abs. 3 BGB ebenfalls der Kontrollfreiheit unterliegen. Die Gleichstellung einer tariflichen Regelung mit einer nicht zu kontrollierenden gesetzlichen Regelung ist allerdings nur dann berechtigt, wenn entweder auf einen gesamten Tarifvertrag oder jedenfalls auf einen gesamten Regelungskomplex aus einem Tarifvertrag verwiesen wird,[45] weil dann das Verhandlungsgleichgewicht der Tarifvertragsparteien eine Richtigkeitsgewähr für eine ausgewogene Regelung bietet. Bei der hier vorliegenden Verweisung auf eine einzelne tarifliche Norm ist dies nicht der Fall; vielmehr ist eine Inhaltskontrolle gem. § 307 ff. BGB geboten.

Zu prüfen ist hier, ob in der Ausschlussfrist eine unangemessene Benachteiligung der M gem. § 307 Abs. 1 BGB zu sehen ist.[46]

Besonderheiten des Arbeitsrechts stehen dem nicht entgegen. Vielmehr waren gerade auch die Ausschlussfristen Anlass für die Aufhebung der Bereichsausnahme in § 23 Abs. 1 AGBG.[47] Bei der Ausschlussfrist sind das Interesse des Arbeitnehmers an einer sorgfältigen Prüfung der Rechtslage und das Interesse des Arbeitgebers an Klarheit über die sich aus dem Arbeitsverhältnis ergebenden Verpflichtungen[48] gegeneinander abzuwägen. Die Frist

---

43   *Annuß*, BB 2002, S 458, 463; ErfK-*Müller-Glöge*, 3. Aufl 2002, § 345 BGB, Rn 11; *Gotthardt* (o Fn 1), Rn 250; *Henssler*, RdA 2002, S 129, 138; *Lingemann*, NZA 2002, S 181, 191; aA *Däubler*, NZA 2001, S 1329, 1336; *Reinecke*, DB 2002, S 583, 586.

44   Vgl BAG AP Nr 9 und Nr 14 zu § 339 BGB; ErfK-*Müller-Glöge*, § 345 BGB, Rn 18.

45   Dazu *Henssler*, RdA 2002, S 129, 136; *Reinecke*, DB 2002, S 583, 589.

46   Vgl *Gotthardt* (o Fn 1), Rn 273 ff.

47   Stellungnahme der Bundesregierung, BT-Drucks 14/6857, S 54.

48   S *Wank* in Wiedemann, TVG, 6. Aufl 1999, § 4, Rn 724.

von sechs Monaten, die hier vereinbart wurde, wird den Interessen beider Seiten gerecht, ohne dass sie eine Partei unangemessen benachteiligt.[49] Somit wurde auch die Ausschlussfrist wirksam vereinbart.

Ergebnis zu Fall 2. b): Die von der GmbH gestellten Allgemeinen Arbeitsbedingungen sind wirksam.

Übersicht: Inhaltskontrolle im Arbeitsrecht

Tarifverträge	– Bindung an EG-Recht und GG (rangkonforme Auslegung) – Bindung an zwingende einfache Gesetze – im Übrigen keine Inhaltskontrolle, § 310 Abs. 4 Satz 1 BGB
Betriebsvereinbarungen	– wie bei Tarifverträgen – entgegen BAG keine Billigkeitskontrolle, sondern nur Rechtskontrolle, § 310 Abs. 4 Satz 1 BGB

Allgemeine Arbeitsbedingungen	– falls nur Wiederholung von Tarifverträgen oder Betriebsvereinbarungen, keine Inhaltskontrolle, § 310 Abs. 4 Satz 3 i. V. m. § 307 Abs. 3 BGB
	– sonst Inhaltskontrolle nach §§ 305 ff., 310 Abs. 4 Satz 2 BGB; d. h.:
	  – keine Anwendung von § 305 Abs. 2, 3 BGB (wegen § 2 Nachweisgesetz)
	  – Berücksichtigung der Besonderheiten des Arbeitsrechts
	– im Übrigen gilt die Bindung an höherrangiges Recht

Individualarbeitsverträge	– nicht speziell geregelt, §§ 138, 242 BGB – gegenüber Tarifverträgen und gegenüber Betriebsvereinbarungen gilt das Günstigkeitsprinzip – im Übrigen gilt die Bindung an höherrangiges Recht

---

49 Vgl *Gotthardt* (o Fn 1), Rn 275; *Henssler*, RdA 2002, S 129, 137 f; zur alten Rechtslage vgl BAG, NZA 2001, S 723.

Aufbauschema Nr. 7:

Leistungsverweigerungsrecht des Arbeitnehmers

Rechtsgrundlage für Leistungsverweigerung	**Gegenleistung**
– Pflege kranker Kinder – § 45 SGB V	§ 616 BGB
– Pflege anderer Angehöriger – § 616 BGB	§ 616 BGB
– sonstige Verhinderung aus persönlichen Gründen – § 616 BGB	§ 616 BGB
– Leistungsverweigerung aus Gewissensgründen – § 275 Abs. 3 BGB (nicht: § 315 Abs. 3 (so früher BAG), nicht (mehr) § 273 BGB, da jetzt Spezialvorschrift vorhanden)	§ 326 Abs. 1 Satz 1 BGB
– Leistungsverweigerungsrecht wegen Geltendmachung von Rechten – § 273 BGB (z. B. aus Arbeitsschutzvorschriften)	§§ 611, 615 BGB

6. Ausgangsfall
»Die Woche fängt gut an«

Der Arbeiter Neumann ist seit Jahren im Auslieferungslager des Einzelkaufmanns Meier in Bochum gegen monatlich brutto 2 000 € beschäftigt und hat bisher stets gewissenhaft gearbeitet. In der Lagerhalle ist es im Laufe der Jahre eng geworden, so dass der Umgang mit den verpackten Präzisionsinstrumenten erhebliches Geschick erfordert.

Nach einer langen Familienfeier am Sonntag bremst Neumann, noch etwas schläfrig, am Montagmorgen seinen Gabelstapler zu spät ab und fährt in einen Stapel Kisten. Einige fallen herunter, Instrumente im Wert von 3 000 € werden zerstört. Bei dem Versuch, die Kisten aufzufangen, zerreißt Neumanns Hose, die einen Wert von 50 € hat. Der mit der Verladung beschäftigte Kollege Kunze wird von einer Kiste am Kopf getroffen und muss mit einer schmerzhaften Wunde zum Arzt. Auch der Lkw des Abholers Alt wird beschädigt; Alt verlangt 4 000 € Ersatz von Meier.

Wie ist die Rechtslage?

Lösung

Vorüberlegungen

Wie sich aus der Lektüre des Sachverhalts ergibt, hat die Bearbeitung offenbar folgende Schwerpunkte: Zum einen geht es um die Haftung des Arbeitnehmers in Fällen des innerbetrieblichen Schadensausgleichs. Hierbei sind die Unterprobleme Anspruch des Arbeitgebers und Anspruch anderer Arbeitnehmer gegen den Arbeitnehmer sowie Rückgriff des Arbeitgebers bei Schädigung eines Dritten durch den Arbeitnehmer zu behandeln. Zweiter Schwerpunkt ist offenbar das Problem von Eigenschäden des Arbeitnehmers.

Ausarbeitung
A. Anspruch des Meier gegen Neumann auf Zahlung von 3 000 €

I. § 280 Abs. 1 BGB

M könnte gegen N einen Anspruch auf Schadensersatz wegen Schlechterfüllung des Arbeitsvertrages auf Zahlung von 3 000 € gemäß § 280 Abs. 1 BGB haben.

1. Zwischen M und N besteht ein Arbeitsvertrag. Zu den Pflichten des Arbeitnehmers im Rahmen des Arbeitsvertrages gehört es, Sachen des Arbeitgebers nicht zu beschädigen. Diese Pflicht hat N dadurch verletzt, dass er den Stapel mit den Kisten, die im Eigentum des M standen, umfuhr; die Pflichtverletzung geschah rechtswidrig.

Fraglich ist, ob sie auch schuldhaft geschah. Die Pflichtverletzung führt nach § 280 Abs. 1 Satz 2 BGB nur dann zu einem Schadensersatzanspruch des Gläubigers, wenn sie vom Schuldner zu vertreten ist.

Hinweis: In Ausbildungsfällen erhalten Sie in der Regel unstreitige Sachverhalte; d. h. Beweislastfragen tauchen nicht auf. Nehmen wir an, hier sei das Verschulden des N streitig; dann wäre Folgendes auszuführen: Aus der Formulierung des § 280 Abs. 1 Satz 2 BGB wird deutlich, dass der Schuldner das »Nicht-zu-vertreten-Haben« beweisen muss. Demnach würde der Arbeitnehmer gegenüber dem Arbeitgeber immer dann haften, wenn er nicht beweist, dass er die Pflichtverletzung nicht zu vertreten hat. Im Arbeitsrecht besteht aber in § 619 a BGB für die Arbeitnehmerhaftung eine Regelung, nach der – abweichend von § 280 Abs. 1 Satz 2 BGB – die Beweislast beim Gläubiger und damit beim Arbeitgeber liegt.[1] M muss daher das Verschulden des N beweisen.

Für das Verschulden bleibt es grundsätzlich bei § 276 BGB als Maßstab. Danach kommt es auf die im Verkehr erforderliche Sorgfalt an; dieser Maßstab ist nach allgemeiner Auffassung im Zivilrecht objektiv zu verstehen.[2] Entscheidend ist folglich, was von Gabelstaplerfahrern in dieser Situation allgemein verlangt werden kann.

Für das Arbeitsrecht gilt der gleiche Maßstab.[3] Zwar stellen einige Autoren für das Arbeitsrecht einen eigenen Verschuldensbegriff auf,[4] doch besteht für diese Abweichung vom BGB kein Grund. Auch aus dem neugefassten § 276 Abs. 1 Satz 1 BGB (»sonstiger Inhalt des Schuldverhältnisses«) ergibt sich nichts anders.[5] Bisher wurde für die Entlastung des Arbeitnehmers mit Recht bei der Haftung und nicht bei der Schuld angesetzt. Daran sollte auch durch die Schuldrechtsreform nichts geändert werden.

---

1 *Oetker*, BB 2002, 43 ff; *Olzen/Wank*, Die Schuldrechtsreform, 2002, Rn 484.
2 *Larenz*, Schuldrecht Allgemeiner Teil, 14. Aufl 1987, § 20 I, S 276 f.
3 *Otto/Schwarze*, Die Haftung des Arbeitnehmers, 3. Aufl 1998, Rn 71 ff.
4 *Moritz*, DB Beil Nr 18/1985, S 9 ff; *Scheuerle*, RdA 1958, S 247, 253; *Steindorff*, JZ 1959, S 1, 5.
5 *Henssler*, RdA 2002, S 129, 133.

Hier liegt Fahrlässigkeit des N vor. Die im Verkehr erforderliche Sorgfalt erforderte es, beim Umgang mit den Präzisionsinstrumenten wach zu sein. N hätte am Sonntag früher zu Bett gehen und dadurch den Unfall vermeiden können. M ist durch das Verhalten des N ein Schaden in Höhe von 3 000 € entstanden.

2. Der Ersatzanspruch des M könnte jedoch eingeschränkt sein oder ganz entfallen. In Betracht kommt eine Haftungsminderung nach den Grundsätzen des innerbetrieblichen Schadensausgleichs[6] gem. § 254 BGB analog.[7] Diese Grundsätze greifen ein, wenn die Eigenart der vom Arbeitnehmer zu leistenden Arbeit es mit großer Wahrscheinlichkeit mit sich bringt, dass auch dem sorgfältigen Arbeitnehmer gelegentlich Fehler unterlaufen, die für sich allein betrachtet zwar jedes Mal vermeidbar wären, mit denen aber angesichts der menschlichen Unzulänglichkeit als mit einem typischen Abirren der Dienstleistungen erfahrungsgemäß zu rechnen ist[8].

a) Früher bestand Einigkeit darüber, dass nicht jede betriebliche Tätigkeit eines Arbeitnehmers privilegiert werden soll, sondern nur eine »gefahrgeneigte« Arbeit. Insoweit war streitig, ob eine abstrakte Betrachtung (typische Betrachtungsweise)[9] oder eine konkrete Betrachtung[10] zu Grunde zu legen ist. Rechtsprechung[11] und Schrifttum[12] haben jedoch diese Differenzierung inzwischen aufgegeben; denn gegen die beiden zuvor vertretenen Ansichten bestehen gleichermaßen Bedenken.

Richtig ist es daher, nicht auf die Gefahrneigung einer Tätigkeit abzustellen, sondern allein darauf, ob die Tätigkeit betrieblicher oder privater Natur war. Das Korrektiv liegt dann nicht bei der Art der Tätigkeit, sondern beim Verschuldensgrad aufseiten des Arbeitnehmers.

Hier handelte es sich um eine betrieblich veranlasste Tätigkeit des N.

---

6 Dazu *Hanau/Adomeit*, Arbeitsrecht, G VI, 2 S 199 f; *Söllner*, Arbeitsrecht, § 30 I, II, S 258 ff; *Zöllner/Loritz*, Arbeitsrecht, § 19 II 1b–3, S 252 ff.
7 BAG AP Nr 61, 82 und 103 zu § 611 BGB Haftung des Arbeitnehmers.
8 BAG AP Nr 4 zu §§ 898, 899 RVO.
9 BAG AP Nr 22, 47, 53 und 58 zu § 611 BGB Haftung des Arbeitnehmers.
10 *v Hoyningen-Huene*, BB 1989, S 1889, 1890; *Mayer-Maly*, Festschrift für Hilger/ Stumpf, 1983, S 467 ff.
11 BAG GS AP Nr 103 zu § 611 BGB Haftung des Arbeitnehmers = NJW 1995, S 210 = NZA 1994, S 1083.
12 *Brox/Walker*, DB 1985, S 1469, 1472; *Dütz*, NJW 1986, S 1779, 1783; *v Hoyningen-Huene*, BB 1989, S 1889, 1893 f; *Mayer-Maly* (o Fn 10), S 467, 473 f; *Moritz*, DB Beil. Nr 18/1985, S 4 ff; MünchArbR-*Blomeyer*, § 59, Rn 23 ff; *Otto*, Gutachten E zum 56. DJT, 1986, S 51 ff; Staudinger-*Richardi*, § 611 BGB, Rn 484 ff.

b) Fraglich ist, bei welcher Verschuldensform nach dem Grundsätzen des innerbetrieblichen Schadensausgleichs eine Haftungsminderung eintritt.

aa) Nach der Rechtsprechung des Großen Senats des BAG und des für Arbeitnehmerhaftung zuständigen Achten Senats des BAG gilt Folgendes: Für Vorsatz haftet der Arbeitnehmer stets und in vollem Umfang, für grobe Fahrlässigkeit in aller Regel.[13] Bei leichter Fahrlässigkeit findet eine Schadensteilung statt, während bei leichtester Fahrlässigkeit eine Haftung entfällt.[14]

Der Große Senat des BAG hatte zur Klärung der Voraussetzungen einer Haftungsbeschränkung ein Verfahren vor dem Gemeinsamen Senat der obersten Gerichtshöfe eingeleitet. Der Ansicht des Großen Senats des BAG, dass eine Beschränkung der Arbeitnehmerhaftung für alle betrieblich veranlassten Arbeiten gilt,[15] hat sich der BGH angeschlossen;[16] deshalb hat der Gemeinsame Senat das Verfahren eingestellt.[17] In diesem Verfahren wurde das Kriterium der Gefahrneigung aufgegeben. Die Entscheidungen haben sich allein mit der Frage befasst, ob es auf eine gefahrgeneigte oder auf eine betriebliche Tätigkeit ankommt. Die Frage der Schuldform haben sie nicht aufgegriffen. Deshalb bleibt es insoweit bei der bisherigen Rechtsprechung.[18]

bb) Die neuere Rechtsprechung zur Schadensteilung bei leichter Fahrlässigkeit, die entgegen der von den Grundsätzen des Großen Senats abweichenden Rechtsprechung des Siebten Senats eine vollständige Risikoverlagerung auf den Arbeitgeber bei leichter Fahrlässigkeit ablehnt, ist im Schrifttum sowohl auf Zustimmung[19] als auch auf Ablehnung[20] gestoßen.

In Fällen der leichten Fahrlässigkeit kommt es auf eine Entscheidung des Meinungsstreits an: Nach der einen Ansicht haftet der Arbeitnehmer dann nicht, nach der anderen Ansicht haftet er in Form einer Schadensteilung.

Im vorliegenden Fall hat N zwar den für ihn vorhersehbaren und vermeidbaren Erfolg nicht durch seine Fahrweise verhindert, aber er hat nicht

---

13 BAG AP Nr 97 zu § 611 BGB Haftung des Arbeitnehmers.
14 BAG AP Nr 101 zu § 611 BGB Haftung des Arbeitnehmers; s bereits BAG AP Nr 8 zu § 611 BGB Haftung des Arbeitnehmers.
15 BAG GS AP Nr 103 zu § 611 Haftung des Arbeitnehmers.
16 BGH, NZA 1994, S 270.
17 GemS OGB, NJW 1994, S 856.
18 *Hanau/Rolfs*, NJW 1994, S 1439, 1441; *Richardi*, NZA 1994, S 241, 244.
19 Staudinger-*Richardi*, § 611 BGB, Rn 505; *Walker*, Anm SAE 1988, S 290, 292 f; *ders*, NZA 1988, S 753, 757.
20 *Eberlein*, BB 1989, S 621, 623; *Hanau/Preis*, Anm JZ 1988, S 1072 f; *v Hoyningen-Huene*, BB 1989, S 1889, 1892 f; *Gamillscheg*, Anm AuR 1988, S 354, 355 f.

gröblich gegen die Anforderungen an seine Arbeit verstoßen. Er hat damit leicht fahrlässig gehandelt, sodass eine Entscheidung des Meinungsstreits erforderlich ist.

cc) Zur Begründung der Ansicht, dass der Arbeitnehmer bei leichter Fahrlässigkeit nicht haften soll, wird u.a. angeführt, sie diene der Rechtssicherheit.[21] Dem ist entgegenzuhalten, dass Rechtssicherheit auch dann bestehen würde, wenn das BAG entschieden hätte, der Arbeitnehmer hafte auch bei leichter Fahrlässigkeit voll. Der Siebte Senat des BAG verweist des Weiteren auf den technischen Wandel, der zu höherer Schadensneigung und größerer Schadenshöhe führe. Das mag in einigen Fällen bei der Bedienung teurer Anlagen zutreffen, ist so allgemein aber nicht haltbar. Der Senat hat außerdem angeführt, dass der Arbeitgeber den Schaden auch zu tragen hätte, wenn er selbst die Arbeit durchgeführt hätte. Dem ist entgegenzuhalten, dass bei einer Auftragsvergabe an einen Dienstnehmer der Dritte voll haften würde; deshalb könnte es im Falle der Arbeitsteilung mit einem Arbeitnehmer genauso sein.

In welchem Umfang eine Haftungsbeschränkung möglich ist, hängt vor allem davon ab, welcher Grundgedanke dem Arbeitsrecht und damit auch der Arbeitnehmerhaftung zugrunde liegt. Der Siebte Senat hatte seine Ansicht auf den Gedanken des Betriebsrisikos gestützt. Abgesehen davon, dass der Ausdruck bereits für das Problem des § 615 BGB verbraucht ist, besagt diese Begründung auch zu wenig. Entscheidend ist die unterschiedliche Haftungsregelung im Verhältnis des Arbeitgebers gegenüber Selbstständigen einerseits und gegenüber Arbeitnehmern andererseits. Sie lässt sich am besten mit dem dualen Modell der Erwerbstätigkeit begründen.[22] Der Arbeitgeber stellt einen Arbeitsplatz, gesichertes Einkommen und Leistungen zur Existenzsicherung bereit, dafür geht der Arbeitnehmer eine langfristige Bindung ein und verzichtet darauf, selbst Chancen und Risiken am Markt wahrzunehmen. Aus diesem Grundgedanken des Arbeitsrechts ist auch die Einschränkung der Arbeitnehmerhaftung zu rechtfertigen.

dd) Der Große Senat des BAG hat seine Begründung außer auf einfachrechtliche Erwägungen auch verfassungsrechtlich im Hinblick auf die Berufsfreiheit und die allgemeine Handlungsfreiheit entwickelt,[23] im An-

---

21 BAG AP Nr 82 und Nr 84 zu § 611 BGB Haftung des Arbeitnehmers (7. Senat).
22 *Wank*, Arbeitnehmer und Selbständige, 1988, S 82 ff, 64 ff.
23 BAG GS AP Nr 103 zu § 611 BGB Haftung des Arbeitnehmers; krit zu diesem Ansatz BGH AP Nr 102 zu § 611 BGB Haftung des Arbeitnehmers; *Bydlinski*, Anm SAE 1994, S 93, 96 f; *Hanau/Rolfs*, NJW 1994, S 1439, 1440; *Krause*, JR 1994, S 494; *Schnauder*, JuS 1995, S 594, 597.

schluss an die Rechtsprechung des BVerfG[24] zur »strukturellen Ungleichgewichtslage«. – Dass im Arbeitsverhältnis eine Haftungsbeschränkung geboten ist, lässt sich wohl auch aus dem Grundgesetz ableiten; die konkrete Ausgestaltung dagegen nicht.

ee) Der Rechtsprechung des Großen Senats und des Achten Senats ist zu folgen. Bei Vorsatz ist danach eine Haftung des Arbeitnehmers stets und bei grober Fahrlässigkeit in aller Regel zu bejahen. Bei leichter Fahrlässigkeit tritt eine Haftungsteilung ein. Einerseits gebietet es das Präventionsinteresse, dass auch bei leichter Fahrlässigkeit gehaftet wird, andererseits rechtfertigt der Gedanke des innerbetrieblichen Schadensausgleichs eine weitgehende Haftungsverlagerung auf den Arbeitgeber. Allerdings kann man bei der Aufteilung der Haftung nicht, wie das BAG, auf alle Umstände des Einzelfalles abstellen – und damit auch auf Umstände, die mit dem Schadensersatzrecht nichts zu tun haben[25] –. Des Weiteren ist an eine Haftungsbeschränkung der Höhe nach zu denken, wobei ein Bruttomonatsgehalt die angemessene Grenze darstellt.[26]

Von diesen Grundsätzen ausgehend, kann jedenfalls festgestellt werden, dass N nicht in Höhe des gesamten Schadens von 3 000 € haftet, sondern dass eine angemessene Schadensteilung vorzunehmen ist.

Hinweis: Einige Dozenten erwarten vom Bearbeiter, dass er in Fällen des Mitverschuldens oder des innerbetrieblichen Schadensausgleichs die Quote für die Schadensteilung angibt. Davon wird hier abgesehen, da für eine solche Abwägung weitere Angaben im Sachverhalt erforderlich wären.

II. § 823 Abs. 1 BGB

M könnte gegen N des Weiteren einen Ersatzanspruch aus § 823 Abs. 1 BGB haben. N hat das Eigentum des M verletzt, indem er die Kisten anfuhr. Das geschah rechtswidrig und fahrlässig. M ist ein Schaden in Höhe von 3 000 € entstanden, zu dessen Ersatz N nach §§ 249 ff. BGB verpflichtet wäre. Die

---

24 BVerfGE 89, S 314; s auch *Dieterich*, RdA 1995, S 129 ff.

25 BAG AP Nr 93 zu § 611 BGB Haftung des Arbeitnehmers; s auch AR-Blattei SD-*Peifer*, Haftung des Arbeitnehmers, Rn 36 ff; krit *Gamillscheg*, AuR 1993, S 262, 264.

26 S zur Haftungsbeschränkung der Höhe nach *Dütz*, NJW 1986, S 1779, 1783; § 99 Abs 3 E-ArbVG, Gutachten D zum 59. DJT, 1992; *Hanau*, Festschrift für Hübner, 1984, S 467, 483; *Heinze*, NZA 1986, S 545, 552 ff; *Otto*, Gutachten E zum 56. DJT 1986, S 57 ff; *Wank*, DtZ 1990, S 42, 48 f; dagegen BAG AP Nr 97 zu § 611 BGB Haftung des Arbeitnehmers.

Regeln der Haftungseinschränkung beim innerbetrieblichen Schadensausgleich gelten jedoch unabhängig davon, ob es sich um einen Anspruch des Arbeitgebers aus Vertrag oder aus unerlaubter Handlung handelt. Wie oben dargelegt, haftet N nach diesen Grundsätzen nur eingeschränkt.

B. Anspruch des Meier gegen Neumann auf Zahlung von 4 000 €

I. § 280 Abs. 1 BGB

M könnte gegen N einen Anspruch auf Zahlung von 4 000 € gemäß § 280 Abs. 1 BGB haben, weil N den Lkw des A beschädigt hat.

1. N hat dadurch, dass er diesen Lkw beschädigte, eine Pflicht aus seinem Arbeitsvertrag mit M verletzt. Zu seinen Pflichten gehört es, Eigentum von Kunden des Arbeitgebers nicht zu beschädigen. Diese Pflichtverletzung geschah rechtswidrig und schuldhaft. Ein Schaden des M liegt dann vor, wenn er seinerseits A zum Schadensersatz in Höhe von 4 000 € verpflichtet ist.

A hat gegen M einen Anspruch aus §§ 280 Abs. 1, 241 Abs. 2 BGB wegen einer Nebenpflichtverletzung des Kaufvertrages oder aus §§ 280 Abs. 1, 311 Abs. 2, 241 Abs. 2 BGB. M war verpflichtet, Eigentum des A, der mit ihm im geschäftlichen Kontakt stand, nicht zu verletzen; diese Schutzpflicht ergibt sich in gleicher Weise beim Kaufvertrag als Nebenpflicht und bei dem nunmehr in § 311 Abs. 2 und 3 BGB kodifizierten Rechtsinstitut der c. i. c. Die Verletzung geschah rechtswidrig. M muss sich nach § 278 BGB das Verschulden des N, dessen er sich zur Erfüllung dieser Schutzpflicht bediente, wie eigenes Verschulden zurechnen lassen. A ist auch ein Schaden in Höhe von 4 000 € entstanden.

M hätte somit wegen der Pflichtverletzung des N aus dem Arbeitsvertrag gegen N einen Schadensersatzanspruch wegen des Schadens aufgrund des Schadensersatzanspruchs, den A seinerseits gegen M hat.

Ein Anspruch des A gegen M aus § 831 Abs. 1 Satz 1 BGB entfällt, weil M bei der Einstellung und bei der Beaufsichtigung des N die im Verkehr erforderliche Sorgfalt beachtet hat, § 831 Abs. 1 Satz 2 BGB.

2. Hier könnte sich jedoch aus dem Gedanken des innerbetrieblichen Schadensausgleichs eine Haftungseinschränkung ergeben. Die Haftungsmilderung des Arbeitnehmers wäre nur von geringem Wert, wenn er nur für unmittelbar dem Arbeitgeber zugefügte Schäden nicht zu haften brauchte, wohl aber für Schäden, die – gegenüber dem Arbeitgeber ersatzberechtigte – Dritte erleiden. Deshalb sind die Grundsätze des inner-

betrieblichen Schadensausgleichs im Innenverhältnis zwischen Arbeitgeber und Arbeitnehmer auf diese Fälle entsprechend anzuwenden.[27]

Hier hat N leicht fahrlässig in Ausübung einer betrieblichen Tätigkeit Eigentum eines Kunden beschädigt. Nach den Grundsätzen des innerbetrieblichen Schadensausgleichs findet eine Schadensteilung statt. N haftet M nur eingeschränkt. M kann daher nur insoweit gegen N vorgehen, wie N den Schaden des M gegenüber A zu tragen hat.

II. § 823 Abs. 1 BGB

Ein deliktischer Anspruch des M gegen N besteht nicht; N hat insoweit kein Rechtsgut des M verletzt. Das durch den Schadensersatzanspruch des A gegen M belastete Vermögen von M wird durch § 823 Abs. 1 BGB nicht geschützt.[28]

C. Anspruch des Kunze gegen Neumann

I. Anspruch auf Ersatz der Arztkosten aus § 823 Abs.1 BGB

K hat gegen N nur dann einen Anspruch auf Ersatz der Arztkosten gemäß § 823 Abs. 1 BGB, wenn für K überhaupt ein solcher Anspruch entstanden ist und wenn K auch selbst Inhaber dieses Anspruchs ist.

Nach § 105 Abs. 1 SGB VII könnte der Anspruch ausgeschlossen sein. K ist Unfallversicherter gem. § 2 Abs. 1 Nr. 1 SGB VII. N ist in demselben Betrieb des M tätiger Betriebsangehöriger. Der Personenschaden des K entstand bei einem Arbeitsunfall, § 8 Abs. 1 SGB VII. N hat den Arbeitsunfall durch eine betriebliche Tätigkeit verursacht, § 105 Abs. 1 Satz 1 SGB VII; er hat den Unfall weder vorsätzlich herbeigeführt noch ist er bei einer anderen Tätigkeit als einer solchen nach § 8 Abs. 2 SGB VII eingetreten, § 105 Abs. 1 Satz 1 a. E. SGB VII. Deshalb ist N dem K nicht zum Ersatz verpflichtet, § 105 Abs. 1 SGB VII.

Abgesehen davon würde beim Bestehen eines Anspruchs des K gegen N der Anspruch nicht K selbst, sondern der zuständigen Berufsgenossenschaft zustehen, § 116 Abs. 1 Satz 1 SGB X. Die Berufsgenossenschaft hat nämlich K Krankenhilfe in Form der ärztlichen Behandlung gem. §§ 26 Abs. 1, 27 Abs. 1 SGB VII zu gewähren.[29]

---

27   BAG AP Nr 37 zu § 611 BGB Haftung des Arbeitnehmers; Erman-*Hanau*, § 611 BGB, Rn 344; *Zöllner/Loritz*, Arbeitsrecht, § 19 II 2, S 255 f.
28   *Brox/Walker*, Besonderes Schuldrecht, 26. Aufl 2001, § 38 A. I 2 b; *Medicus*, Schuldrecht Besonderer Teil, § 135 III 1., Rn 744.
29   Vgl *Schulin/Igl*, Sozialrecht, 7. Aufl 2002, Rn 502.

Hinweis: Sollte die im Hinblick auf § 11 Abs. 4 SGB V unzuständige Krankenkasse die Krankenhilfe bereits geleistet haben, so hat sie ihrerseits gegen die Berufsgenossenschaft einen Regressanspruch nach § 105 Abs. 1 SGB X.[30]

II. Anspruch auf Schmerzensgeld nach §§ 823, 847 BGB

N hat gegenüber K den Tatbestand des § 823 Abs. 1 BGB verwirklicht. K könnte danach gemäß § 47 Abs. 1 BGB von N eigentlich Schmerzensgeld verlangen. Ein solcher Anspruch wäre auch nicht auf die Berufsgenossenschaft übergegangen. In dem Katalog der Leistungen der Berufsgenossenschaft ist ein Schmerzensgeld nicht enthalten, so dass § 116 SBG X nicht eingreift. Dennoch ist in diesen Fällen ein Schmerzensgeldanspruch ausgeschlossen. Das Haftungssystem des Rechts der unerlaubten Handlung und das System der Sozialversicherung müssen jeweils als einheitliches System gesehen werden.[31] Jedes dieser Gesamtsysteme bietet eine Reihe von Vorteilen und Nachteilen, die nicht beliebig untereinander kombiniert und ausgetauscht werden können. Da sich das Gesetz für die Fälle des Personenschadens unter Arbeitnehmern desselben Betriebs für eine sozialversicherungsrechtliche Lösung entschieden hat, entfallen daneben Ansprüche auf Schmerzensgeld nach den BGB-Vorschriften.[32]

D. Anspruch des Neumann gegen Meier

N könnte gegen M einen Anspruch auf Ersatz seiner Hose im Werte von 50 € haben.

Ein derartiger Anspruch wäre jedenfalls nicht auf die Berufsgenossenschaft übergegangen, da § 116 SGB X nur Personenschäden erfasst und es sich hier um einen Sachschaden handelt.

I. Abzulehnende Anspruchsgrundlagen

Als Anspruchsgrundlage werden für Fälle des Eigenschadens des Arbeitnehmers in der Literatur Gefährdungshaftung,[33] Fürsorgepflicht[34] und andere[35] genannt, die jedoch insgesamt nicht zu überzeugen vermögen.

---

30 *Schulin/Igl*, Sozialrecht, § 69, Rn 1106, 1109 ff; KassKomm-*Kater*, Band 2, § 105 SGB X, Rn 4 ff.
31 BVerfGE 34, S 118, 129 ff; BAG AP Nr 4 zu § 636 RVO; *Hromadka/Maschmann*, Arbeitsrecht Band 1, § 9 Rn 17.
32 Die dahingehende frühere Rechtsprechung wurde bestätigt durch BVerfG, NJW 1995, S 1607; s auch *Waltermann*, NJW 2002, S 1225, 1227.
33 *Köbler*, NJW 1969, S 1413 ff.
34 *Achterberg*, AcP 164 (1964), S 14, 47 ff.

II. § 670 BGB analog

Mit dem BAG und der h.M. in der Literatur ist vielmehr auf die Fälle des Eigenschadens § 670 BGB analog anzuwenden.[36]

1. Eine Analogie ist zunächst dafür notwendig, um im Rahmen des Arbeitsvertrages eine Vorschrift des Auftragsrechts anzuwenden. Doch besteht über die analoge Anwendbarkeit des § 670 BGB im Rahmen der §§ 611 ff. BGB allgemein Einigkeit. Bedenken ergeben sich aber deshalb, weil nach § 670 BGB nur Aufwendungen zu ersetzen sind. Im vorliegenden Fall handelt es sich jedoch nicht um ein bewusstes Vermögensopfer, sondern um einen Schaden, den N erleidet. Damit § 670 BGB angewandt werden kann, ist also eine weitere Analogie erforderlich. Eine Analogiefähigkeit ist auch gegeben. N hat versucht, die fallenden Kisten aufzufangen. Er hat sich dabei bewusst der Gefahr ausgesetzt, dass seine Kleidung beschädigt würde. Ob ein Arbeitnehmer aber bewusst Eigentum zugunsten des Arbeitgebers einsetzt oder sein Eigentum gefährdet, ist in der Wertung gleichzustellen;[37] inwieweit darüber hinaus allgemein bei Schäden § 670 BGB analog anzuwenden ist, kann deshalb hier dahinstehen.

Wegen des Unterschieds zwischen dem entgeltlichen Arbeitsvertrag und dem unentgeltlichen Auftrag kommt allerdings eine Haftung des Arbeitgebers bei »arbeitsadäquaten« Sachschäden nicht in Betracht. Das sind Schäden, mit denen nach der Art der Arbeit ohnehin zu rechnen ist und die durch das Arbeitsentgelt abgegolten sind.[38] – Um einen solchen Schaden handelt es sich hier jedoch nicht.

2. Fraglich ist, ob mit dem BAG die Haftung des Arbeitgebers auf Fälle zu beschränken ist, in denen der Arbeitnehmer eine gefährliche Arbeit ausgeführt hat oder in denen der Schaden außergewöhnlich ist.[39] – Hier sind jedoch die neueren Erkenntnisse zum innerbetrieblichen Schadensausgleich aufzugreifen. Wenn dort von dem Merkmal »Gefahrneigung« abgesehen und allein auf die betriebliche Tätigkeit abgestellt wird, so muss das auch für den Eigenschaden des Arbeitnehmers gelten.[40]

---

35   *v Genius*, AcP 173 (1973), S 481, 521 ff; Übersicht bei *Gick*, JuS 1979, S 638, 639 ff; *Isele*, JuS 1962, S 184, 186 ff.

36   BAG AP Nr 2, 6 und 9 zu § 611 BGB Gefährdungshaftung des Arbeitgebers; *Hanau/Adomeit*, Arbeitsrecht, Rn 694; *Hromadka/Maschmann*, Arbeitsrecht Band 1, § 9 Rn 22; *Zöllner/Loritz*, Arbeitsrecht, § 19 I 2, S 251.

37   *Frieges*, NZA 1995, S 403, 404.

38   BAG AP Nr 2 und Nr 6 zu § 611 BGB Gefährdungshaftung des Arbeitgebers.

39   BAG AP Nr 2 und Nr 5 zu § 611 BGB Gefährdungshaftung des Arbeitgebers.

40   *Frieges*, NZA 1995, S 403, 405.

III. Berücksichtigung des Mitverschuldens bei § 670 BGB analog

Bedenken gegen einen Ersatzanspruch aus § 670 BGB analog ergeben sich aber hier daraus, dass N den Schaden selbst verursacht hat.

1. Würde man das Verschulden des Arbeitnehmers bei der analogen Anwendung des § 670 BGB außer Betracht lassen, so müsste der Arbeitgeber auch bei einem vorsätzlichen oder grob fahrlässigen Verhalten des Arbeitnehmers Ersatz leisten. Einigkeit besteht darüber, dass diese Folge unangemessen wäre.[41] Streitig ist jedoch, in welcher Weise in derartigen Fällen das Verschulden zu berücksichtigen ist. Teilweise wird die Ansicht vertreten, dass § 670 BGB analog im Falle eines Verschuldens des Arbeitnehmers überhaupt entfalle.[42] Man kann auch das Merkmal »erforderlich« als Einfallstor für die Berücksichtigung des Mitverschuldens heranziehen.[43] Nach anderer Ansicht ist § 254 BGB in der direkten Anwendung heranzuziehen.[44] Dagegen besteht das Bedenken, dass es nicht nur um die Zurechnung privaten Fehlverhaltens geht, sondern um eine Verteilung betrieblicher Risiken.

2. Richtiger erscheint es, die Fälle von Schädigung des Arbeitgebers und von eigenem Schaden des Arbeitnehmers in der Wertung und in der rechtlichen Behandlung gleichzustellen und auf beide die Grundsätze des innerbetrieblichen Schadensausgleichs anzuwenden.[45] Das bedeutet, dass § 254 BGB im Rahmen der analogen Anwendung des § 670 BGB anwendbar ist, und dass bei Fahrlässigkeit, wenn man sich der oben dargestellten, in der neueren Rechtsprechung des BAG und von einem Teil der Literatur vertretenen, Ansicht anschließt,[46] eine Schadensteilung stattfindet.

N hat gegen M einen Anspruch auf Ersatz der Hose – jedoch nicht im vollen Wert von 50 €.

41 S *Blomeyer*, Festschrift für Kissel, 1994, S 77, 83, 95.

42 *Brox*, Anm zu BAG AP Nr 6 zu § 611 BGB Gefährdungshaftung des Arbeitgebers (zu II 3); vgl *Genius*, AcP 173 (1973), S 481, 492.

43 So BAG AP Nr 10 zu § 611 BGB Gefährdungshaftung des Arbeitgebers.

44 BAG GS AP Nr 2 zu § 611 BGB Gefährdungshaftung des Arbeitgebers.

45 BAG AP Nr 6, 7, 9 zu § 611 BGB Gefährdungshaftung des Arbeitgebers; *Hanau/Adomeit*, Arbeitsrecht, Rn 694, 692; *Reichold*, NZA 1994, S 488, 493.

46 BAG AP Nr 101 zu § 611 BGB Haftung des Arbeitnehmers.

Hinweis

Leistungsstörungen im Arbeitsrecht

I. Vorbemerkung

Es ist zu unterscheiden zwischen Leistungsstörungen im Arbeitsfrieden und Leistungsstörungen im Arbeitskampf (zum Arbeitskampf s. u. Fall 13). Für Leistungsstörungen im Arbeitskampf gelten eigene Regeln. Die beiden Fragenbereiche sollten in einer Bearbeitung deutlich auseinandergehalten werden. Die frühere Betriebsrisikolehre versuchte als Einheitslehre sowohl Fragen der Leistungsstörungen im Arbeitsfrieden als auch Fragen der Leistungsstörungen im Arbeitskampf zu beantworten. Diese Betriebsrisikolehre alter Fassung ist heute überholt. Innerhalb der Betriebsrisikolehre im Arbeitskampf ist allerdings zu unterscheiden zwischen der kollektivrechtlichen Auffassung, wie sie insbesondere das BAG vertritt, und einer individualrechtlichen Auffassung in der Literatur.

II. Übersicht über das Leistungsstörungsrecht im Allgemeinen[47]

1. Oberbegriff: Pflichtverletzung, § 280 BGB
2. Unterbegriffe:
   a) Unmöglichkeit
      – anfängliche Unmöglichkeit, § 311a BGB
      – nachträgliche Unmöglichkeit, §§ 280, 281 BGB
   b) Verzug
      – Schuldnerverzug, §§ 280 Abs. 1, 2, 286; §§ 286, 288;
        §§ 280 Abs. 1, 3, 281; § 323 BGB
      – Gläubigerverzug, §§ 293 ff. BGB
   c) Schlechtleistung und Schlechterfüllung
      – Schlechterfüllung in Bezug auf die Hauptpflicht, teilweise Spezialvorschriften im Gewährleistungsrecht, sonst für Hauptpflichten und Nebenpflichten gleich
      – Schlechtleistung in Bezug auf Nebenpflichten: §§ 280, 281; §§ 280, 282, 241 Abs. 2; § 324 BGB

---

47 S zum Leistungsstörungsrecht nach der Schuldrechtsreform ua *Dauner-Lieb/Heidel/Lepa/Ring* (Hrsg), Das neue Schuldrecht, 2002; *Lorenz/Riehm*, Lehrbuch zum neuen Schuldrecht, 2002; *Huber/Faust*, Schuldrechtsmodernisierung, 2002; *Olzen/Wank*, Die Schuldrechtsreform, 2002; *Westermann* (Hrsg), Das Schuldrecht 2002, 2002.

III. Besonderheiten des Leistungsstörungsrechts im Arbeitsrecht[48]

Es gelten Besonderheiten bei der Abgrenzung zwischen Unmöglichkeit und Verzug im Hinblick auf die Arbeitsleistung. Nach h. M. hat die Arbeitsleistung Fixschuldcharakter, so dass es insoweit immer nur Unmöglichkeit, aber keinen Schuldnerverzug gibt.

An die Stelle des Rücktritts tritt das Recht der Kündigung.

Bei einer Schlechtleistung durch den Arbeitnehmer kommt nach herrschender Meinung nur ein Anspruch aus positiver Vertragsverletzung (jetzt § 280 BGB), nicht aber eine Minderung in Betracht. Nach einer Minderheitsmeinung ist eine Lohnminderung wegen Teilunmöglichkeit möglich.

Soweit der Arbeitnehmer dem Arbeitgeber aus Vertrag oder aus unerlaubter Handlung haftet, erfolgt eine Haftungsbeschränkung nach den Grundsätzen des innerbetrieblichen Schadensausgleichs (s. Aufbauschema Nr. 8).

Die Haftungsbeschränkung nach den Grundsätzen des innerbetrieblichen Schadensausgleichs gilt nicht für die Haftung des Arbeitnehmers gegenüber außenstehenden Dritten. Der Arbeitnehmer hat aber einen Freistellungsanspruch gegen seinen Arbeitgeber (entsprechend der Haftung im Verhältnis Arbeitgeber/Arbeitnehmer).

Bei Arbeitsunfällen wird die Haftung des Arbeitgebers durch § 104 Abs. 1 SGB VII beschränkt oder ausgeschlossen. Ein Haftungsausschluss besteht auch bei Ansprüchen von einem Arbeitnehmer gegen seinen Arbeitskollegen aus Arbeitsunfällen gemäß § 105 Abs. 1 SGB VII. Stattdessen gilt eine sozialversicherungsrechtliche Lösung (Sachschäden werden davon nicht erfasst; Schmerzensgeldansprüche entfallen).

Zur Haftung für Eigenschäden des Arbeitnehmers s. Aufbauschema Nr. 9.

---

48 Allgemein zur Auswirkung der Schuldrechtsreform auf das Arbeitsrecht oben 1. Teil V.

Aufbauschema Nr. 8:

Innerbetrieblicher Schadensausgleich

1. Anspruchsgrundlage: Schadensersatzanspruch gegenüber dem Arbeitnehmer, alternativ aus:
   - §§ 280 Abs. 1 und 3, 283 BGB
   - § 280 Abs. 1 BGB
   - § 823 Abs. 1 BGB
   - § 823 Abs. 2 BGB i.V.m. Schutzgesetz

   Merke: Alle tatbestandlichen Voraussetzungen müssen erfüllt sein (h.M.). Nach Minderheitsmeinungen gelten Besonderheiten beim Anspruchstatbestand:
   - keine Pflichtverletzung
   - keine Rechtswidrigkeit
   - evtl. kein Verschulden, besonderer Fahrlässigkeitsmaßstab im Arbeitsrecht

2. anschließend: Haftungsbeschränkung oder Haftungsausschluss, Grundlage § 254 BGB analog

   a) besonderer Zurechnungsgrund i.S. des § 254 BGB
      - Fürsorgepflicht (BAG früher)
      - Betriebsrisikogedanke (BAG heute, teilweise in der Literatur)
      - duales Modell der Erwerbstätigkeit (Wank)

   b) Voraussetzungen der Haftungsbeschränkung
      aa) Gefahrgeneigte Arbeit
          früher h.M.: Das Merkmal ist erforderlich; auf dieser Grundlage entweder abstrakte oder konkrete Betrachtung
          heute h.M.: Das Merkmal ist verzichtbar, statt dessen gilt das Merkmal »betrieblich veranlasste Tätigkeit«
      bb) Verschuldensmaßstab
          herrschende Meinung: subjektiver Maßstab
          Minderheitsmeinung: objektiver Maßstab
          (*Deutsch, Kohte, Naendrup*)

cc) Verschulden
  Bei *Vorsatz* nach allen Meinungen keine Haftungsbeschränkung
  Bei *grober Fahrlässigkeit*
  (1) nach h. M. volle Haftung
  (2) nach a. A. Haftungsbeschränkung
  Bei *leichter Fahrlässigkeit*
  (1) BAG und ein Teil der Literatur: Schadensteilung
  (2) ein Teil der Literatur: Haftungsausschluss
  Bei *leichtester Fahrlässigkeit*
  keine Haftung
3. Rechtsfolge: Der Schaden ist zu ersetzen

7. Ausgangsfall
»Stellenweise Glatteis«

Als für einen wichtigen Termin in Stuttgart ein Fahrer ausfällt, bittet Arbeitgeber Meier den Arbeiter Neumann ausdrücklich, er möge in seinem (Neumanns) geräumigen Pkw nach Stuttgart fahren und den Kollegen Lindner sowie ein Vorführgerät mitnehmen. Da sich nachts stellenweise Glatteis gebildet hatte, verursachte Neumann durch vorübergehende Unachtsamkeit einen Unfall auf der Strecke, bei dem er und Lindner verletzt und das Vorführgerät zerstört wurden.

Ebenfalls auf Glatteis verursachte der Mitarbeiter Schulz einen Unfall. Auch ihn hatte Meier gebeten, nach Stuttgart zu fahren. Er hatte ihm freigestellt, dafür gegen Kilometergeld den eigenen Pkw zu benutzen oder mit der Bahn zu fahren.

Folgende Ansprüche werden geltend gemacht:
1. Neumann gegenüber Meier: € 2 000 Lohnfortzahlung für die Zeit der krankheitsbedingten Abwesenheit sowie Ersatz des Schadens am Pkw in Höhe € 3 000.
2. Lindner gegenüber Neumann: Ersatz der Kosten für Kleidung im Werte von € 250. Neumann meint, Lindner solle sich an Meier halten.
3. Schulz gegenüber Meier: Ersatz des Schadens an seinem Pkw in Höhe von 7 000 €.
4. Meier gegenüber Neumann: Ersatz des bei dem Unfall zerstörten Vorführgeräts.

Mit Recht?

Lösung

Vorüberlegungen

Der Fall erfasst zwei Problemkreise: einen Personenschaden mit der Folge eines Lohnfortzahlungsanspruchs und eine Reihe von Sachschäden.

Bei den Sachschäden geht es zum einen um Fremdschäden, und zwar um Fremdschäden des Arbeitgebers und um Fremdschäden eines anderen Mitarbeiters. Zum anderen sind Eigenschäden an den Pkw der Mitarbeiter betroffen. Da der Sachverhalt insoweit zu Neumann und Schulz unterschiedliche Angaben macht, kommt es anscheinend für die rechtliche Würdigung darauf an.

Ausarbeitung

A. Ansprüche des Neumann gegen Meier

I. Anspruch auf Lohnfortzahlung

N könnte gegen M einen Anspruch aus § 3 EFZG i.V.m. § 611 BGB haben. Grundsätzlich hat N gegen M einen Lohnzahlungsanspruch für geleistete Arbeit aus § 611 BGB. § 3 EFZG ordnet für bestimmte Fälle das Fortbestehen des Anspruchs trotz Nichtleistung der Arbeit an.

N war infolge von Krankheit an seiner Arbeitsleistung gehindert. Ferner darf ihn nach § 3 Abs. 1 Satz 1 EFZG hieran kein Verschulden treffen. Das erscheint hier fraglich. Versteht man »Verschulden« i.S. des § 276 BGB, so wäre hier ein Verschulden zu bejahen. N hat, obwohl stellenweise Glatteis herrschte, seine Fahrweise nicht entsprechend eingerichtet und damit fahrlässig gehandelt.

Der Verschuldensbegriff in § 3 EFZG wird jedoch anders verstanden. Ein Verschulden i.S. dieser Vorschrift liegt dann vor, wenn die Arbeitsunfähigkeit auf einem gröblichen Verstoß gegen das von einem verständigen Menschen im eigenen Interesse zu erwartende Verhalten zurückzuführen ist.[1] Bei Verkehrsunfällen wird Verschulden i.S. dieser Vorschrift nur bei einem grob fahrlässigen Verhalten angenommen. Das liegt zwar z.B. dann vor, wenn jemand ohne ersichtlichen Grund als Kraftfahrer von der Straße abkommt, nicht aber dann, wenn der Unfall, wie hier, auf Glatteis beruht. Deshalb liegt hier kein Verschulden i.S. dieser Vorschrift vor.

N hat daher für den Zeitraum der Krankheit bis zu 6 Wochen (§ 3 Abs. 1 Satz 1 EFZG) einen Anspruch in Höhe des für ihn maßgeblichen regelmäßigen Arbeitsentgelts, § 4 Abs. 1 Satz 1 EFZG. Wenn die € 2 000 dem nach Zeitdauer und Höhe entsprechen, ist der Anspruch des N begründet.

II. Anspruch auf Ersatz der Schäden am Pkw

1. N könnte gegen M einen Anspruch auf Ersatz des Schadens in Höhe von 3 000 € haben, der an seinem Pkw entstanden ist. Als Anspruchsgrundlage kommt § 670 BGB analog in Betracht.

---

1 BAG AP Nr 13 zu § 1 ArbKrankhG; *Schaub*, Arbeitsrechts-Handbuch, § 98 II 6, Rn 31; an dieser Interpretation hat sich durch die Neuregelung im Entgeltfortzahlungsgesetz gegenüber dem Lohnfortzahlungsgesetz nicht geändert; s *Schliemann*, AuR 1994, S 317, 320.

Grundsätzlich ist diese Vorschrift im Falle eines Eigenschadens des Arbeitnehmers anwendbar.[2]

Für Fahrten des Arbeitnehmers mit seinem eigenen Pkw könnte jedoch etwas anderes gelten. Die Gleichstellung eines Schadens mit einer Aufwendung ist nur dann berechtigt, wenn die beschädigte Sache im Hinblick auf das Arbeitsverhältnis eingesetzt wurde. Wenn sich der Arbeitnehmer mit seiner Arbeitskleidung oder mit persönlichen, unentbehrlichen Gegenständen oder mit eigenem Werkzeug an den Arbeitsplatz begibt, ist dieser Bezug zum Arbeitsverhältnis deutlich. Wenn der Arbeitnehmer dagegen eine Fahrt mit seinem eigenen Pkw unternimmt, braucht dieser Bezug nicht unbedingt vorzuliegen. Man wird daher danach unterscheiden müssen, ob die Benutzung des eigenen Pkw überwiegend im dienstlichen oder im eigenen Interesse des Arbeitnehmers erfolgte.

Im vorliegenden Fall war N zwar nicht kraft Arbeitsvertrages verpflichtet, seinen eigenen Pkw dienstlich einzusetzen. M hat N jedoch ausdrücklich um Benutzung seines eigenen Pkw für dienstliche Zwecke gebeten. Das war notwendig, weil N auch noch L und ein Vorführgerät mitnehmen sollte und weil der vorgesehene Fahrer ausgefallen war. In diesem Fall ergibt sich der deutliche Bezug zum Arbeitsverhältnis aus der ausdrücklichen Aufforderung und dem alleinigen Interesse des M, dass N seinen eigenen Pkw benutzt. Deshalb ist in diesem Fall § 670 BGB analog anzuwenden.[3]

2. Allerdings könnte der Ersatzanspruch teilweise entfallen, weil N den Unfall durch eigene Unachtsamkeit verursacht hat. § 254 BGB ist im Rahmen der analogen Anwendung des § 670 BGB analog anwendbar.[4] Bei Fahrlässigkeit findet, wenn man sich der in der neueren Rechtsprechung des BAG und von einem Teil der Literatur vertretenen Ansicht anschließt, eine Schadenstellung statt.[5]

Nach diesen Grundsätzen ist das Verschulden des N anspruchsmindernd zu berücksichtigen. Angesichts der Tatsache, dass sich auf der Fahrbahn

---

2 BAG AP Nr 2, 6 und 9 zu § 611 BGB Gefährdungshaftung des Arbeitgebers (an dieser Stelle müssten Sie in der Fallbearbeitung die Ausführungen aus Fall 6 unter D.I., II., einfügen).

3 Vgl BAG AP Nr 6 zu § 611 BGB Gefährdungshaftung des Arbeitgebers; *Hanau/Adomeit*, Arbeitsrecht, Rn 694; *Koller*, Anm SAE 1989, S 205, 296 (zu II 1 b), 208 (zu III 4); *Zöllner/Loritz*, Arbeitsrecht, § 19 I 2, S 251.

4 An dieser Stelle müssen Sie in Ihre Lösung die in Fall 6 unter D. III. angestellten Überlegungen einfügen.

5 An dieser Stelle müssen Sie in Ihrer Lösung auf die in Fall 6 unter A. I. 2. dargestellte Kontroverse eingehen.

Glatteis gebildet hatte, ist das Verschulden des N bei der Aufteilung der Haftungsquote gering zu veranschlagen.

N hat gegen M einen nach § 254 BGB analog geminderten Anspruch aus § 670 analog.

B. Anspruch des Lindner gegen Neumann

Ein Anspruch des L gegen N kann sich aus § 823 Abs. 1 BGB ergeben.

I. Kein Ausschluss nach § 105 SGB VII

Ein solcher Anspruch ist hier nicht durch § 105 SGB VII ausgeschlossen, da es sich um einen Sachschaden handelt.

N hat das Eigentum des L an dessen Kleidung verletzt. Das geschah rechtswidrig und schuldhaft. L ist dadurch ein Schaden in Höhe von 250 € entstanden.

II. Haftungsausschluss im Außenverhältnis?

Der Anspruch des L gegen N könnte jedoch eingeschränkt sein, wenn die Grundsätze des innerbetrieblichen Schadensausgleichs auch hier eingreifen. Eine Abweichung besteht hier darin, dass der Arbeitnehmer nicht seinen Arbeitgeber, sondern einen Dritten geschädigt hat.

Teilweise wird die Ansicht vertreten, dass eine Haftungsbeschränkung beim Arbeitnehmer nach den Grundsätzen des innerbetrieblichen Schadensausgleichs auch dann eintrete, wenn der Arbeitnehmer von einem Dritten in Anspruch genommen wird.[6] Die ganz überwiegende Meinung lehnt das mit Recht ab.[7] Ob für Ansprüche eines Betriebsmittelgebers etwas anderes gilt,[8] braucht hier nicht entschieden zu werden. Der Dritte braucht sich Interna aus der Beziehung zwischen Arbeitgeber und Arbeitnehmer nicht entgegenhalten zu lassen. Will man den Arbeitnehmer auch im Bereich

---

6 *Drewitz*, Der Grundsatz: Die Versicherung folgt der Haftung, 1977, S 203 ff; *Eberlein*, BB 1989, S 621, 624 f.

7 BGH AP Nr 99 zu § 611 BGB Haftung des Arbeitnehmers; *Heinze*, NZA 1986, S 545, 549; *Otto*, Gutachten E zum 56. DJT, 1986, S 72, 74; *Otto/Schwarze*, Die Haftung des Arbeitnehmers, 3. Aufl 1998, Rn 473; *Schaub*, Arbeitsrechts-Handbuch, § 52 VII 1 a, Rn 89.

8 So *Baumert*, Festschrift für Wengler, 1973, S 129, 142 f; *Denck*, JZ 1990, S 175 ff; *Gamillscheg*, Anm AuR 1990, S 167 f; *Rieble*, Anm zu BGH, EzA § 611 BGB Gefahrgeneigte Arbeit Nr 24; a A BGH AP Nr 99 zu § 611 BGB Haftung des Arbeitnehmers.

der Außenhaftung schützen, kann das nur über Freistellungsansprüche oder über Ausgleichsansprüche gegen den Arbeitgeber geschehen. Das bedeutet hier, dass N von M insoweit eine Freistellung von Ansprüchen des L gegen ihn nach § 670 BGB analog verlangen kann, als nach den Grundsätzen des innerbetrieblichen Schadensausgleichs der Arbeitgeber den Schaden zu tragen hat, und dass er im Übrigen den Schaden selbst tragen muss.[9] Das ändert aber nichts daran, dass er dem Dritten den vollen Schaden ersetzen muss.

Etwas anderes ergibt sich auch nicht in den Fällen der Schädigung eines Arbeitskollegen; auch der Arbeitskollege ist vielmehr Dritter i. S. dieser Grundsätze.

L hat einen Anspruch gegen N auf Ersatz der Kosten für Kleidung im Werte von 250 € nach §§ 823 Abs. 1, 249 BGB.

C. Anspruch des Schulz gegen Meier

S könnte gegen M einen Anspruch auf Ersatz des Schadens an seinem Pkw in Höhe von 7 000 € aus § 670 BGB analog haben.

Das setzt voraus, dass die Fahrt des S nach Stuttgart mit dem eigenen Pkw überwiegend zur betrieblichen Sphäre und nicht zur persönlichen Lebenssphäre des S gehörte. S war aber weder kraft des Arbeitsvertrages zur Stellung des eigenen Pkw verpflichtet noch hat ihn M ausdrücklich darum gebeten. Ein eindeutiger Bezug zum Arbeitsverhältnis liegt deshalb nicht vor. Auf der anderen Seite war es aber auch dienstlich erwünscht, dass S den eigenen Pkw benutzte. M wollte S für diesen Fall Kilometergeld erstatten. Aus der Sicht des M hätte S allerdings auch ebenso gut mit der Bahn fahren können. In einem solchen Fall müssen gegenüber der Benutzung eines Pkw auf dienstliche Anweisung weitere Voraussetzungen im Hinblick auf eine dienstliche Duldung oder Erwünschtheit hinzukommen, damit das Schadensrisiko auf den Arbeitgeber verlagert werden kann.

Die Rechtsprechung hielt zunächst auch bei Unfällen mit eigenem Pkw an der Entscheidung des Großen Senats des BAG[10] zum Ersatz von Eigenschäden im Allgemeinen fest. Danach kam ein Ersatz nur in Betracht, wenn es sich um eine gefährliche Arbeit und einen außergewöhnlichen Schaden handelte.[11]

---

9 Vgl *Otto/Schwarze* (o Fn 7), Rn 475, 478, 480.
10 BAG GS AP Nr 2 zu § 611 BGB Gefährdungshaftung des Arbeitgebers.
11 BAG AP Nr 5 zu § 611 BGB Gefährdungshaftung des Arbeitgebers.

Diese Verknüpfung ist jedoch inkonsequent. Wenn die Fahrt mit dem Pkw keinen dienstlichen Bezug aufweist, dann kann auch die Gefährlichkeit und die Schadenshöhe keine Schadensverlagerung auf den Arbeitgeber bewirken. Vielmehr müssen für die Fälle der Dienstfahrt eigene Kriterien zugrundegelegt werden.

Richtig ist daher ein neues vom BAG herangezogenes Abgrenzungskriterium, das an den dienstlichen Bezug anknüpft. Danach haftet der Arbeitgeber, wenn der Einsatz des eigenen Pkw ohne Vergütung im Betätigungsbereich des Arbeitgebers erfolgte und der Arbeitgeber sonst ein Dienstfahrzeug hätte stellen müssen. An dieser Haftungszuweisung ändert auch die Zahlung von Kilometergeld nichts, da damit nur die reinen Fahrtkosten –ersetzt werden. Dagegen haftet grundsätzlich der Arbeitnehmer, wenn ihm zur Abgeltung der mit der Arbeit verbundenen Gefahren eine darüber hinausgehende Vergütung gezahlt wird.[12] Auf diese Differenzierung braucht allerdings hier nicht eingegangen zu werden. Wäre S nämlich nicht mit dem eigenen Pkw gefahren, so hätte M nicht stattdessen für eine Pkw-Fahrt sorgen müssen, sondern den S auf die Bahnfahrt verwiesen. Die Benutzung des eigenen Pkw geschah daher vorrangig im Interesse des S. Auf dieser Fahrt entstandene Schäden muss S selbst tragen.

S hat gegen M keinen Ersatzanspruch aus § 670 BGB analog.

D. Anspruch des Meier gegen Neumann wegen des Vorführgeräts

I. § 280 BGB

M kann gegen N einen Anspruch aus § 280 Abs. 1 Satz 1 i. V. m. § 241 Abs. 2 BGB auf Schadensersatz wegen des zerstörten Vorführgerätes haben.

N hat die ihm vertraglich obliegende nicht leistungsbezogene Nebenpflicht verletzt, Eigentum des Arbeitgebers nicht zu beschädigen. Die Pflichtverletzung erfolgte rechtswidrig und schuldhaft, § 280 Abs. 1 Satz 2 i. V. m. § 276 BGB. M ist ein Schaden am Vorführgerät entstanden.[13]

Hier greifen jedoch nach § 254 BGB analog die Grundsätze über den innerbetrieblichen Schadensausgleich ein. N handelte im Rahmen einer betrieblichen Tätigkeit, da er den eigenen Pkw auf ausdrückliche Bitte des

---

12   BAG AP Nr 6 zu § 611 BGB Gefährdungshaftung des Arbeitgebers, Bl 381; s auch *Brox*, Anm dazu, Bl 383.
13   § 619a BGB hat auf dieses Ergebnis keinen Einfluss, da es sich bei der Vorschrift lediglich um eine Regelung zur Beweislast handelt; vgl *Oetker*, BB 2002, S 43 ff.

M einsetzte, und er handelte nur leicht fahrlässig. Insofern findet daher eine Schadensteilung statt.

M hat gegen N nur einen eingeschränkten Anspruch auf Ersatz des Schadens am Vorführgerät.

II. § 823 Abs. 1 BGB

Die tatbestandlichen Voraussetzungen des § 823 Abs. 1 BGB sind zwar im vorliegenden Falle erfüllt, jedoch besteht auch hier nach den Grundsätzen des innerbetrieblichen Schadensausgleichs nur ein eingeschränkter Ersatzanspruch des M gegen N.

Aufbauschema Nr. 9:

Haftung des Arbeitgebers bei Eigenschaden des Arbeitnehmers
1. Fallgruppen
   a) persönliche, unentbehrliche Gegenstände (z. B. Mantel, Handtasche) –
      Arbeitgeber haftet
   b) persönliche Gegenstände, aber Luxus (z. B. Pelzmantel) –
      Arbeitgeber haftet nicht
   c) unmittelbar arbeitsdienliche Gegenstände (z. B. Werkzeug) –
      Arbeitgeber haftet
   d) mittelbar arbeitsdienliche Gegenstände (z. B. eigener Pkw) –
      es gelten besondere Grundsätze, s. unten 3.
2. Anspruchsgrundlage im Falle einer Haftung des Arbeitgebers (alternativ)
   a) Verletzung der Fürsorgepflicht
   b) Grundsätze der Haftung bei gefahrgeneigter Arbeit
   c) Gefährdungshaftung
   d) Betriebsrisikolehre
   e) Aufopferung
   f) § 670 BGB analog (BAG und h. M.)
      – eigentlich nur für Auftrag, aber entsprechende Anwendung auf
        Arbeitsvertrag
      – eigentlich nur für Aufwendungen, aber entsprechende Anwendung
        auf Schaden
      – zusätzliche Voraussetzungen nach BAGE 12, S. 15, 26 ff.:
        – gefährliche Arbeit
        – außergewöhnlicher Schaden
          (heute wohl aufzugeben)
      – bei Mitverschulden des Arbeitnehmers § 254 BGB analog (str.)
3. Besonderheiten bei Schaden am eigenen Pkw des Arbeitnehmers auf
   einer Dienstfahrt; Anspruchsgrundlage § 670 BGB analog (s. oben unter
   2. f))
   a) – Voraussetzungen des § 670 BGB analog
   b) – Benutzung des privaten Pkw auf Anordnung des Arbeitgebers
      oder
      – gefährliche Arbeit und besonders hoher Schaden oder
      – (so die neuere Rechtsprechung)
        Benutzung des eigenen Pkw mit Billigung des Arbeitgebers ohne
        besondere und angemessene Vergütung, wenn der Arbeitgeber sonst
        sein eigenes Fahrzeug hätte einsetzen müssen

8. Ausgangsfall »Nachfragerückgang«

Der Unternehmer U in Bochum stellt Fahrräder her. Da Räder mit 10-Gang-Schaltung derzeit weniger gekauft werden, möchte U von den in der entsprechenden Abteilung in der Fahrradherstellung arbeitenden 50 Arbeitnehmern 27 kündigen. Der Betriebsrat ist zu den beabsichtigten Kündigungen ordnungsgemäß angehört worden. Er hat jedoch keine Stellungnahme abgegeben.

Von diesen 27 könnten aufgrund ihrer Ausbildung und ihrer Fähigkeiten drei (A, B, C) in der Nachbarabteilung desselben Betriebs weiterarbeiten. Dort werden Mopeds hergestellt, die reißenden Absatz finden. Für A und B sind dort geeignete Arbeitsplätze frei. Für 5 weitere Arbeitnehmer (D–H) ergäbe sich im Essener Betrieb des U eine Weiterbeschäftigungsmöglichkeit zu im übrigen gleichen Arbeitsbedingungen. 5 andere (I–M) könnten im Unternehmen V zu gleichen Bedingungen beschäftigt werden, das ebenso wie das des U zum gleichen Konzern gehört. Für die weiteren 14 Arbeitnehmer gibt es keine Weiterbeschäftigungsmöglichkeit.

A könnte nur nach einer Umschulung von einem halben Jahr weiterarbeiten. B könnte nur zu schlechteren Arbeitsbedingungen als bisher beschäftigt werden; damit hat er sich auch vor Ausspruch der Kündigung durch U einverstanden erklärt. C, der 60 Jahre alt ist, 3 Kinder hat und seit 30 Jahren bei U arbeitet, könnte in der Nachbarabteilung nur dann weiterarbeiten, wenn dem dort beschäftigten S (20 Jahre, ledig, seit einem Jahr bei U) gekündigt würde; C und S haben dieselbe Ausbildung und sind als Arbeiter bei U eingestellt worden.

Alle Arbeitnehmer könnten vorübergehend, für maximal weitere drei Monate, bleiben, wenn U in seinem gesamten Betrieb Kurzarbeit einführen würde. Der Betriebsrat lehnt das jedoch ab.

Die seit mehr als 6 Monaten bei U beschäftigten A, B, C, D und I klagen vor dem zuständigen Arbeitsgericht zwei Wochen nach Zugang der Kündigungserklärung auf Feststellung, dass ihr Arbeitsverhältnis mit U durch die bezeichnete Kündigung nicht aufgelöst wurde. Mit Erfolg?

Bearbeitungshinweis: Auf §§ 17 ff. KSchG ist nicht einzugehen.

Lösung

Vorüberlegungen

Fünf Arbeitnehmer haben hier eine Feststellungsklage in Form der Kündigungsschutzklage gem. § 4 KSchG erhoben. Zu jedem dieser fünf Arbeitnehmer enthält der Sachverhalt unterschiedliche Angaben; von daher ist eine getrennte Prüfung für jeden einzelnen Arbeitnehmer geboten. Das Problem der Kurzarbeit als Alternative stellt sich für alle fünf. Es sollte daher bei A angesprochen werden, bei den anderen kann darauf verwiesen werden. Im Übrigen geht es um die Weiterbeschäftigung auf einem anderen Arbeitsplatz als Alternative zur Entlassung. Dazu muss man sich zuerst mit der Systematik des § 1 KSchG vertraut machen.

Ausarbeitung

A. Die Kündigungsschutzklage des A

I. Zulässigkeit

Die Kündigungsschutzklage des A ist vor dem zuständigen Arbeitsgericht erhoben worden.

Hinweis: Angesichts des eindeutigen Sachverhalts sind nähere Ausführungen zu §§ 2 Abs. 1 Nr. 3b, 5, 46 Abs. 2, 29 Abs. 2 und 8 Abs. 1 ArbGG überflüssig. Für Erörterungen zur Parteifähigkeit und zur Prozessfähigkeit besteht ebenfalls kein Anlass.

II. Begründetheit

Die Klage des A ist begründet, wenn das Arbeitsverhältnis zwischen A und U durch die genannte Kündigung nicht aufgelöst worden ist.

1. Anhörung des Betriebsrats

Die Kündigung gegenüber A ist nicht schon wegen § 102 Abs. 1 Satz 3 BetrVG unwirksam, denn der Betriebsrat ist ordnungsgemäß angehört worden. Dass er keine Stellungnahme abgegeben hat, ist, wie § 102 Abs. 2 Satz 2 BetrVG zeigt, für die Wirksamkeit der Kündigung unerheblich.

2. Sozialwidrigkeit nach § 1 KSchG

Die Kündigung könnte aber nach § 1 KSchG sozialwidrig sein.

a) Anwendbarkeit des Kündigungsschutzgesetzes

Das Kündigungsschutzgesetz ist hier anwendbar, denn bei U sind mehr als 5 Arbeitnehmer beschäftigt, § 23 Abs. 1 Satz 2, 3 KSchG, und A ist bereits mehr als 6 Monate als Arbeitnehmer bei U beschäftigt, § 1 Abs. 1 KSchG.

b) Einhaltung der Klagefrist

Die Kündigung durch U ist auch nicht gem. §§ 4, 7 KSchG wirksam geworden, da A zwei Wochen nach Zugang der Kündigungserklärung Klage erhoben hat.

Hinweis: Es ist streitig, ob die Einhaltung der 3-Wochen-Frist die Zulässigkeit oder die Begründetheit betrifft. Hier wird mit der h. L. von einer materiellrechtlichen Wirkung ausgegangen.[1] Wer hier anders entscheidet, muss das Problem im Rahmen der Zulässigkeit prüfen.

c) Betriebsbedingte Kündigung

Die Kündigungsschutzklage des A ist unbegründet, wenn die Kündigung durch U i. S. des § 1 Abs. 2 KSchG sozial gerechtfertigt ist. Im vorliegenden Fall kann eine betriebsbedingte Kündigung nach § 1 Abs. 2 Satz 1 KSchG vorliegen.

aa) Ein betriebliches Erfordernis für die Kündigung ergibt sich daraus, dass die Nachfrage nach Fahrrädern mit 10-Gang-Schaltung zurückgegangen ist.[2] U hat deshalb die unternehmerische Entscheidung getroffen, die Produktion zu drosseln und 27 Arbeitnehmern der entsprechenden Abteilung zu kündigen. Die Entscheidung des U zieht die Konsequenzen aus dem geringeren Arbeitskräftebedarf.[3] Auch der Arbeitsplatz des A ist von der unternehmerischen Entscheidung betroffen.[4] Die Entscheidung des U, dem Nachfragerückgang durch Abbau von Arbeitsplätzen Rechnung zu tragen, ist nicht offenbar willkürlich[5] und daher als Datum hinzunehmen.

---

1 S für alle KR-*Friedrich*, § 4 KSchG, Rn 217 ff.
2 Vgl MünchArbR-*Berkowsky*, § 138, Rn 57 ff.
3 Vgl APS-*Kiel*, § 1 KSchG, Rn 477; *v Hoyningen-Huene/Linck*, § 1 KSchG, Rn 129 a, 367 a; KR-*Etzel*, § 1 KSchG, Rn 568 f.
4 Vgl BAG AP Nr 24 zu § 1 KSchG 1969 Betriebsbedingte Kündigung; *v Hoyningen-Huene/Linck*, § 1 KSchG, Rn 372 a, 373; KR-*Etzel*, § 1 KSchG, Rn 554; MünchArbR-*Berkowsky*, § 138, Rn 46 ff.
5 Zur gerichtlichen Überprüfbarkeit der unternehmerischen Entscheidung s *v Hoyningen-Huene/Linck*, § 1 KSchG, Rn 371 ff; KR-*Etzel*, § 1 KSchG, Rn 521 ff; MünchArbR-*Berkowsky*, § 138, Rn 12 ff, 35 ff.

Voraussetzung für die soziale Rechtfertigung ist jedoch ein *dringendes* betriebliches Erfordernis. Das wurde teilweise als Hinweis darauf verstanden, dass eine Interessenabwägung erforderlich ist. Heute ist dagegen anerkannt, dass über die gesetzliche Regelung hinaus jedenfalls bei der betriebsbedingten Kündigung keine Interessenabwägung stattzufinden hat.[6] Das Merkmal »dringend« nimmt demgegenüber auf das Verhältnismäßigkeitsprinzip[7] Bezug. Ein dringendes betriebliches Erfordernis liegt nur dann vor, wenn die Kündigung gegenüber diesem Arbeitnehmer ein geeignetes und erforderliches Mittel ist; an der Erforderlichkeit fehlt es, wenn es gegenüber der Kündigung ein milderes Mittel gibt. Allerdings ist bei der weiteren Prüfung zu berücksichtigen, dass das Gesetz selbst das Verhältnismäßigkeitsprinzip dadurch konkretisiert hat, dass es einige Alternativen zur Kündigung ausdrücklich normiert.[8]

bb) Als milderes, im Gesetz normiertes Mittel gegenüber einer Kündigung kommt hier eine Weiterbeschäftigung des A in demselben Betrieb gem. § 1 Abs. 2 Satz 2 Nr. 1b, Satz 3 KSchG in Betracht.

Nach dem Wortlaut des Gesetzes ist diese Weiterbeschäftigungsmöglichkeit allerdings nur dann beachtlich, wenn der Betriebsrat der Kündigung widersprochen hat. Das ist hier nicht geschehen.

Nach einer Ansicht braucht in einem solchen Fall die Weiterbeschäftigungsmöglichkeit nicht berücksichtigt zu werden.[9] Das ergebe sich im Umkehrschluss aus dem Wortlaut des Gesetzes.

Einige Autoren vertreten diese Ansicht nur für den Fall, dass in dem Betrieb überhaupt ein Betriebsrat existiert.[10] Da hier ein Betriebsrat bei U besteht, der aber keine Stellungnahme abgegeben hat, käme es nach dieser Ansicht auf eine Weiterbeschäftigungsmöglichkeit nicht an.

Nach der h. M. ist eine Weiterbeschäftigungsmöglichkeit auch dann beachtlich, wenn es an einem Widerspruch des Betriebsrats fehlt. Das ergebe sich aus der Entstehungsgeschichte und aus dem Sinn des Gesetzes. Die

---

6   APS-*Kiel*, § 1 KSchG, Rn 561; *Ascheid*, Kündigungsrecht, 1993, Rn 205 ff; *Bitter/ Kiel*, RdA 1994, S 333, 336 ff; *v Hoyningen-Huene/Linck*, § 1 KSchG, Rn 137, 371 d; *Backmeister/Trittin*, KSchG, 2000, § 1, Rn 114; KR-*Etzel*, § 1 KSchG, Rn 547 ff; *Wank*, RdA 1987, S 129, 136.

7   *Ascheid* (o Fn 6), Rn 284 ff; *v Hoyningen-Huene/Linck,* § 1 KSchG, Rn 378; KR-*Etzel*, § 1 KSchG, Rn 528; MünchArbR-*Berkowsky*, § 130, Rn 58 ff; *Wank*, RdA 1987, S 129, 136 mwN Fn 62.

8   *Ascheid* (o Fn 6), Rn 205 ff; *Wank*, RdA 1987, S 129, 137.

9   *Meisel*, DB 1972, S 1675, 1679.

10   *Reuter*, JuS 1985, S 821, 822; *Wagener*, BB 1972, S 1373, 1374 f.

Gesetzesänderung, die zur Einfügung des § 1 Abs. 2 Satz 2 Nr. 1b KSchG führte, sollte die Rechtsstellung des Arbeitnehmers verbessern: Über den individuellen Kündigungsschutz hinaus sollte ein weiterer Schutz kollektivrechtlicher Art eingeführt werden. Dadurch sollte aber der durch die Rechtsprechung bereits entwickelte individualrechtliche Schutz nicht verdrängt werden.[11]

Dieser Ansicht ist zu folgen. Hätte der Gesetzgeber eine Verschlechterung des individualrechtlichen Kündigungsschutzes beabsichtigt, so wäre dies im Gesetzgebungsverfahren zum Ausdruck gekommen.

Hinweis: Wenn man an diesem Punkt der Minderheitsmeinung folgt, ist die weitere Prüfung an dieser Stelle beendet. – Es bleibt dem Klausurbearbeiter unbenommen, sich – mit Gründen – der einen oder der anderen Meinung anzuschließen. Allerdings ist es ohne Verstoß gegen das eigene Rechtsgefühl möglich, sich – und sei es zu Übungszwecken – der Meinung anzuschließen, die zur Behandlung der weiteren Probleme der Arbeit führt.

A könnte in der Nachbarabteilung desselben Betriebes weiterbeschäftigt werden. Zwar bedarf es dazu bei A einer Umschulung; doch gilt § 1 Abs. 2 Satz 2 Nr. 1b KSchG gem. § 1 Abs. 2 Satz 3 KSchG entsprechend auch in einem derartigen Fall. Das Gesetz verlangt aber des Weiteren, dass die Umschulungsmaßnahme zumutbar ist. Eine Umschulung, die, wie bei A, ein halbes Jahr dauert, ist jedoch sowohl für den Arbeitnehmer als auch für den Arbeitgeber nicht zumutbar.[12] Diese Weiterbeschäftigungsmöglichkeit ist daher außer Betracht zu lassen. Damit ist die Kündigung nicht schon wegen Verstoßes gegen § 1 Abs. 2 Satz 2 Nr. 1b, Satz 3 KSchG unwirksam.

cc) Als milderes Mittel gegenüber einer Kündigung kommt hier außerdem in Betracht, dass U in seinem Betrieb Kurzarbeit einführt.

Allerdings sieht § 1 KSchG diese konkrete Alternative nicht vor. Im Übrigen hat hier der Betriebsrat die Einführung von Kurzarbeit abgelehnt.

(1) Nach einer Meinung ist der Arbeitgeber – sei es wegen der nach § 1 Abs. 2 KSchG erforderlichen Interessenabwägung, sei es wegen des Verhältnismäßigkeitsprinzips – verpflichtet, Kurzarbeit einzuführen, soweit das

---

11 BAG AP Nr 2 zu § 1 KSchG 1969; BAG AP Nr 21 zu § 1 KSchG 1969 Betriebsbedingte Kündigung; *v Hoyningen-Huene/Linck*, § 1 KSchG, Rn 143; KR-*Etzel*, § 1 KSchG, Rn 218, 545.
12 Vgl BAG AP Nr 18 zu § 1 KSchG Betriebsbedingte Kündigung; *Bitter/Kiel*, RdA 1994, S 333, 339 ff, 344; *v Hoyningen-Huene/Linck*, § 1 KSchG, Rn 399; MünchArbR-*Berkowsky*, § 140 Rn 21.

tatsächlich möglich und rechtlich zulässig ist. Wenn der Betriebsrat die Einführung von Kurzarbeit ablehnt, müsse der Arbeitgeber die Einigungsstelle anrufen.[13] – Da U nicht gegen die Ablehnung durch den Betriebsrat vorgegangen ist, wäre nach dieser Meinung die Kündigung hier nicht sozial gerechtfertigt und damit unwirksam.

(2) Nach einer anderen Meinung ist der Arbeitgeber nur dann zur Einführung von Kurzarbeit zur Vermeidung der Sozialwidrigkeit der Kündigung verpflichtet, wenn der Betriebsrat der Einführung gem. § 87 Abs. 1 Nr. 3 BetrVG zustimmt.[14] – Nach dieser Auffassung ist die Kündigung nicht deshalb unwirksam, weil U keine Kurzarbeit eingeführt hat.

(3) Nach einer dritten Ansicht ist der Arbeitgeber im Hinblick auf § 1 Abs. 2 KSchG grundsätzlich nicht zur Einführung von Kurzarbeit verpflichtet. Auch die Tatsache, dass der Betriebsrat der Einführung von Kurzarbeit zustimmt oder sie gar ausdrücklich wünscht, ändert daran nichts. Ob Kurzarbeit eingeführt wird, ist Ausdruck einer unternehmerischen Entscheidung des Arbeitgebers, die gerichtlich nur auf Willkür überprüfbar ist.[15] Die Gegenansichten setzen sich mit dem Rechtssatz in Widerspruch, dass die unternehmerische Entscheidung, die letztlich zur Kündigung führt, einer gerichtlichen Kontrolle entzogen ist.[16] Da im vorliegenden Fall die Möglichkeit der Einführung von Kurzarbeit als milderes Mittel nicht zu berücksichtigen ist, scheidet nach dieser Ansicht eine Sozialwidrigkeit der Kündigung mit dieser Begründung aus. Zu dem gleichen Ergebnis kommt man, wenn man mit der neueren BAG-Rechtsprechung die Überprüfbarkeit der Alternative Kurzarbeit im Kündigungsschutzprozess verneint.[17]

(4) Der Meinungsstreit kann allerdings dahinstehen, wenn unabhängig von den kündigungsschutzrechtlichen Voraussetzungen jedenfalls die Voraussetzungen nach dem Arbeitsförderungsrecht nicht vorliegen.

Nach § 170 Abs. 1 Nr. 3 SGB III kann Kurzarbeit nur bei einem vorübergehenden Arbeitsausfall eingeführt werden.[18] Im Streitfall könnte die Ein-

---

13   KR-*Etzel*, § 1 KSchG, Rn 531.
14   *Löwisch*, Kündigungsschutzgesetz, 8. Aufl 2000, § 1, Rn 297.
15   APS-*Kiel*, § 1 KSchG, Rn 573; *Backmeister/Trittin*, § 1 KSchG, Rn 274; *Denck*, ZfA 1985, S 249, 261; *v Hoyningen-Huene/Linck*, § 1 KSchG, Rn 388 a; *Wank*, RdA 1987, S 129, 136, 142.
16   Vgl BAG AP Nr 9 zu § 1 KSchG 1969 Soziale Auswahl.
17   BAG AP Nr 3 zu § 87 BetrVG 1972 Kurzarbeit; Darstellung der Rechtsprechung bei MünchArbR-*Berkowsky*, § 138, Rn 149.
18   Dazu BAG AP Nr 9 zu § 1 KSchG 1969 Soziale Auswahl; *Denck*, Jura 1985, S 178, 180; *Löwisch*, Festschrift für Wiese, 1998, S 249, 255 f; *Wank*, RdA 1987, S 129, 143.

führung von Kurzarbeit jedoch nur dazu führen, dass die Arbeitnehmer für maximal weitere drei Monate beschäftigt werden könnten. Es ist aber nicht abzusehen, dass sich am Nachfragerückgang bei Rädern mit 10-Gang-Schaltung auf die Dauer etwas ändert. Somit ist eine Einführung von Kurzarbeit hier bereits nach § 170 SGB III nicht möglich.

Der Meinungsstreit zur Kurzarbeit im Zusammenhang mit § 1 Abs. 2 KSchG kann daher dahinstehen. Selbst wenn man grundsätzlich den Arbeitgeber auch gegen eine Ablehnung des Betriebsrats für verpflichtet hielte, die Einführung von Kurzarbeit durchzusetzen, bestünde jedenfalls im konkreten Fall eine derartige Verpflichtung des U nicht. Da weitere Gründe, aus denen die Kündigung unwirksam sein könnte, nicht vorliegen, ist die Kündigung gegenüber A wirksam.

Die Klage des A ist unbegründet.

B. Die Kündigungsschutzklage des B

Im Hinblick auf die grundsätzlichen Fragen kann auf das zu A. Ausgeführte verwiesen werden.

Als milderes Mittel kommt hier in Betracht, dass B zu veränderten, schlechteren Arbeitsbedingungen weiterbeschäftigt werden kann. B hat hier schon vor Ausspruch der Kündigung ein Angebot auf Weiterbeschäftigung auch zu schlechteren Bedingungen abgegeben. Eine solche Weiterbeschäftigung des B wäre möglich. Damit sind die Voraussetzungen des § 1 Abs. 2 Satz 3 a.E. KSchG erfüllt.[19] Die Kündigung gegenüber B ist sozial nicht gerechtfertigt und daher unwirksam.

Die Kündigungsschutzklage des B ist begründet.

C. Die Kündigungsschutzklage des C

I. Zulässigkeit

Zur Zulässigkeit ist auf das unter A. Ausgeführte zu verweisen.

II. Begründetheit

Im Hinblick auf die Weiterbeschäftigungsmöglichkeit für C ist hier entscheidend, ob nur freie Arbeitsplätze zu berücksichtigen sind oder auch solche Arbeitsplätze, die erst dadurch frei werden, dass einem anderen Arbeitnehmer gekündigt wird.

19　Vgl BAG AP Nr 2 zu § 1 KSchG 1969; APS-*Kiel*, § 1 KSchG, Rn 623; *v Hoyningen-Huene/Linck*, § 1 KSchG, Rn 400; KR-*Etzel*, § 1 KSchG, Rn 225.

1. Erfordernis eines freien Arbeitsplatzes

In Rechtsprechung und Literatur besteht allgemein Einigkeit darüber, dass der Arbeitnehmer nur einen Anspruch darauf hat, auf einem freien Arbeitsplatz weiter beschäftigt zu werden. Der Arbeitgeber braucht grundsätzlich nicht einen Arbeitsplatz frei zu kündigen.[20]

2. Freikündigung durch Sozialauswahl

Dennoch könnte C möglicherweise erreichen, dass der Arbeitgeber S zu seinen Gunsten kündigen und ihm den Arbeitsplatz des S zuweisen muss.

a) Auswahlrelevanter Personenkreis

Das setzt voraus, dass § 1 Abs. 3 KSchG auf diesen Fall anwendbar ist und dass die Sozialauswahl zu Gunsten des C zu entscheiden ist.

aa) Zweifelhaft ist, ob § 1 Abs. 3 KSchG diesen Fall erfasst. Die Vorschrift betrifft die Auswahl unter mehreren Personen, bei denen feststeht, dass nur noch Kündigungen möglich sind und bei denen sich nur noch die Frage stellt, wem zu kündigen ist. Hier geht es dagegen um die Auswahl unter mehreren Personen, die für eine Versetzung in Betracht kommen, also nicht um § 1 Abs. 3 KSchG, sondern um § 1 Abs. 2 KSchG.[21] Die h.M. wendet § 1 Abs. 3 KSchG jedoch auch auf diesen Fall an. Soweit sie sich unmittelbar auf § 1 Abs. 3 KSchG stützt, verstößt das gegen die systematische Auslegung des § 1 KSchG, der zwischen der Versetzung als milderem Mittel (§ 1 Abs. 2 KSchG) und der Kündigung (§ 1 Abs. 3 KSchG) unterscheidet und somit zwei unterschiedliche Auswahlprobleme betrifft.

Dagegen ist eine analoge Anwendung des § 1 Abs. 3 KSchG auf die Auswahl unter mehreren, für eine Versetzung in Betracht kommenden Arbeitnehmern möglich. Insoweit kann man darauf hinweisen, dass es um einen einheitlichen Vorgang geht, bei dem sowohl Versetzungen als auch Kündigungen stattfinden, so dass für beide Auswahlvorgänge die gleichen Maßstäbe gelten sollen.[22]

bb) Dann stellt sich des Weiteren die Frage, unter welchen Arbeitnehmern eine soziale Auswahl stattzufinden hat. § 1 Abs. 3 KSchG enthält dazu keine Aussage. Die h.M. löst das Problem mit Hilfe des ungeschriebenen

---

20 APS-*Kiel*, § 1 KSchG, Rn 600, 605; *v Hoyningen-Huene/Linck*, § 1 KSchG, Rn 394; KR-*Etzel*, § 1 KSchG, Rn 545.
21 So im Ansatz zutr APS-*Kiel*, § 1 KSchG, Rn 640 ff; KR-*Etzel*, § 1 KSchG, Rn 607.
22 BAG AP Nr 5 zu § 99 BetrVG 1972 Versetzung; APS-*Kiel*, § 1 KSchG, Rn 641.

Tatbestandsmerkmals der »Vergleichbarkeit«.[23] Vergleichbar in diesem
Sinne sind alle Arbeitnehmer, die dieselben Fähigkeiten haben und die der
Arbeitgeber kraft seines Direktionsrechts[24] umsetzen könnte. Die Sozialauswahl ist nach h. M. auf alle »vergleichbaren Arbeitnehmer« des Betriebs zu
erstrecken.[25] Insofern spiele es keine Rolle, worauf sich die Kündigungsursache oder der Kündigungsbeschluss beziehen. Es komme allein darauf
an, für welche Arbeitsaufgabe ein Arbeitnehmer eingestellt worden ist und
ob er nach Ausbildung und Fähigkeit dieselbe Arbeit verrichten könnte.

Legt man die h. M. zu den beiden o. g. Fragen zugrunde, so ist § 1 Abs. 3
KSchG hier anwendbar. Zwischen C und S muss eine soziale Auswahl stattfinden. Dass S mit dem Nachfragerückgang bei Fahrrädern mit 10-Gang-
Schaltung nichts zu tun hat, der Arbeitsplatzwegfall seinen Arbeitsplatz also
gar nicht betrifft, ist insoweit unerheblich. Da C und S dieselbe Ausbildung
haben und beide als Arbeiter bei U eingestellt worden sind, sind sie miteinander vergleichbar.

Bei der sozialen Auswahl spielen, auch wenn das seit 1998 nicht mehr im
Gesetz steht, weiterhin die drei sozialen Grunddaten Lebensalter, Dienst-
alter und Unterhaltsverpflichtungen die entscheidende Rolle.[26] Daneben
können nach weitgehend vertretener Auffassung im Einzelfall auch weitere
soziale Gesichtspunkte beachtlich sein;[27] dafür ist hier aber nichts ersichtlich. In allen drei Punkten führt der Vergleich zwischen C und S dazu,
dass S zu entlassen ist. Auf die Frage, wie die einzelnen sozialen Grunddaten
untereinander zu gewichten sind,[28] braucht daher nicht eingegangen zu
werden.

Im Ergebnis muss daher, wenn man der h. M. folgt, S entlassen werden.
Da U auf Grund seines Direktionsrecht C auf diesen Arbeitsplatz versetzen
darf, ist er verpflichtet, C den Arbeitsplatz des S zuzuweisen, um dadurch
die Entlassung des C zu vermeiden.

cc) Gegen die h. M. bestehen jedoch Bedenken. Versetzung (§ 1 Abs. 2
KSchG) und Sozialauswahl (§ 1 Abs. 3 KSchG) betreffen zwei verschiedene

---

23 APS-*Kiel*, § 1 KSchG, Rn 672; *v Hoyningen-Huene/Linck*, § 1 KSchG, Rn 442 ff,
444 ff; KR-*Etzel*, § 1 KSchG, Rn 614 ff.
24 *v Hoyningen-Huene-Linck*, § 1 KSchG, Rn 449; KR-*Etzel*, § 1 KSchG, Rn 621.
25 APS-*Kiel*, § 1 KSchG, Rn 663 f mwN.
26 APS-*Kiel*, § 1 KSchG, Rn 706; *v Hoyningen-Huene/Linck*, § 1 KSchG, Rn 466;
KR-*Etzel*, § 1 KSchG, Rn 644 ff.
27 APS-*Kiel*, § 1 KSchG, Rn 704, 722.
28 Dazu KR-*Etzel*, § 1 KSchG, Rn 666 ff.

Fragen.[29] Wie die Auswahl unter den für eine Versetzung anstehenden Arbeitnehmern vorzunehmen ist, ist gesetzlich nicht geregelt.[30] Da es bei der betriebsbedingten Kündigung durchweg um die Abwägung zwischen Arbeitgeberinteressen und Arbeitnehmerinteressen, nach betrieblichen und nach sozialen Belangen, geht, könnte man für die Auswahl unter den zu Versetzenden nach § 1 Abs. 2 KSchG betriebliche Belange im Rahmen billigen Ermessens zugrunde legen und in § 1 Abs. 3 KSchG allein soziale Gesichtspunkte.

dd) Entscheidend gegen die h.M. spricht aber deren Verständnis von »Vergleichbarkeit«. Bei teleologischer Auslegung kann sich § 1 Abs. 3 KSchG nicht auf sämtliche Arbeitnehmer eines Betriebes beziehen, sondern nur auf diejenigen Arbeitnehmer, auf die sich die Kündigungsursache und der Kündigungsentschluss auswirken.[31] Wenn sich also beispielsweise der Nachfragerückgang auf ein bestimmtes Produkt bezieht, dann bezieht sich auch der Kündigungsentschluss (nur) auf alle diejenigen Arbeitnehmer, die mit der Herstellung dieses Produkts zu tun haben. Wenn z.B. in einem Betrieb nur ein Arbeitnehmer eine bestimmte Arbeitsaufgabe erfüllt und diese Arbeitsaufgabe wegfällt, so kann nur diesem Arbeitnehmer gekündigt werden; die Frage einer Auswahl oder Vergleichbarkeit stellt sich nicht.[32] Die bloße Tatsache, dass jemand zufällig die gleiche Ausbildung hat, kann nicht dazu führen, dass statt desjenigen, dessen Arbeit wegfällt, ein Arbeitnehmer entlassen werden muss, dessen Arbeit weiterhin benötigt wird.

ee) Da S in der Nachbarabteilung beschäftigt ist, die von dem zu den Kündigungen führenden Nachfragerückgang nicht betroffen ist, ist S in die Vergleichbarkeitsprüfung nach § 1 Abs. 2, 3 KSchG von vornherein nicht einzubeziehen.[33] Die Weiterbeschäftigungsmöglichkeit auf dem Arbeitsplatz des S käme als milderes Mittel nur dann in Betracht, wenn dieser Arbeitsplatz frei wäre (wie das bei A und B der Fall ist).

---

29   *Ehmann,* BlStSozArbR 1984, S 214; *Kassen,* Die Möglichkeiten der Weiterbeschäftigung gemäß § 1 Absatz 2, Sätze 2 und 3 KSchG als Alternativen zur Beendigungskündigung, Diss Bochum 2000, S 187 ff; *B. Preis,* DB 1984, S 2244; *Schulin,* Anm SAE 1986, S 279 f; *Wank,* RdA 1987, S 129 ff; *ders,* Anm SAE 2002, S 7, 10; *Weller,* AuR 1986, S 230.

30   *Bütefisch,* Die Sozialauswahl, 2000, S 340.

31   Anm *Wank* zu BAG AR-Blattei (D) Kündigungsschutz E Nr 304; *ders,* Anm SAE 2002, S 7, 10; *Preis,* RdA 2000, S 257, 276: Es sind »die Tätigkeitsbereiche in die Sozialauswahl einzubeziehen, die nach der Unternehmerentscheidung von betriebsbedingten Kündigungen betroffen sein können.«

32   Vgl auch *Bütefisch* (o Fn 30), S 32; *v Hoyningen-Huene/Linck,* § 1 KSchG, Rn 447 a, 449 c.

33   Vgl auch KR-*Etzel,* § 1 KSchG, Rn 615 »gruppenspezifische Betrachtungsweise«.

Die Gegenansichten führen geradezu zu einer Perversion des Kündigungsschutzrechts. Aus dem Kündigungsschutzrecht soll sich danach ergeben, dass einem Arbeitnehmer gekündigt werden darf, der mit dem Anlass für die Kündigung (hier: Nachfragerückgang bei 10-Gang-Fahrrädern) nicht das Geringste zu tun hat, während derjenige Arbeitnehmer, den das betriebliche Ereignis unmittelbar trifft, von der Kündigung verschont wird. Ein Arbeitnehmer, dem mit dieser Begründung gekündigt wird, wird kaum verstehen können, dass es sich um eine Kündigung nach dem »Kündigungsschutzgesetz« handelt.

Die Kündigung gegenüber C ist nicht sozialwidrig und daher wirksam. Im Hinblick auf das Problem Kurzarbeit kann auf die Ausführungen unter A. verwiesen werden.

Die Kündigungsschutzklage des C ist unbegründet.

D. Die Kündigungsschutzklage des D

Grundsätzlich kann auf die Ausführungen unter A. verwiesen werden.

Fraglich ist, ob als milderes Mittel eine Weiterbeschäftigung des F in einem anderen Betrieb desselben Unternehmens zu berücksichtigen ist. Teilweise wird die Ansicht vertreten, eine derartige Weiterbeschäftigungsmöglichkeit sei nur unter besonderen Umständen zu berücksichtigen, so z. B. wenn der Arbeitnehmer für das Unternehmen eingestellt worden ist.[34] Diese Ansicht steht jedoch nicht mit dem Gesetz in Einklang. Vielmehr ist unabhängig von besonderen Umständen gem. § 1 Abs. 2 Nr. 1b KSchG die Weiterbeschäftigungsmöglichkeit in einem anderen Betrieb desselben Unternehmens zu berücksichtigen. Nach dem oben Ausgeführten kommt es dabei auf einen Widerspruch des Betriebsrats nicht an.[35]

Die Kündigung gegenüber D ist daher sozialwidrig und unwirksam. Die Kündigungsschutzklage des D ist begründet.

E. Die Kündigungsschutzklage des E

Im Wesentlichen kann auf die Ausführungen unter A. verwiesen werden.

Fraglich ist hier, ob als milderes Mittel eine Weiterbeschäftigung des E in einem anderen Betrieb, der zum selben Konzern gehört wie das Unternehmen des U, zu berücksichtigen ist.

---

34   So früher BAG AP Nr 22 zu § 1 KSchG Betriebsbedingte Kündigung.
35   BAG AP Nr 21 zu § 1 KSchG 1969 Betriebsbedingte Kündigung; APS-*Kiel*, § 1 KSchG, Rn 587.

Nach einer Meinung ist im Kündigungsschutzgesetz, wenn auch in eingeschränkter Weise, eine Konzernbezogenheit zu berücksichtigen. Das sei z. b. der Fall, wenn sich die Verpflichtung aus dem Arbeitsvertrag selbst ergebe, weil dieser eine Konzernbindung enthalte[36] oder wenn die vorgesehene Maßnahme Ausdruck speziell auf konzernbedingte Organisationsänderungen abzielender Planungsentscheidungen sei.[37] Von solchen Sonderfällen abgesehen, enthält das Kündigungsschutzgesetz eine abschließende Regelung der zu berücksichtigenden Weiterbeschäftigungsmöglichkeiten dadurch, dass es auf die Weiterbeschäftigung in demselben Unternehmen in § 1 Abs. 2 Satz 2 Nr. 1b KSchG verweist.[38] Mit Recht wird darauf hingewiesen, dass bei anderer Betrachtung die rechtliche Selbstständigkeit von Konzernunternehmen negiert würde.[39]

Eine genauere Abgrenzung braucht hier nicht zu erfolgen. Für besondere Umstände, wie sie auch nach der Theorie von der eingeschränkten Konzernbezogenheit Voraussetzung sind, liegen hier keine Anhaltspunkte vor. Deshalb ist eine Weiterbeschäftigungsmöglichkeit im selben Konzern hier nicht zu berücksichtigen. Die Kündigung gegenüber E ist nicht sozialwidrig und daher wirksam.

Im Hinblick auf das Problem Kurzarbeit ist auf die Ausführungen unter A. zu verweisen.

---

36   APS-*Kiel*, § 1 KSchG, Rn 594; KR-*Etzel*, § 1 KSchG, Rn 539.
37   *Martens*, Festschrift für das BAG, 1979, S 367, 369 f; APS-*Kiel*, § 1 KSchG, Rn 597.
38   BAG AP Nr 1 zu § 1 KSchG 1969 Konzern; *v Hoyningen-Huene/Linck*, § 1 KSchG, Rn 151 f; KR-*Etzel*, § 1 KSchG, Rn 541; *Wank*, RdA 1987, S 129, 138 mwN.
39   Vgl *Feudner*, DB 2002, S 1106.

Aufbauschema Nr. 10:

Klage gegen eine ordentliche Kündigung
I. Zulässigkeit
II. Begründetheit
  1. Klagefrist (nur wenn KSchG anwendbar; nach h.M. materiellrechtliche Wirkung (§ 7 KSchG »gilt als wirksam«) sonst ohne Klagefrist, § 13 Abs. 2, 3 KSchG
  2. Kündigungserklärung des Arbeitgebers
    a) Auslegung: Anfechtung, Aussperrung oder Kündigung?
    b) Bedingungsfeindlichkeit
    c) Form, § 623 BGB
    d) Zugang, § 130 BGB
  3. Kündigungsfristen und -termine § 622 BGB
  4. Kündigungsgrund
    a) nach KSchG
      aa) Anwendbarkeit, §§ 1 Abs. 1, 23 Abs. 1 Satz 2 KSchG
      bb) einer der drei in § 1 KSchG genannten Gründe (personenbedingt/verhaltenbedingt/betriebsbedingt); Einzelheiten zur betriebsbedingten Kündigung s. Aufbauschema Nr. 11
    b) andere Gründe als nach KSchG, u.a.
      aa) Anhörung des Betriebsrats, § 102 BetrVG
        – Anwendbarkeit des BetrVG, §§ 1, 5 BetrVG
        – ordnungsgemäße Anhörung
        – innerhalb der Frist des § 102 Abs. 2 Satz 1, 2 BetrVG
      bb) § 134 BGB (spezialgesetzliche Unwirksamkeitsgründe, z.B. § 613 a Abs. 1, 4 BGB)
      cc) § 242 BGB (insbes. bei Kündigung im Kleinbetrieb)
      dd) § 138 BGB
  5. Ausschluss der ordentlichen Kündigung
    a) durch Vertrag
    b) durch Tarifvertrag
    c) kraft Gesetzes
      – Betriebsratsmitglieder u.a., § 15 KSchG
      – Auszubildende, § 15 Abs. 2 BBiG
      – Wehrpflichtige, § 2 ArbPlSchG
      – Schwangere und Mütter, § 9 MuSchG
      – Erziehungsgeldberechtigte, § 18 BErzGG
  6. Besondere Zustimmung erforderlich
    – Schwangere und Mütter, § 9 Abs. 3 MuSchG
    – Schwerbehinderte, § 85 SGB IX

Aufbauschema Nr. 11:

Klage gegen eine betriebsbedingte Kündigung
1. Anwendbarkeit des KSchG, §§ 1, 23 KSchG
2. Einhaltung der Klagefrist, §§ 4, 7, 13 KSchG
3. § 1 Abs. 2 KSchG
   a) »betriebliche Erfordernisse«
      gleichgültig, ob innerbetriebliche oder außerbetriebliche Ursache
      unternehmerische Entscheidung, kausal für Kündigung
      gegenüber der unternehmerischen Entscheidung nur Missbrauchs-
      kontrolle
   b) »dringende« betriebliche Erfordernisse
      Ausdruck des Verhältnismäßigkeitsprinzips; Konkretisierung des in
      Satz 1 genannten Prinzips in Satz 2 und 3
      aa) Eignung der Kündigung
      bb) Erforderlichkeit der Kündigung
          fehlt, wenn gleichgeeignetes milderes Mittel vorhanden
          – z.B. Weiterbeschäftigung auf einem anderen, freien Arbeitsplatz
          – Weiterbeschäftigung nach Umschulung oder Fortbildung
            (§ 1 Abs. 2 Satz 3 1. Alt. KSchG analog)
          – falls mit Betriebsrat Kurzarbeit vereinbart, Kurzarbeit
3. Soziale Auswahl nach § 1 Abs. 3 KSchG
   a) Kreis der Betroffenen: die nach § 1 Abs. 2 KSchG potentiell Kündi-
      gungsbetroffenen = vergleichbare Arbeitnehmer i.S. des § 1 Abs. 2
      KSchG (a.A. h.M.: vergleichbare Arbeitnehmer nach § 1 Abs. 3 KSchG)
   b) Beurteilungsspielraum des Arbeitgebers
   c) Grunddaten
      aa) Lebensalter
      bb) Dauer der Betriebszugehörigkeit
      cc) Unterhaltsverpflichtungen
   d) nach h.M. zusätzlich »alle Umstände des Einzelfalles«; abzulehnen

9. Ausgangsfall
»Fachrechnen mangelhaft«

Installateur I bildete den minderjährigen A aufgrund eines mit A unter Zustimmung seiner Eltern schriftlich geschlossenen Ausbildungsvertrages vom 1. 9. 1999 zum Installateur aus; der Vertragstext enthielt alle wesentlichen Regelungen des Ausbildungsverhältnisses. Am 12. 9. 2000 bat I wegen schlechter Leistungen des A in der Berufsschule dessen Eltern zu einem Gespräch zu sich. Danach unterschrieben A's Eltern sowie I folgenden »Auflösungsvertrag«:

>»Falls das nächste Berufsschulzeugnis im Winter 2000/2001 in Fachrechnen »mangelhaft« aufweist, wird das Ausbildungsverhältnis im beiderseitigen Einvernehmen mit Vorlegung des Zeugnisses aufgelöst.«

Im nächsten Zeugnis, das A dem I am 16. 1. 2001 vorlegte, hatte A in Fachrechnen »mangelhaft«. I schrieb am 17. 1. 2001 an A's Eltern, die den Brief am 18. 1. 2001 erhielten: »Da Ihr Sohn auf dem Zeugnis in Fachrechnen »mangelhaft« erhalten hat, ist das Ausbildungsverhältnis ja leider beendet.«

1. Der seit Ende Januar 2001 volljährige A klagt am 1. 2. 2001 beim zuständigen Arbeitsgericht auf Feststellung, dass das Ausbildungsverhältnis mit I fortbesteht.
   A meint, die Vereinbarung vom 12. 9. 2000 stelle einen Vorvertrag dar, der die Parteien erst zum Abschluss eines Aufhebungsvertrages verpflichte. Jedenfalls enthalte die Vereinbarung eine Umgehung zwingenden Rechts.
   Wie müsste das Arbeitsgericht entscheiden?
2. Wie wäre zu entscheiden, wenn A erst am 20. 2. 2001 geklagt hätte?

Bearbeitungshinweis: Es besteht kein Schlichtungsausschuss nach § 111 Abs. 2 ArbGG.

Lösung
Vorüberlegungen

Die Aufspaltung in Fallalternativen macht deutlich, dass die Frage der Klagefrist hier von Bedeutung ist.

Da die Rechtsansicht des A hier angeführt wird, soll offenbar die Vereinbarung zwischen A und I ausgelegt werden. Die Aufgabenstellung gibt dazu bereits einige Hinweise.

Dass hier das aus der Ausbildung wenig bekannte Berufsbildungsgesetz anzuwenden ist, darf den Bearbeiter nicht abschrecken. Die Sachprobleme entsprechen im Wesentlichen denen zu § 626 BGB.

Ausarbeitung
Frage 1
A. Zulässigkeit der Klage

Die Klage wurde von A beim zuständigen Arbeitsgericht erhoben. Bedenken könnten sich gegen die Prozessfähigkeit des A richten. Die Prozessfähigkeit hängt gem. § 46 Abs. 2 ArbGG i.V.m. §§ 495, 52 ZPO davon ab, inwieweit A sich durch Vertrag verpflichten kann. Da A inzwischen volljährig ist, liegt diese Voraussetzung vor. Ob zwischen I und dem minderjährigen A ein wirksamer Ausbildungsvertrag geschlossen wurde, ist im Hinblick auf die Zulässigkeit der Klage unerheblich.

Ein Rechtsschutzbedürfnis nach § 46 Abs. 2 ArbGG i.V.m. § 256 ZPO besteht angesichts der Tatsache, dass sich I auf die Beendigung des Ausbildungsverhältnisses beruft.

Im Übrigen bestehen gegen die Zulässigkeit der Klage keine Bedenken.

B. Begründetheit der Klage

Die Klage des A ist begründet, wenn zwischen ihm und I ein Ausbildungsvertrag besteht.

I. Abschluss des Ausbildungsvertrages

A und I haben am 1.9.1999 einen Ausbildungsvertrag geschlossen. Da A damals gem. § 106 BGB beschränkt geschäftsfähig war, konnte er sich grundsätzlich gem. §§ 107, 108 BGB nur unter Mitwirkung seiner Eltern wirksam verpflichten. Die Ausnahmevorschrift des § 113 BGB greift insoweit nicht ein. Sie bezieht sich nur auf ein Arbeitsverhältnis und nicht auf ein Ausbildungsverhältnis.[1] Die erforderliche Zustimmung der Eltern des A lag am 1. September 1999 vor. Auch sind die Voraussetzungen des § 4 BBiG erfüllt, so dass der Vertrag wirksam zustande gekommen ist.

1 Erman-*Brox*, BGB, 10. Aufl 2000, § 113, Rn 5; MK-*Schmitt*, BGB, 4. Aufl 2001, § 113 BGB, Rn 14; *Natzel*, Berufsbildungsrecht, 3. Aufl 1982, S 144.

II. Beendigung aufgrund der Vereinbarung vom 12. 9. 2000

Das Berufsausbildungsverhältnis könnte aufgrund der Vereinbarung vom 12. 9. 2000 am 16. 1. 2001 beendet worden sein.

1. Rechtsnatur des Vertrages

Ob die mangelhafte Zensur im Fachrechnen zur Beendigung gemäß der als »Auflösungsvertrag« beschriebenen Vereinbarung führt, hängt davon ab, welche Rechtsnatur dieser Vertrag hat.

Es könnte sich dabei um einen *Vorvertrag* handeln, der die Parteien zum Abschluss eines Aufhebungsvertrages verpflichtet. Da ein derartiger Aufhebungsvertrag später nicht geschlossen wurde, würde das Ausbildungsverhältnis noch fortbestehen. Andererseits kann in dem »Auflösungsvertrag« aber auch die Vereinbarung einer *auflösenden Bedingung* gem. § 158 Abs. 2 BGB, § 21 TzBfG gesehen werden. In diesem Fall wäre das Ausbildungsverhältnis mit dem Eintritt der Bedingung am 16. 1. 2001 aufgelöst worden, wenn eine nach § 14 Abs. 1 TzBfG i. V. m. § 21 TzBfG zulässige Bedingung vereinbart wurde. – Der Wortlaut »Auflösungsvertrag« ist nicht eindeutig. Die Rechtsnatur der Vereinbarung muss daher durch Auslegung ermittelt werden.

Die Parteien sind übereingekommen, dass das Ausbildungsverhältnis mit Vorlegung des Zeugnisses mit einer mangelhaften Note im Fachrechnen »aufgelöst wird«. Mit dem Gebrauch dieser Wendung haben sie zum Ausdruck gebracht, dass das Ausbildungsverhältnis unmittelbar mit Vorlage des Zeugnisses enden sollte. Hätten die Parteien einen Vorvertrag vereinbaren wollen, so hätte bereits der Wortlaut darauf hindeuten müssen, dass eine zukünftige, nicht aber eine sofortige Aufhebung gewollt ist. Das Ausbildungsverhältnis sollte jedoch sofort mit Vorlage des Zeugnisses enden, eine weitere Vereinbarung der Parteien war nach dem Wortlaut des »Auflösungsvertrages« nicht beabsichtigt. Somit handelt es sich bei dem »Auflösungsvertrag« um die Vereinbarung einer auflösenden Bedingung.

2. Wirksamkeit der auflösenden Bedingung

Die Vereinbarung einer auflösenden Bedingung in einem Ausbildungsvertrag könnte allerdings unwirksam sein.

Eine Unzulässigkeit einer auflösenden Bedingung könnte zum einen allgemein für Arbeitsverträge und zum anderen für Ausbildungsverträge im Besonderen bestehen.

Während sich die Zulässigkeit auflösender Bedingungen allgemein nach §§ 14 Abs. 1, 21 TzBfG richtet, könnte sich für Ausbildungsverträge etwas

anderes ergeben. Aufgrund der Wertungen des BBiG könnte eine auflösende Bedingung auch unabhängig von §§ 14, 21 TzBfG unzulässig sein.
Allerdings lässt das Gesetz in § 14 Abs. 1 BBiG die Befristung des Ausbildungsverhältnisses zu. Aufgrund des Grundsatzes der Vertragsfreiheit muss
es grundsätzlich auch in anderen Fällen als § 14 Abs. 1 BBiG zulässig sein,
den Arbeitsvertrag auflösend zu bedingen.

3. Normkollision mit dem Kündigungsschutzrecht

Für das Verhältnis von auflösenden Bedingungen zum Kündigungsschutzrecht war – vor dem In-Kraft-Treten des TzBfG – in Rechtsprechung und
Literatur anerkannt, dass bei der Beurteilung der Zulässigkeit einer auflösenden Bedingung die Wertungen des Kündigungsschutzrechts zu beachten sind.[2]

Diese Überlegungen gelten für den Ausbildungsvertrag auch weiterhin.
Hier ist eine auflösende Bedingung nur zulässig, wenn sie sich auf einen
sachlichen Grund im Hinblick auf die Wertungen der Kündigungsschutz-
regelung, d.h. hier auf die Regelungen im Berufsbildungsgesetz, stützen lässt.

a) Hier kommt ein Verstoß gegen die Wertungen des für die Kündigung
des Auszubildenden aus wichtigem Grund maßgeblichen § 15 Abs. 2 Nr. 1
BBiG in Betracht. § 15 Abs. 2 Nr. 1 BBiG ist zwingendes Recht, so dass seine
Geltung weder beseitigt oder eingeschränkt noch auf seinen Schutz verzichtet werden kann. Eine auflösende Bedingung ist unzulässig, wenn mit ihr
eine fristlose Beendigung des Ausbildungsverhältnisses wegen eines Grundes vereinbart wird, der nicht als wichtiger Grund i.S. des § 15 Abs. 2 Nr. 1
BBiG ausreichen würde.

b) Die Wirksamkeit der auflösenden Bedingung im Auflösungsvertrag
vom 12. 9. 2000 ist demnach davon abhängig, ob die als Bedingung verein-
barte mangelhafte Note im Fachrechnen einen wichtigen Grund zur außerordentlichen Kündigung bilden würde. Aus § 626 BGB ergibt sich, dass ein
Kündigungsgrund nur dann wichtig ist, wenn dem kündigenden Vertrags-
teil die Fortsetzung des Vertragsverhältnisses bis zur vereinbarten Beendigung nicht zugemutet werden kann.

aa) Die Unzumutbarkeit der Fortsetzung könnte sich hier aus einer
groben Pflichtverletzung ergeben.[3] Die mangelhafte Note im Fachrechnen
müsste daher eine derartige Pflichtverletzung bedeuten. Gem. § 9 Satz 2
Nr. 2 i.V.m. § 7 BBiG ist A zur Teilnahme am Berufsschulunterricht sowie

---

2   MünchArbR-*Wank*, 2. Aufl, § 116, Rn 163.
3   S dazu APS-*Dörner*, § 626 BGB, Rn 72 ff.

an den dazugehörigen Prüfungen verpflichtet. Die Teilnahme am Unterricht umfasst auch die geistige Mitarbeit. Mangelhafte Leistungen in berufsspezifischen Fächern können aber ein Anzeichen für eine dieser Pflicht widersprechende Uninteressiertheit oder Faulheit sein. Sie deuten möglicherweise auf die fehlende Eignung oder den mangelnden Willen des Auszubildenden hin, so dass eine Pflichtverletzung zu bejahen wäre.[4]

Gem. § 35 BBiG sind allerdings nur solche Fächer Prüfungsgegenstand, die für die Berufsausbildung wesentlich sind. Bei der Ausbildung zum Installateur wird man auch dem Fachrechnen eine besondere Bedeutung zusprechen müssen. Die mangelhafte Leistung in einem berufsspezifischen, prüfungsrelevanten Fach könnte daher einen wichtigen Grund zur außerordentlichen Kündigung bilden.

bb) Jedoch muss im Rahmen des § 15 Abs. 2 BBiG ebenso wie in § 626 BGB eine umfassende Interessenabwägung vorgenommen werden.[5] Hierbei muss berücksichtigt werden, dass der Zweck des Ausbildungsvertrages auf die Erlangung eines Abschlusses gerichtet ist, so dass seine vorzeitige Auflösung nur unter erschwerten Voraussetzungen zulässig sein kann.[6] Die Festsetzung einer mangelhaften Note als auflösende Bedingung setzt zwingend voraus, dass diese Leistung auf der Lernunwilligkeit oder auf mangelnder Eignung des A beruht. Eine Pauschalierung der Kündigungsgründe übergeht aber die Möglichkeit, dass die Schlechtleistung auch auf anderen Ursachen, z. B. auf einer Krankheit des Schülers, auf Differenzen mit dem Lehrer oder anderen Gründen beruhen könnte. Sie lässt daher die Auflösung des Ausbildungsverhältnisses auch in solchen Fällen zu, in denen kein wichtiger Grund für eine Kündigung vorläge.

Somit begründet keinesfalls jede mangelhafte Note im Fachrechnen einen wichtigen Kündigungsgrund, vielmehr sind die Umstände des Einzelfalls entscheidend. Indem daher die mangelhafte Leistung des A pauschal zum Auflösungsgrund erhoben wird, umgeht I die zwingende Vorschrift des § 15 Abs. 2 Nr. 1 BBiG und nimmt A die Möglichkeit der Gegenwehr gegen die sonst erforderliche außerordentliche Kündigung.

---

4 Vgl LAG Düsseldorf, BB 1959, S 491; *Natzel* (o Fn 1), S 194, 286; *Schaub*, Arbeitsrechts-Handbuch, § 174, Rn 74 sowie die Rechtsprechungsnachweise bei *Wohlgemuth*, Berufsbildungsgesetz, 2. Aufl 1995, § 15, Rn 12; abl KR-*Weigand*, §§ 14, 15 BBiG, Rn 64.
5 S zur Interessenabwägung bei § 626 BGB die Nachw bei KR-*Fischermeier*, § 626 BGB, Rn 235 ff.
6 BAG AP Nr 3 zu § 15 BBiG; KR-*Weigand*, §§ 14, 15 BBiG, Rn 46.

Also ist hier die auflösende Bedingung wegen Widerspruchs gegen die Wertungen des Berufsbildungsgesetzes unwirksam.[7]
Demnach ist das Ausbildungsverhältnis nicht am 16.1.2001 beendet worden. Ob hier die Einhaltung der Dreiwochenfrist des § 4 KSchG erforderlich war, braucht nicht geklärt zu werden, da sie mit Erhebung der Klage am 1.2.2001 auf jeden Fall gewahrt ist.

III. Beendigung des Ausbildungsvertrages durch Kündigung vom 17.1.2001

Das Ausbildungsverhältnis könnte aber am 17.1.2001 aufgelöst worden sein.

1. Kündigungserklärung

I hat sich in seinem Schreiben vom 17.1.2001 auf die Vereinbarung im »Auflösungsvertrag« berufen, so dass aus seiner Sicht eine Kündigung nicht erforderlich war. Wie dargelegt, war die Vereinbarung der auflösenden Bedingung allerdings unwirksam. Eine Umdeutung des Auflösungsvertrages nach § 140 BGB[8] in ein wirksames Rechtsgeschäft ist allerdings nicht möglich. Nach dem Rechtsgedanken des § 140 BGB ist jedoch die Bezugnahme des I auf den Auflösungsvertrag als Erklärung einer außerordentlichen Kündigung auszulegen. Es entspricht nämlich zu diesem Zeitpunkt I's Willen, dass das Ausbildungsverhältnis aufgrund der schlechten Note sofort aufgelöst werden soll. Die Schriftform gem. § 623 BGB ist insoweit eingehalten. Allerdings ist der Beendigungszeitpunkt dann nicht der 16.1.2001, sondern der Zeitpunkt des Zugangs der Kündigungserklärung am 18.1.2001.

2. Zugang der Kündigungserklärung

Die Kündigungserklärung müsste dem richtigen Adressaten zugegangen sein. Bei Zugang der Kündigung war A zwar Vertragspartner, aber er war noch minderjährig. Die Erklärung ist aber den Eltern des A als seinen gesetzlichen Vertretern zugegangen, § 131 Abs. 2 Satz 1 i.V.m. Abs. 1 BGB.

3. Voraussetzungen nach § 15 Abs. 3 BBiG

Des Weiteren müsste dieses Schreiben die formellen Voraussetzungen des § 15 Abs. 3 BBiG erfüllen.

---

7   Vgl BAG AP Nr 10 zu § 620 BGB Bedingung; KR-*Weigand*, §§ 14, 15 BBiG, Rn 64.
8   S zur Anwendung des § 140 BGB im Arbeitsrecht *Molkenbur/Krasshöfer-Pidde*, RdA 1989, S 337 sowie LAG Nürnberg, LAGE § 626 BGB Nr 134.

Das Erfordernis der Schriftlichkeit ist gewahrt. Da das Ausbildungsverhältnis am 17. 1. 2001 bereits seit dem 1. 9. 1999 andauerte, war die Probezeit gem. § 13 BBiG lange abgelaufen. Es handelt sich demnach um eine Kündigung i. S. des § 15 Abs. 2 BBiG, die gem. § 15 Abs. 3 BBiG die schriftliche Angabe der Kündigungsgründe erfordert. I hat als Beendigungsgrund des Ausbildungsverhältnisses ausdrücklich die mangelhafte Note des A im Fachrechnen genannt. Somit ist die Angabe des Grundes erfolgt. Die formellen Voraussetzungen des § 15 Abs. 3 BBiG sind demnach gewahrt.

4. Wichtiger Grund

Gem. § 15 Abs. 2 Nr. 1 BBiG müsste für die Kündigung des I vor allem ein wichtiger Grund vorliegen. Wie oben bereits erläutert, kann im Rahmen der Ausbildung zum Installateur eine mangelhafte Note im Fachrechnen grundsätzlich einen Kündigungsgrund darstellen, sofern sie ein Zeichen für die fehlende Eignung oder das mangelnde Interesse des Auszubildenden ist.[9] Maßgebend sind immer die Umstände des Einzelfalles. Es muss eine umfassende Interessenabwägung erfolgen. Erst dann kann die Unzumutbarkeit der Fortsetzung des Ausbildungsverhältnisses festgestellt werden.

Hier hat sich I aber keine Gedanken über die Ursache der Schlechtleistung gemacht. Er hat die Beendigungswirkung einfach aus dem mit A's Eltern abgeschlossenen »Auflösungsvertrag« gefolgert. Das Interesse des A am ordnungsgemäßen Abschluss seiner Ausbildung blieb aber völlig unberücksichtigt. Eine schlechte Note allein kann nämlich unter Abwägung der Interessen des A noch keine Unzumutbarkeit der Fortsetzung des Ausbildungsverhältnisses begründen. Es müssten zusätzliche Kriterien hinzukommen.

Anhaltspunkte für die Lernunwilligkeit des A oder seine fehlende Eignung ergeben sich aus den bekannten Tatsachen jedoch nicht. Auch sonst sind keine zusätzlichen Kriterien ersichtlich, die die Kündigung aufgrund der mangelhaften Zensur rechtfertigen könnten.

Demnach ist I die Fortsetzung des Ausbildungsverhältnisses zumutbar. Ein wichtiger Grund i. S. des § 15 Nr. 1 BBiG ist nicht gegeben.

Somit ist das Ausbildungsverhältnis auch nicht durch Kündigung vom 17. 1. 2001 aufgelöst worden. Ob § 4 KSchG hier Anwendung findet, ist unerheblich, da mit Erhebung der Klage am 1. 2. 2001 die Dreiwochenfrist auf jeden Fall eingehalten wurde.

---

9 Abl KR-*Weigand*, §§ 14, 15 BBiG, Rn 64.

Demnach besteht das Ausbildungsverhältnis des A mit I am 1.2.2001 noch fort. Die Feststellungsklage des A ist begründet. Das Arbeitsgericht muss der Klage daher stattgeben.

Frage 2

Hat A die Klage erst am 20. 2. 2001 erhoben, so ergeben sich im Hinblick auf auflösende Bedingung und Kündigung keine Unterschiede. Abweichungen könnten sich nur insoweit ergeben, als möglicherweise die materiellrechtliche Ausschlussfrist nach §§ 4, 7 i.V.m. 13 Abs. 1 Satz 2 KSchG verstrichen ist. In diesem Fall wäre wegen des Ablaufs der Dreiwochenfrist die Klage des A unbegründet.

A. Zulässigkeit der Klage

Da kein Schiedsausschuss besteht, ist A jedenfalls nicht durch § 111 Abs. 2 Satz 4 ArbGG daran gehindert, sofort Klage vor dem Arbeitsgericht zu erheben.[10]

Der Klageantrag des A könnte dahin zu verstehen sein, dass er festgestellt haben möchte, dass das Ausbildungsverhältnis nicht durch Eintritt einer auflösenden Bedingung am 16. 1. 2001 beendet worden ist. Wie dargelegt, trifft diese Rechtsauffassung des A zu. Allerdings könnte sich A auf diese materielle Rechtslage dann nicht berufen, wenn §§ 4, 7, 13 Abs. 1 Satz 2 KSchG sowohl auf das Ausbildungsverhältnis grundsätzlich anwendbar sind als auch, in analoger Anwendung, auf eine auflösende Bedingung.

Die Frage kann aber im Hinblick auf die auflösende Bedingung dann dahinstehen, wenn die Ausschlusswirkung der genannten Bestimmungen jedenfalls auch die am 18. 1. 2001 zugegangene Kündigungserklärung ergreift; denn dann kann sich A nicht darauf berufen, dass sein Ausbildungsverhältnis nicht aufgelöst worden ist, sei es durch auflösende Bedingung, sei es durch Kündigung. Der Klageantrag des A bei seiner Feststellungsklage ist dahin auszulegen, dass A sich jedenfalls auch gegen die Wirksamkeit der Kündigungserklärung des I wendet. Gegen die Zulässigkeit der Klage bestehen im Übrigen keine Bedenken.

---

10 S zur Zuständigkeit des Ausschusses bei der außerordentlichen Kündigung KR-*Weigand*, §§ 14, 15 BBiG, Rn 112 mwN.

B. Begründetheit der Klage

Die Klage des A ist dann unbegründet, wenn A sich ungeachtet der Unwirksamkeit der Kündigung des I auf diese Unwirksamkeit nicht mehr berufen kann. Das ist der Fall, wenn §§ 4, 7, 13 Abs. 1 Satz 2 KSchG auf das Ausbildungsverhältnis anwendbar sind.

I. Anwendbarkeit des Kündigungsschutzgesetzes auf das Ausbildungsverhältnis

Ob das Kündigungsschutzgesetz allgemein auf Ausbildungsverhältnisse anwendbar ist, ist umstritten.

Nach einer Ansicht ist das Kündigungsschutzgesetz auf Ausbildungsverhältnisse grundsätzlich anwendbar.[11] Nach anderer Ansicht gilt das Kündigungsschutzgesetz für Ausbildungsverhältnisse nicht.[12] Diese allgemeine Frage braucht jedoch hier nicht entschieden zu werden, da es speziell um die Anwendbarkeit der Fristregelung des Kündigungsschutzgesetzes geht.

II. Anwendbarkeit der §§ 4, 7, 13 Abs. 1 Satz 2 KSchG auf das Ausbildungsverhältnis

Auch in dieser Frage sind die Meinungen im Schrifttum geteilt.

Soweit in der Rechtsprechung[13] und in der Literatur[14] die Anwendung der Fristregelung jedenfalls bei Bestehen eines Schlichtungsausschusses abgelehnt wird, braucht auf diese Argumentation nicht eingegangen zu werden, da im vorliegenden Fall kein Schlichtungsausschuss besteht. Im Übrigen sind die Argumente für und gegen die Anwendung der Fristregelung gegeneinander abzuwägen.

1. Argumente gegen die Anwendbarkeit der Fristregelung des Kündigungsschutzgesetzes

Gegen die Anwendbarkeit lässt sich zunächst anführen, dass Ausbildungsverträge regelmäßig befristet abgeschlossen werden, so dass eine ordent-

---

11 *Bram* in Bader u a, KSchG, § 1, Rn 80; *Löwisch*, KSchG, 8. Aufl 2000, § 13, Rn 5; *Natzel* (o Fn 1), S 295; *Schaub*, Arbeitsrechts-Handbuch, § 128, Rn 2, S 1366.
12 Kölner Praxiskommentar, 2. Aufl 2000, *Meisel*, Teil H, Rn 21; KR-*Weigand*, §§ 14, 15 BBiG, Rn 121 ff.
13 BAG, NZA 1990, S 395; bestätigt durch BAG AP Nr 23 zu § 4 KSchG 1969; krit zu der Unterscheidung der beiden Fälle *Vollkommer*, Anm zu dieser Entscheidung, EzA Nr 39 zu § 4 n.f KSchG.
14 *Barwasser*, DB 1976, S 434.

liche Kündigung ausgeschlossen ist.[15] Da der Schutz gegenüber einer sozialwidrigen ordentlichen Kündigung somit für Auszubildende nicht eingreift, kann auch § 13 Abs. 1 Satz 2 KSchG nicht gelten, da dies zu Ungerechtigkeiten führen würde. Zudem könnte § 13 Abs. 1 Satz 2 KSchG dem Zweck des BBiG widersprechen. Er zielt auf eine möglichst rasche und endgültige Klärung der Wirksamkeit einer außerordentlichen Kündigung. Der Zweck der Berufsausbildung liegt aber in der Gewährleistung einer ordnungsgemäßen Ausbildung.[16] Es ist demnach eine besonders starke Bindung der Parteien erforderlich, die sich z.b. auch in dem Ausschluss der ordentlichen Kündigung zeigt. Die Anwendung des § 13 Abs. 1 Satz 2 KSchG würde eine Auflösung infolge Fristversäumnis dagegen gerade begünstigen. Danach wäre die Geltung des § 13 Abs. 1 Satz 2 KSchG i.V. m. § 4 KSchG ausgeschlossen.[17]

2. Argumente für die Anwendbarkeit der Fristregelung des Kündigungsschutzgesetzes

Gegen diese Ansicht ist aber einzuwenden,[18] dass Kündigungen des Auszubildenden nach der Probezeit ausschließlich fristlose Kündigungen sein können. Die Anwendung der §§ 1 ff. KSchG gegen fristgerechte Kündigungen ist daher von vornherein ausgeschlossen. Darin kann aber keinesfalls eine Benachteiligung erblickt werden. Vielmehr endet das Ausbildungsverhältnis erst mit Ablauf der vereinbarten Zeit. Dies ist wesentlich günstiger als eine Anwendung der §§ 1 ff. KSchG.

3. Stellungnahme

Wendet man die Fristregelung auf Ausbildungsverhältnisse an, so ist das auch nicht mit dem Charakter des Ausbildungsverhältnisses unvereinbar. Zwar besteht zwischen den Parteien eine engere Beziehung als bei einem Arbeitsverhältnis. Gerade deswegen müssen sie aber auch hier möglichst schnell von der endgültigen Auflösung dieses Verhältnisses erfahren. Da sie besonders intensive Rechte und Pflichten haben, ist eine schnelle Klärung ihres Weiterbestehens dringend notwendig. Eine Anwendung der Fristregelung des Kündigungsschutzgesetzes auf das Ausbildungsverhältnis ist daher zu befürworten.

---

15 KR-*Weigand*, §§ 14, 15 BBiG, Rn 121 c.
16 KR-*Weigand*, §§ 14, 15 BBiG, Rn 121 .
17 LAG Hamm, DB 1985, S 391; *Barwasser*, DB 1976, S 434, 435 f; *Hurlebaus*, BB 1975, S 1533, 1535; KR-*Weigand*, §§ 14, 15, Rn 121 c–g (anders Rn 121 a).
18 S APS-*Biehl*, § 15 BBiG, Rn 31; *v Hoyningen-Huene/Linck*, § 13 KSchG, Rn 32 f; KR-*Friedrich*, § 13 KSchG, Rn 36; *Löwisch*, § 13 KSchG, Rn 5.

4. Ergebnis

A hätte das Fehlen eines wichtigen Grundes für die außerordentliche Kündigung, das der Sozialwidrigkeit einer ordentlichen Kündigung entspricht, innerhalb der Dreiwochenfrist des § 4 KSchG geltend machen müssen.

Am 20. 2. 2001 war diese Frist hinsichtlich der Kündigung vom 17. 1. 2001 bereits abgelaufen. A hat die materiellrechtliche Ausschlussfrist des § 4 KSchG nicht gewahrt.

Demnach ist die Klage des A bezüglich der Geltendmachung der Unwirksamkeit der außerordentlichen Kündigung wegen Fehlens eines wichtigen Grundes vom 17. 1. 1995 unbegründet. Das Arbeitsgericht muss die Klage abweisen.

Hinweis: Die Prüfung der außerordentlichen Kündigung nach § 626 BGB bereitet dem Studenten deshalb besondere Schwierigkeiten, weil der Tatbestand weitgehend aus unergiebigen Floskeln besteht. Im Rahmen der hier gebotenen umfassenden Interessenabwägung sind alle Gründe für und gegen die Kündigung zu untersuchen. Am besten orientiert man sich dabei an § 1 KSchG insofern, als die in § 1 KSchG konkret angesprochenen Fragen auch bei § 626 BGB auftreten.

Weitere Problemschwerpunkte sind
– die Verdachtskündigung und
– die außerordentliche Kündigung gegenüber einem besonders geschützten Arbeitnehmer.

Aufbauschema Nr. 12:

Klage gegen eine außerordentliche Kündigung
A. Zulässigkeit
B. Begründetheit
1. Klagefrist, § 13 Abs. 1 Satz 1, 2 KSchG
   a) Anwendbarkeit des KSchG
      aa) persönlicher Geltungsbereich, § 1 Abs. 1 KSchG
      bb) betrieblicher Geltungsbereich, § 23 KSchG
   b) Einhaltung der Frist
      (falls KSchG nicht anwendbar, keine Bindung an 3-Wochen-Frist)
2. Kündigungserklärung des Arbeitgebers
   a) Auslegung: Anfechtung, Aussperrung oder Kündigung?
   b) Bedingungsfeindlichkeit
   c) Form, § 623 BGB
   d) Zugang, § 130 BGB
3. Ausschluss der Kündigung
   a) durch Vertrag
   b) durch Tarifvertrag
   c) kraft Gesetzes
      – bei Schwangeren und Müttern, § 9 MuSchG
      – Erziehungsurlaubsberechtigte, § 18 BErzGG
4. Besondere Zustimmung
   – Betriebsratsmitglieder, § 103 BetrVG
   – Schwangere und Mütter, § 9 Abs. 3 MuSchG
   – Schwerbehinderte, § 85 SGB IX
5. Anhörung des Betriebsrats
   a) Anwendbarkeit des BetrVG, §§ 1, 5 BetrVG
   b) ordnungsgemäße Anhörung
   c) innerhalb der Frist des § 102 Abs. 2 Satz 3 BetrVG
6. § 626 BGB
   a) wichtiger Grund
   b) Interessenabwägung (s. den nachfolgenden Hinweis)
   c) Sonderfall: außerordentliche befristete Kündigung
   d) Kündigungserklärungsfrist, § 626 Abs. 2 BGB
7. Allgemeine Nichtigkeitsgründe (neben § 626 BGB anwendbar)
   a) § 134 BGB
   b) § 138 BGB
   c) § 242 BGB
8. Umdeutung der außerordentlichen in eine ordentliche Kündigung

Hinweis: **Interessenabwägung bei § 626 Abs. 1 BGB, Kündigung durch den Arbeitgeber**

– nach der Rechtsprechung zweistufige Prüfung:
  – abstrakt ein wichtiger Grund?
  – im konkreten Fall ein wichtiger Grund?

Bei der konkreten Prüfung:

– Interesse des Arbeitnehmers
  (Bestandsschutzinteresse; Probleme auf dem Arbeitsmarkt; langjährige Beschäftigung usw.)

– Interesse des Arbeitgebers
  (Störung des Arbeitsverhältnisses, schlechtes Beispiel für andere Arbeitnehmer usw.)

– Zumutbarkeit für den Arbeitgeber betr.
  – Fortsetzung des Arbeitsverhältnisses überhaupt
  – Fortsetzung bis zum Ablauf der Kündigungsfrist oder bis zum vereinbarten Termin

– Gesamtabwägung betr. wichtiger Grund

10. Ausgangsfall
»Gut bewacht«

a) Die Ruhr-Universität Bochum (RUB) ließ ihre Gebäude abends von der X Bochumer Bewachungs-GmbH bewachen. Da sie mit deren Leistungen unzufrieden war, kündigte sie den Bewachungsauftrag im Januar zu Ende März 2002 und vergab einen neuen Vertrag an die Y Gebäudesicherungs-GmbH. Diese bediente sich der von X fest installierten Sicherungseinrichtungen sowie ihres eigenen Personals und eigener Betriebsmittel. Die X, die sonst keine Aufträge hat, kündigt allen ihren zehn Mitarbeitern, darunter dem A. A klagt gegen Y auf Feststellung, dass er zu ihr in einem Arbeitsverhältnis steht.

b) Wie wäre es, wenn Y sieben der zehn Mitarbeiter der X bei sich eingestellt hätte (außer A, B und C) sowie drei Wachhunde, Spezialkleidung und -geräte übernommen hätte?

Der nicht übernommene Mitarbeiter B, dem X wenige Tage vor der Übernahme des Bewachungsauftrags durch Y gekündigt hatte, klagt gegen Y auf Feststellung, dass ein Arbeitsverhältnis zu ihr besteht.

c) Der ebenfalls nicht übernommene, seit fünf Jahren bei der X beschäftigte Mitarbeiter C hatte, nachdem ihn X von dem Sachverhalt schriftlich unterrichtet hatte, zwei Wochen später, im April 2002, dem Übergang auf Y in einem Schreiben an X widersprochen. X kündigte ihm daraufhin Ende April zum 30. 6. 2002. C lehnt es ab, ab Juli für Y zu arbeiten. C klagt gegen X auf Feststellung, dass er zu ihr in einem unbefristeten Arbeitsverhältnis steht und auf Zahlung von Gehalt für Juli und August 2002.

Haben die Klagen von A, B und C Erfolg?

Lösung

Vorüberlegungen

Es handelt sich offensichtlich um Probleme des Betriebsübergangs nach § 613a BGB. Wie die Sachverhaltsvarianten deutlich machen, muss offenbar in diesem Zusammenhang danach unterschieden werden, was im Einzelnen auf den anderen Betrieb übergeht. Problematisch erscheint hier schon die Anwendbarkeit des § 613a Abs. 1 BGB, da ja die Ruhr-Universität Bochum anscheinend nur einen Bewachungsauftrag neu vergibt; auf Anhieb ist zweifelhaft, ob das eine Betriebsteil-Übertragung durch Rechtsgeschäft sein kann.

Ausarbeitung

Die Klagen von A, B und C haben Erfolg, wenn sie zulässig und begründet sind.

Zur Klage des A

I. Zulässigkeit

1. Für die Klage des A ist der Rechtsweg zu den Arbeitsgerichten eröffnet: A ist Arbeitnehmer, § 5 ArbGG; es handelt sich um eine bürgerliche Rechtsstreitigkeit zwischen Arbeitgeber Y und Arbeitnehmer A über den Bestand eines Arbeitsverhältnisses, § 2 Abs. 1 Nr. 3 Buchst. b ArbGG.

2. A und die Y GmbH sind gem. §§ 50, 51 BGB i. V. m. § 46 Abs. 2 ArbGG parteifähig und prozessfähig, wobei die GmbH im Prozess gem. § 35 GmbHG durch ihre Geschäftsführer vertreten wird.

3. Richtige Klageart ist die Feststellungsklage, § 256 ZPO.

4. Das dafür erforderliche Feststellungsinteresse ist bei A vorhanden, da er ein rechtliches Interesse an der Feststellung der Rechtsfolgen eines möglichen Übergangs seines Arbeitsverhältnisses hat.

II. Begründetheit

Die Klage des A ist begründet, wenn er zu Y in einem Arbeitsverhältnis steht.

1. Ursprünglich war A Arbeitnehmer der X.

Dieses Arbeitsverhältnis könnte gem. § 613a Abs. 1 BGB auf Y übergegangen sein.

a) Das setzt voraus, dass gem. § 613a BGB ein Betrieb oder ein Betriebsteil übergegangen ist.

Der Betrieb wird im deutschen Recht als Zusammenfassung personeller und sachlicher Mittel zur Verfügung eines wirtschaftlichen Zwecks verstanden[1]. In diesem Sinne könnte der Betrieb der X auf die Y übergangen sein.

Im Einzelnen ist der Bewachungsauftrag zwischen der RUB von X auf Y übergegangen. Auch hat die Y die festinstallierten Sicherungseinrichtungen übernommen. Fraglich ist, ob diese Tatsachen für einen Betriebsübergang ausreichen.

b) Legt man die herkömmliche Definition des Betriebs im deutschen Arbeitsrecht zugrunde, scheitert ein »Betriebs«-Übergang daran, dass keine Personen übernommen worden sind. Alle Mitarbeiter der X wurden entlas-

---

1   *Preis*, RdA 2000, 257, 267.

sen, Y arbeitet mit eigenem Personal. Im Hinblick auf die Sachmittel ist festzustellen, dass Y eigene Betriebsmittel einsetzt und nur auf die von X fest installierten Sicherungseinrichtungen zurückgreift. Nach der herkömmlichen Definition ist daher kein Betrieb übergegangen.

c) Jedoch kann im Rahmen des § 613a BGB an dieser Definition des deutschen Rechts nicht mehr festgehalten werden. § 613a BGB geht auf die europäische Betriebsübergangsrichtlinie 2001/23/EG zurück. Nach dem Gemeinschaftsrecht ist die Bundesrepublik Deutschland verpflichtet, diese Richtlinie adäquat in das deutsche Recht umzusetzen. Soweit es um die Auslegung von Begriffen geht, die sich sowohl in der Richtlinie als auch in § 613a BGB finden, ist dabei die Rechtsprechung des EuGH zu berücksichtigen[2]. Dieser legt das EG-Recht für die EG-Mitgliedstaaten verbindlich aus. Nach dem Grundsatz des »Anwendungsvorrangs des Gemeinschaftsrechts«[3] ist die Rechtsprechung des EuGH zur Betriebsübergangsrichtlinie auch für die deutschen Gerichte bei der Auslegung des § 613a BGB verbindlich.

Der EuGH hat es in der Christel-Schmidt-Entscheidung[4] als möglich angesehen, dass bereits die Auftragsneuvergabe im Hinblick auf eine einzige betroffene Arbeitnehmerin zu einem Betriebsübergang führt.[5] Diese Rechtsprechung ist inzwischen allerdings durch die Ayse Süzen-Entscheidung des EuGH[6] wieder korrigiert worden. Danach genügt die bloße Auftragsneuvergabe nicht, um einen Betriebsübergang anzunehmen. Der EuGH hält jedoch daran fest, dass nicht unbedingt auch Sachmittel übernommen werden müssen. Die maßgeblichen Kriterien seien bei einem Produktionsbetrieb und bei einem Dienstleistungsbetrieb – wie hier – verschieden.[7] Grundsätzlich kommt es nach der Rechtsprechung des EuGH auf die Wahrung der Identität einer wirtschaftlichen Einheit an. Dabei sind insbesondere zu berücksichtigen[8]:

– Übergang der materiellen Betriebsmittel, wie Gebäude und bewegliche Güter
– Wert der immateriellen Aktiva zum Zeitpunkt des Übergangs
– Übergang der Kundschaft

---

2 MünchArbR-*Wank*, § 124, Rn 34; *Grundmann/Riesenhuber*, JuS 2001, S 529, 530.
3 EuGH, Slg 1964, S 1251, 1269 – Costa/ENEL.
4 EuGH, Slg 1994, S 1321 = AP Nr 106 zu 3 613a BGB (*Loritz*) = NZA 1994, S 545.
5 Zu den Stellungnahmen in der deutschen Literatur s die Nachweise bei *Wank*, SAE 1998, S 209.
6 EuGH, Slg 1994, 1311 = NZA 1997, S 433.
7 EuGH, NZA 1999, S 253.
8 EuGH, Slg 1986, 1119 Rn 11 – Spijkers.

– Grad der Ähnlichkeit zwischen der vor und nach dem Übergang verrichteten Tätigkeit
– Dauer einer Unterbrechung der Tätigkeit.

Diese Rechtsprechung ist inzwischen vom BAG übernommen worden[9].

d) Probleme bereitet aber das Merkmal »durch Rechtsgeschäft«. Das Merkmal »Übergang durch Rechtsgeschäft« könnte dahingehend zu verstehen sein, dass nur eine Zweierbeziehung Veräußerer/Erwerber gemeint ist. Sowohl in der Rechtsprechung des EuGH als auch in der des BAG und der deutschen Literatur ist jedoch allgemein anerkannt, dass auch Dreipersonenverhältnisse i. S. einer Auftragsneuvergabe von diesem Merkmal erfasst werden.[10] Hier hat die RUB jeweils mit X und danach mit Y ein Rechtsgeschäft abgeschlossen.

e) Legt man die oben genannte Ansicht zugrunde, so wird hier dieselbe Tätigkeit aufgrund der Neuvergabe des Auftrags fortgeführt, und es wurden die feststehenden Sicherungseinrichtungen übernommen. Im Übrigen finden sich aber keine Merkmale für die Wahrung der Identität einer wirtschaftlichen Einheit. Weder wurde das Personal übernommen noch die Betriebsmittel. Es fehlt somit auch nach dem Betriebsbegriff des EuGH an einem Betriebsübergang.

Damit ist kein Rechtsverhältnis zwischen A und Y entstanden[11].

2. Die Klage des A ist zwar zulässig, aber unbegründet.

Zur Klage des B

I. Zulässigkeit

Im Hinblick auf die Zulässigkeit ergeben sich keine Unterschiede.

II. Begründetheit

1. Auch hier stellt sich die Frage, ob ein Betriebsübergang stattgefunden hat. Legt man die maßgebliche EuGH-Entscheidung zugrunde, so ergibt sich, dass in erheblichem Maße Sachmittel übernommen wurden.[12] Ein

---

9 S BAG AP Nr 36 zu EWG-Richtlinie Nr 77/187 = SAE 1998, S 209 m Anm *Wank*.
10 Nachw bei MünchArbR-*Wank*, § 124, Rn 85 ff; Kritik an einer zu weiten Auslegung bei *Wank/Börgmann*, DB 1998, S 1229.
11 Vgl zum Ganzen BAG AP Nr 174 zu § 613a BGB = NZA 1998, S 638.
12 Das Vorliegen dieser Voraussetzung ist allerdings nach der EuGH-Rechtsprechung bei Reinigungsunternehmen nicht erforderlich; s EuGH, NZA 1999, S 253 – Hernandes Vidal u a; EuGH, EuZW 2002, S 286, 287 – Temco.

Übergang von Personal ist nach der Rechtsprechung insoweit zu beachten, als ein »nach Zahl und Sachkunde wesentlicher Teil« übernommen wird;[13] hier wurde der überwiegende Teil der Belegschaft übernommen. Die Tätigkeit blieb in ihrem Inhalt unverändert, und der Bewachungsauftrag ging nahtlos über. Da es sich um ein Dienstleistungsunternehmen handelt, sind die maßgeblichen Voraussetzungen i. S. der EuGH-Rechtsprechung erfüllt.

2. Rechtsfolge ist nach § 613 a Abs. 1 BGB, dass die Arbeitsverhältnisse auch derjenigen Mitarbeiter kraft Gesetzes übergehen, die nicht bereits kraft Vertrages übernommen wurden. Damit ist auch das Arbeitsverhältnis des B kraft Gesetzes auf Y übergegangen[14].

3. Fraglich ist, ob sich daran durch die gegenüber B von X erklärte Kündigung etwas ändert. Die Kündigung ist nach § 613 a Abs. 4 Satz 2 BGB entgegen Satz 1 dann wirksam, wenn sie auf Gründe gestützt wird, die nichts mit dem Betriebsübergang zu tun haben, wie insbes. ein neues Organisationskonzept bei X oder bei Y.[15] Irgendein anderer Grund als die Tatsache, dass hier eine Auftragsentziehung und ein Betriebsübergang erfolgten, liegt für die Kündigungen jedoch nicht vor. Die Kündigung ist somit hier wegen des Betriebsübergangs erfolgt, § 613 a Abs. 4 Satz 1 BGB, und daher unwirksam. E ist als im Zeitpunkt des Rechtsübergangs als immer noch bei X angestellt anzusehen.[16] In dem Zeitpunkt, in dem Y den Reinigungsauftrag übernimmt, geht kraft Gesetzes das Arbeitsverhältnis des B auf Y über.

4. Die Klage des B ist zulässig und begründet.

Zur Klage des C

I. Zulässigkeit

C macht neben dem Feststellungsantrag – für den dieselben Überlegungen wie bei A und B gelten – einen Leistungsantrag gem. § 2 Abs. 1 Nr. 2 Buchst. a ArbGG geltend. Beide Anträge können gem. § 260 ZPO i. V. m. § 46 Abs. 2 ArbGG im Wege der objektiven Klagehäufung miteinander verbunden werden.

---

13 EuGH, NZA 1997, S 433 – Süzen; dazu *Moll*, RdA 1999, S 233, 237; Anm *Wank*, SAE 1998, S 209, 213.

14 Vgl auch BAG AP Nr 172 zu § 613 a BGB = NZA 1998, S 534.

15 S MünchArbR-*Wank*, § 125, Rn 13 ff.

16 Vgl EuGH, EuZW 2002, S 286, 287 – Temco.

II. Begründetheit

Die Klage des C ist begründet, wenn er zu X in einem unbefristeten Arbeitsverhältnis steht und er einen Anspruch auf Gehalt für Juli und August 2002 hat.

1. Zwischen X und C bestand seit fünf Jahren ein Arbeitsverhältnis. Dieses könnte durch die fristgemäße, § 622 Abs. 2 Nr. 2 BGB, und formgemäße, § 623 BGB, Kündigung durch X im Juni 2002 beendet worden sein. Das setzt voraus, dass die Kündigungserklärung der X wirksam war. Hier handelt es sich um eine betriebsbedingte Kündigung i. S. des § 1 Abs. 2 KSchG; das Kündigungsschutzgesetz ist gem. § 1 Abs. 1 KSchG, § 23 Abs. 1 Satz 2 KSchG hier anwendbar. Diese Kündigung ist gem. § 613 a Abs. 4 Satz 2 BGB wirksam, wenn sie nicht wegen des Betriebsübergangs i. S. des § 613 a Abs. 4 Satz 1 BGB erfolgt ist. Sie geht hier darauf zurück, dass C die ihm bei Y zur Verfügung stehende Stelle nicht angenommen hat. Vielmehr hat er insofern gegenüber dem Betriebsübergang einen Widerspruch erklärt. Nach § 613 a Abs. 6 BGB kann ein Arbeitnehmer durch fristgemäße, schriftliche Ausübung seines Widerspruchsrechts den Übergang des Arbeitsverhältnisses auf den Betriebserwerber verhindern. Die Voraussetzungen des § 613 a Abs. 6 BGB sind hier erfüllt.[17]

Rechtsfolge der Ausübung des Widerspruchsrechts ist, dass das Arbeitsverhältnis dann nicht kraft Gesetzes auf den Erwerber übergeht, sondern bei dem früheren Arbeitgeber bestehen bleibt. Dennoch könnte hier eine wirksame Kündigung vorliegen. Mit der Ausübung des Widerspruchsrechts ist auch nach der Neuregelung in § 613 a Abs. 6 BGB kein Bestandsschutz verbunden. Wenn der Arbeitgeber wegen des Betriebsübergangs für den Arbeitnehmer keine Verwendung mehr hat, kann er ihm ungehindert von § 613 a Abs. 4 Satz 1 BGB betriebsbedingt kündigen[18]; denn dann beruht die Kündigung nicht auf dem Betriebsübergang, sondern auf der Ausübung des Widerspruchsrechts und der sich daraus ergebenden Folge, dass für den Arbeitnehmer keine Arbeit vorhanden ist.[19] Das ist hier geschehen. Die Kündigung war daher wirksam.[20]

---

17 S zu dieser Vorschrift *Bauer/v Steinau-Steinrück*, ZIP 2002, S 457; *Gaul/Otto*, DB 2002, S 634; *Grobys*, BB 2002, S 726; *Willemsen/Lembke*, NZA 2002, S 1159; *Worzalla*, NZA 2002, S 353.

18 *Wank/Brüning*, ZfA 1995, S 711; MünchArbR-*Wank*, § 124, Rn 105 mwN.

19 BAG AP Nr 41 zu § 1 KSchG 1969 Soziale Auswahl; ErfK-*Preis*, § 613 a BGB, Rn 88; *Schlachter*, NZA 1995, S 705, 706; MünchArbR-*Wank*, § 124, Rn 105.

20 Auf § 1 Abs 3 KSchG ist mangels Angaben im Sachverhalt nicht einzugehen; s dazu MünchArbR-*Wank*, § 124, Rn 106.

2. Fraglich ist, ob C für die Dauer der Kündigungsfrist einen Gehaltsanspruch gegen X hat.

Der Gehaltsanspruch des C gegenüber X könnte gem. §§ 611, 275 Abs. 1, 326 Abs. 1 BGB entfallen sein. Da X keine Arbeit mehr für ihn hatte, war die Arbeit für C unmöglich geworden. Grundsätzlich hat er damit seinen Anspruch auf die Gegenleistung verloren.

§ 612a BGB greift nicht ein; die Kündigung erfolgte nicht als rechtswidrige Bestrafung für die Geltendmachung des Widerspruchsrechts aus § 613a Abs. 6 BGB, sondern war die berechtigte Konsequenz daraus, dass der Arbeitsplatz entfallen war.

Ein Anspruch auf die Gegenleistung könnte sich aber hier aus §§ 611, 615, 293 ff. BGB ergeben.

In Betracht kommt die Aufrechterhaltung des Lohnanspruchs nach der Betriebsrisikolehre[21]. Diese Lehre ist jedoch für Fälle außerhalb des Arbeitskampfes überflüssig, da das Problem von § 615 BGB geregelt wird[22], wie § 615 Satz 3 BGB nunmehr ausdrücklich normiert. Der Anspruch ist gegeben, wenn sich X gegenüber C in Annahmeverzug befunden hat. Das setzt voraus, dass C seinerseits die nach dem Vertrag geschuldete Arbeitsleistung angeboten hat. Nach dem Vertrag war C als Bewacher bei X beschäftigt. Da der Überwachungsauftrag inzwischen an Y vergeben worden war, hatte X für C im Juli und August nur noch die Möglichkeit, ihn bei Y zu beschäftigen. Das hielt sich im Rahmen des Vertrages und wurde durch die Ausübung des Direktionsrechts gedeckt. Diese Arbeit hat C aber abgelehnt. Damit scheitert ein Anspruch nach § 615 Satz 2 BGB bereits daran, dass er gar nicht die geschuldete Arbeitsleistung angeboten hat.[23]

Wenn man insoweit anderer Ansicht ist, ist darauf abzustellen, dass C es böswillig unterlassen hat, eine ihm mögliche anderweitige Erwerbstätigkeit aufzunehmen, § 615 Satz 2 BGB[24]. Auch wenn der Arbeitnehmer ein Widerspruchsrecht wirksam ausübt, ist ihm bis zum Ablauf der Kündigungsfrist die Weiterarbeit beim Erwerber zuzumuten[25]. Auch nach dieser Ansicht hat C keinen Lohnanspruch.

3. Die Klage des C ist daher zwar zulässig, aber unbegründet.

---

21 BAG AP Nr 15 und Nr 30 zu § 615 BGB Betriebsrisikolehre.
22 ErfK-*Preis*, § 615 BGB, Rn 7.
23 Vgl *Fenn/Klose*, JuS 2000, S 534, 536 f.
24 Vgl auch BAG AP Nr 177 zu § 613a BGB (*Moll/Jacobi*) = NZA 1998, S 750 = SAE 1998, S 319 (*R Weber*).
25 *Wank/Brüning*, ZfA 1995, S 721 f.

Hinweis: In Fällen des Betriebsübergangs sind insbesondere § 613 a Abs. 1 Satz 1 BGB und § 613 a Abs. 4 Satz 1 und 2 BGB von Bedeutung. Schwierigkeiten bereitet die Feststellung, wann ein »Betriebsteil« vorliegt. Eine Definition, unter die man schlicht subsumieren könnte, besteht nicht. Vielmehr müssen jeweils bestimmte, durch die Rechtsprechung des EuGH vorgegebene Kriterien beachtet werden.

Von einem Betriebs*übergang* kann man nur dann sprechen, wenn »die Wahrung der Identität« der wirtschaftlichen Einheit gewährleistet ist.

Probleme bereitet auch das Merkmal »*durch Rechtsgeschäft*«. Statt durch ein einzelnes Rechtsgeschäft kann der Betrieb oder der Betriebsteil auch durch mehrere Rechtsgeschäfte erworben werden. Im Übrigen wird nicht nur eine Zweipersonenbeziehung Veräußerer/Erwerber erfasst, sondern auch eine Dreipersonenbeziehung, wie Verpächter – früherer Pächter – neuer Pächter.

Bei § 613 a Abs. 4 BGB empfiehlt es sich, von Satz 2 auszugehen; nur wenn dessen Vorrausetzungen nicht erfüllt sind, greift Satz 1 ein.

Aufbauschema Nr. 13:

Betriebsübergang

Tatbestand

– Betrieb oder Betriebsteil
  (Kriterien nach EuGH in der Rechtssache Spijkers)
– durch Rechtsgeschäft
  (ein Rechtsgeschäft oder mehrere;
  auch Dreipersonenbeziehung)
– Übergang
  (= Wahrung der Identität der wirtschaftlichen Einheit;
  tatsächliche Fortführung durch den Erwerber (str.))

Rechtsfolge

Das Arbeitsverhältnis geht mit demselben Inhalt wie bisher
auf den Erwerber über.

11. Ausgangsfall »Lohnzulagen«

Der für das Unternehmen des U einschlägige Tarifvertrag sieht als Entgeltregelung für Arbeitnehmer einen Zeitlohn vor, der in fünf Gruppen gestaffelt ist. Eine Regelung über Zulagen enthält der Tarifvertrag nicht. Neben dem entsprechend der Einordnung in eine der genannten Gruppen gezahlten Tarifentgelt erhalten die Arbeitnehmer von U eine Zulage in Form einer Prämie für besondere Leistungen und eine Arbeitsmarktzulage. Diese Zulagen werden in den Arbeitsverträgen der Arbeitnehmer als »außertarifliche Zulagen« bezeichnet und in folgender Weise gesondert ausgewiesen:

»Bei den außertariflichen Zulagen handelt es sich um freiwillige Leistungen. Sie können auf eine allgemeine Lohnerhöhung angerechnet werden.«

Die Zulagen werden grundsätzlich allen Arbeitnehmern gezahlt. Mit der Zahlung der Arbeitsmarktzulage verfolgt U den Zweck, das zu niedrige Tarifentgelt der Situation auf dem Arbeitsmarkt anzupassen. Die Arbeitsmarktzulage beträgt für alle Arbeitnehmer 10 % des tariflichen Entgelts. Die Leistungsprämie dient dem Zweck, besondere persönliche Leistungen der Arbeitnehmer zu honorieren. Dabei legt U die Höhe der an den einzelnen Arbeitnehmer gezahlten Prämie wie folgt fest: Wenn eine bestimmte Arbeitsleistung in Stunden erbracht ist, wird eine Basisprämie gezahlt. Darüber hinausgehende Erhöhungen der Prämie aufgrund besonderer Leistungen nimmt U erst nach einer Prüfung des Einzelfalles vor, wobei er keine allgemeinen Grundsätze zugrundelegt.

Der Betriebsrat schlägt U eine Betriebsvereinbarung vor, in der eine Erhöhung der fünf tariflichen Entgeltgruppen sowie der Arbeitsmarktzulage und der Basisprämie um jeweils 100,– € geregelt werden sollen. Diese Forderung begründet der Betriebsrat damit, dass die bislang gezahlten Beträge nicht mehr der allgemeinen Einkommensentwicklung entsprächen. Darüber hinaus will der Betriebsrat durch Betriebsvereinbarung ein Prämienlohnsystem für die Berechnung der über die Basisprämie hinausgehenden Prämien einführen, um die Berechnung und die Zahlung der Leistungsprämie transparent zu gestalten. Schließlich verlangt der Betriebsrat, dass die in den Arbeitsverträgen einheitlich enthaltene Anrechnungsklausel, deren Einführung er nicht zugestimmt hatte, gestrichen wird.

U ist mit allen diesen Vorschlägen nicht einverstanden. Insbesondere wendet er ein, er könne nicht mittels Betriebsvereinbarung gezwungen werden, höhere Löhne zu zahlen. Das gelte auch für die Einführung des Prämienlohnsystems, da dessen Anwendung dazu führen würde, dass sich der Etat für die Leistungsprämie insgesamt erhöht. Ferner wolle er sich die Entscheidung über die Höhe der Prämie im Einzelfall gerade offen halten und wolle keine generelle Regelung; dazu aber würde es bei einer Einführung des Prämienlohnsystems kommen. Schließlich sei zu bedenken, dass er die Zulagen freiwillig zahle und die Arbeitnehmer keinen Anspruch darauf hätten.

1. Könnte der Betriebsrat mit Erfolg die Einigungsstelle anrufen?
2. Kann der Betriebsrat die Streichung der Anrechnungsklausel verlangen?

Bearbeitungshinweis: Prüfen Sie in jedem Fall, ob dem Betriebsrat in den angesprochenen Fragen ein Mitbestimmungsrecht zusteht und ob über die Erhöhung des Entgelts und die Einführung des Prämienlohnsystems eine Betriebsvereinbarung abgeschlossen werden könnte.

Lösung

Vorüberlegungen

Es geht um Fragen des Initiativrechts und des Mitbestimmungsrechts des Betriebsrats in Entgeltfragen. Offenbar ist die Reichweite dieses Mitbestimmungsrechts im Hinblick auf unterschiedliche Fallgestaltungen zu erörtern. Einige bei der Argumentation zu beachtende Überlegungen sind anscheinend in der mitgeteilten Rechtsansicht des U angeführt.

Ausarbeitung

Frage 1

A. Initiativrecht betr. Tarifentgelt und Zulagen

I. Initiativrecht

Der Betriebsrat kann nur dann mit Erfolg die Einigungsstelle anrufen, wenn er im Hinblick auf den Abschluss einer Betriebsvereinbarung über die Erhöhung des Tarifentgelts und der Zulagen initiativ werden darf und wenn gegen die Ablehnung durch den Arbeitgeber die Anrufung der Einigungsstelle durch den Betriebsrat möglich ist.

Voraussetzung ist ein Initiativrecht des Betriebsrats, also das Recht, von sich aus eine Entscheidung des Arbeitgebers über eine bestimmte Frage zu verlangen.[1] Ein derartiges Initiativrecht ist für alle Fälle des § 87 Abs. 1 BetrVG zu bejahen. Der Umfang des Initiativrechts entspricht dabei dem des jeweiligen Mitbestimmungsrechts.[2] Zwar enthält das Gesetz – abgesehen von § 91 BetrVG – keine ausdrückliche Regelung des Initiativrechts. Aus dem Zweck der »Mit«bestimmung ergibt sich aber, dass beide Seiten in gleicher Weise am Entscheidungsprozess beteiligt sein sollen. Den Bedenken im Hinblick auf die Folgen der Mitbestimmung ist dadurch Rechnung zu tragen, dass der Umfang des Mitbestimmungsrechts entsprechend eingeschränkt wird.

Ein Initiativrecht des Betriebsrats ist grundsätzlich zu bejahen, wenn und soweit ihm ein Mitbestimmungsrecht zusteht.

II. Voraussetzungen des § 87 Abs. 1 Einleitungssatz BetrVG

Ein Mitbestimmungsrecht des Betriebsrats könnte aber hier nach § 87 Abs. 1 Einleitungssatz BetrVG ausgeschlossen sein.

1. Gesetzliche Regelung

Eine gesetzliche Regelung über Entgelte und Zulagen liegt nicht vor.

2. Tarifliche Regelung

Tarifvertraglich ist ein Zeitlohn geregelt. Entsprechend dem Wort »soweit« in § 87 Abs. 1 Einleitungssatz BetrVG hat die tarifliche Regelung nur dann eine Sperrwirkung, wenn sie im Hinblick auf die hier einschlägigen Punkte als abschließend zu betrachten ist.[3] Zu prüfen ist daher der abschließende Charakter der tariflichen Regelung.

a) Regelung betr. Zeitlohn

Die tarifliche Regelung des Zeitlohns ist abschließend; sie darf und muss nicht durch eine betriebliche Regelung ergänzt werden. Insoweit besteht daher kein Mitbestimmungsrecht des Betriebsrats.

b) Regelung betr. Zulagen

Zweifelhaft ist, ob hier die tarifliche Entgeltregelung auch gegenüber den Zulagen als abgeschlossen anzusehen ist. Wann in derartigen Fällen eine abschließende tarifliche Regelung zu bejahen ist, ist streitig.

---

1 Vgl *Zöllner/Loritz*, Arbeitsrecht, § 46 I 6, S 533.
2 BAG AP Nr 1 zu § 87 BetrVG 1972; GK-BetrVG-*Wiese*, 6. Aufl 1998, § 87, Rn 135 ff; 138; *Richardi*, BetrVG, 8. Auf 2002, § 87, Rn 65 ff; *Zöllner/Loritz*, Arbeitsrecht, § 47 III 4, S 565.
3 Vgl GK-BetrVG-*Wiese*, § 87, Rn 69, 72; *Richardi*, § 87 BetrVG, Rn 161 mwN.

Nach einer Meinung erfasst § 87 Abs. 1 Einleitungssatz BetrVG Zulagen jeder Art nicht. Eine tarifliche Regelung sei solange in Bezug auf Zulagen nicht abschließend, wie die Tarifvertragsparteien nicht vom Vorrang ihrer Regelungsbefugnis Gebrauch gemacht haben.[4] Danach würde auch ein Mitbestimmungsrecht in Bezug auf die Erhöhung der Zulage nicht an § 87 Abs. 1 Einleitungssatz BetrVG scheitern, da die tarifliche Regelung des Zeitlohns nicht als Regelung eines Höchstentgelts verstanden werden kann.

Nach anderer Ansicht ist demgegenüber zwischen allgemeinen Zulagen für die Erfüllung solcher Pflichten, die bereits kraft Arbeitsvertrages zu erbringen sind, und besonderen Zulagen, die eine besondere oder zusätzliche Leistung vergüten sollen, zu differenzieren. Von der Sperrwirkung werden danach nur allgemeine Zulagen erfasst.[5]

Diese Ansicht entspricht eher dem Normzweck des § 87 Abs. 1 Einleitungssatz BetrVG, dass der Betriebsrat nach einer tariflichen Festlegung nicht zu Lasten des Arbeitgebers »nachkarten« darf.[6]

Ergebnis zu II.: Ein Mitbestimmungsrecht über die Erhöhung des Tarifentgelts scheitert an § 87 Abs. 1 Einleitungssatz BetrVG; ebenso ein Mitbestimmungsrecht über die Erhöhung der Arbeitnehmerzulage. Dagegen schließt § 87 Abs. 1 Einleitungssatz BetrVG ein Mitbestimmungsrecht zur Erhöhung der Leistungszulage nicht aus.

III. Voraussetzungen des § 77 Abs. 3 Satz 1 BetrVG

Einer Betriebsvereinbarung über die Erhöhung der Leistungszulage könnte aber § 77 Abs. 3 Satz 1 BetrVG entgegenstehen.

Zweifelhaft ist allerdings, ob § 77 Abs. 3 Satz 1 BetrVG neben § 87 Abs. 1 Einleitungssatz BetrVG überhaupt anwendbar ist.

Nach einer Ansicht verdrängt § 87 Abs. 1 Einleitungssatz § 77 Abs. 3 Satz 1 BetrVG (»Vorrangtheorie«).[7]

---

4   BAG AP Nr 5 zu § 87 BetrVG 1972 Tarifvorrang; BAG GS AP Nr 51 zu § 87 BetrVG 1972 Lohngestaltung; *v Hoyningen-Huene*, Anm SAE 1985, S 298, 299 f.
5   BAG AP Nr 3 zu § 87 BetrVG 1972 Tarifvorrang; *Fitting/Kaiser/Heither/Engels/Schmidt*, Betriebsverfassungsgesetz, 21. Aufl 2002, § 77 BetrVG, Rn 87 f; *Goos*, NZA 1986, S 701, 702 f; *Hromadka*, DB 1986, S 1921, 1922 f.
6   *Hönsch*, Anm zu BAG, BB 1988, S 700; *Hromadka*, DB 1986, S 1921, 1922.
7   BAG GS AP Nr 51 zu § 87 BetrVG 1972 Lohngestaltung; *Farthmann*, RdA 1974, S 65, 71 f; insbes *Säcker*, ZfA-Sonderheft 1972, S 41, 63, 65.

Nach anderer Ansicht ist § 77 Abs. 3 BetrVG neben § 87 BetrVG anwendbar (»Zwei-Schranken-Theorie«).[8] Dieser Ansicht ist zu folgen. Beide Normen sind nach Voraussetzungen und Wirkungen nicht deckungsgleich, so dass § 87 BetrVG gegenüber § 77 Abs. 3 BetrVG keine Spezialvorschrift ist. Die Anwendbarkeit des § 77 Abs. 3 BetrVG wird daher hier nicht durch § 87 BetrVG gehindert.

Die Zulage ist ein Arbeitsentgelt i.S. des § 77 Abs. 3 BetrVG. Unter Arbeitsentgelt sind alle in Geld zahlbaren Vergütungen und Sachleistungen zu verstehen, ohne dass sie in einem Gegenseitigkeitsverhältnis zur Arbeitsleistung stehen müssten.[9] Die Anrechenbarkeit nimmt der Zulage nicht den Charakter von Arbeitsentgelt.[10]

Auch hier stellt sich die Frage, ob die Zulagenregelung durch die tarifliche Entgeltregelung verdrängt wird. Das ist nur der Fall, wenn die tarifliche Regelung als abschließend zu bezeichnen ist. Das ist gemäß den Ausführungen oben zu II. zu verneinen.

Eine Regelung derartiger Zulagen ist auch (davon ist mangels Angaben im Sachverhalt auszugehen) in Tarifverträgen nicht üblich.

Ergebnis zu III.: Der Abschluss einer Betriebsvereinbarung über die Erhöhung der Leistungszulage scheitert nicht an § 77 Abs. 3 Satz 1 BetrVG.

IV. Mitbestimmungsrecht und § 87 Abs. 1 Nr. 11 BetrVG

Ein Mitbestimmungsrecht des Betriebsrats in Bezug auf die Erhöhung der Leistungszulage könnte sich aus § 87 Abs. 1 Nr. 11 BetrVG ergeben.

Da § 87 Abs. 1 Nr. 11 gegenüber Nr. 10 BetrVG Spezialvorschrift ist,[11] ist nur Nr. 11 zugrunde zulegen.

Der Betriebsrat macht ein Mitbestimmungsrecht nicht nur im Hinblick auf die Gestaltung der Grundsätze für die Leistungszulage, sondern auch im Hinblick auf die Höhe der Leistungszulage geltend.

---

8 *Richardi*, § 77 BetrVG, Rn 247 ff; *Wank*, RdA 1991, S 129 ff; *ders*, NJW 1996, S 2273, 2275 f; *Zöllner/Loritz*, Arbeitsrecht, § 47 IV 5, S 570 ff.
9 *Fitting/Kaiser/Heither/Engels/Schmidt*, § 77 BetrVG, Rn 70, § 87, Rn 412.
10 BAG AP Nr 2 zu § 87 BetrVG 1972 Lohngestaltung; *Hunold*, DB Beil. Nr 26/1981, S 10.
11 *Lieb*, Arbeitsrecht, Rn 817; *Zöllner/Loritz*, Arbeitsrecht, § 47 II 11, S 563 f.

In der Literatur wird die Ansicht vertreten, dem Betriebsrat stehe auch insoweit ein Mitbestimmungsrecht zu.[12] Diese Ansicht ist jedoch, mit der h.M.,[13] abzulehnen.

Zu unterscheiden ist zwischen dem Dotierungsrahmen und der konkreten Ausgestaltung innerhalb des vom Arbeitgeber vorgegebenen Rahmens. Nur bei der Ausgestaltung, nicht bei der Lohnhöhe darf der Betriebsrat mitbestimmen. Anderenfalls könnten sich die Arbeitnehmer selbst ihr Entgelt bewilligen.

Ein Mitbestimmungsrecht über die Höhe der Leistungszulage nach § 87 Abs. 1 Nr. 11 BetrVG besteht nicht.

V. Mitbestimmungsrecht über die Erhöhung des Tariflohns und der Arbeitsmarktzulage

Dem Betriebsrat könnte ein Mitbestimmungsrecht in Bezug auf die Erhöhung des Tariflohns und der Arbeitsmarktzulage zustehen.

Wie oben dargelegt (s. o. II.), scheitert ein Mitbestimmungsrecht bereits an der Sperrwirkung des § 87 Abs. 1 Einleitungssatz BetrVG.

Die oben entschiedene Streitfrage kann aber hier dahinstehen, wenn ohnehin aus Gründen des § 87 Abs. 1 Nr. 10 BetrVG kein Mitbestimmungsrecht besteht.

Die Arbeitsmarktzulage ist trotz Anrechenbarkeit als Lohn i.S. des § 87 Abs. 1 Nr. 10 BetrVG anzusehen.

Ein Mitbestimmungsrecht des Betriebsrats besteht hier aber nur dann, wenn es sich dabei um die »betriebliche Lohngestaltung« handelt. Das erscheint hier deshalb zweifelhaft, weil der Betriebsrat die Höhe des Lohnes und der Zulage ändern will.

Nach einer Ansicht in der Literatur gehört zu der betrieblichen Lohngestaltung die Lohnhöhe.[14] Danach wäre hier ein Mitbestimmungsrecht des Betriebsrats gegeben.

Nach h.M. bezieht sich das Mitbestimmungsrecht nach Nr. 10 nur auf die Ausgestaltung eines vom Arbeitgeber vorgegebenen Rahmens und nicht

---

12   *Moll*, Die Mitbestimmung des Betriebsrats beim Entgelt, 1977, S 45 f, 157 ff, 264 f.
13   BAG AP Nr 12 zu § 87 BetrVG 1972 Lohngestaltung; BAG AP Nr 5 zu § 87 BetrVG 1972 Tarifvorrang; BAG AP Nr 22 zu § 87 BetrVG 1972 Lohngestaltung; GK-BetrVG-*Wiese*, § 87, Rn 808.
14   *Gester/Isenhart*, RdA 1974, S 80, 84; *Klinkhammer*, AuR 1977, S 363, 365; *Moll* (o Fn 12), S 157 ff, 188 ff.

auf die Lohnhöhe.[15] Dem ist zu folgen, da der Betriebsrat den Arbeitgeber nicht zu neuen Entgeltleistungen zwingen kann.

Ein Mitbestimmungsrecht bezüglich einer Erhöhung des Tariflohns und der Arbeitsmarktzulage besteht nicht.

Ergebnis zu A: Ein Initiativrecht des Betriebsrats in den hier behandelten Fragen besteht nicht, weil insoweit auch kein Mitbestimmungsrecht des Betriebsrats besteht. Ein Mitbestimmungsrecht wegen der Erhöhung des Tariflohns scheitert an § 87 Abs. 1 Einleitungssatz BetrVG. Ein Mitbestimmungsrecht wegen der Arbeitsmarktzulage scheitert ebenfalls an der genannten Sperrvorschrift; ein Mitbestimmungsrecht im Hinblick auf die Erhöhung der Leistungszulage besteht deshalb nicht, weil dadurch der Dotierungsrahmen überschritten würde.

B. Initiativrecht betr. Prämienlohnsystem

Der Betriebsrat könnte ein Initiativrecht auf Herbeiführung einer Betriebsvereinbarung über die Einführung eines Prämienlohnsystems haben, das er bis zum Spruch der Einigungsstelle weiterverfolgen kann. Das BAG hat ein solches Initiativrecht für nicht mitbestimmte Zulagenregelungen anerkannt.[16]

Auch hier setzt ein Initiativrecht ein entsprechendes Mitbestimmungsrecht aus §§ 87 Abs. 1, 2, 76 Abs. 5 Satz 1 BetrVG voraus.

I. Schranken

Schranken für ein Mitbestimmungsrecht aus §§ 87 Abs. 1 Einleitungssatz, 77 Abs. 3 Satz 1 BetrVG bestehen hier nicht. Die Leistungszulage hat im Tarifvertrag keine abschließende Regelung gefunden (s. o. A. II. 2. b).

II. § 87 Abs. 1 Nr. 10 BetrVG

Ein Mitbestimmungsrecht für die Einführung des Prämienlohnsystems könnte sich aus § 87 Abs. 1 Nr. 10 BetrVG ergeben.

---

15 BAG AP Nr 2, 3 zu § 87 BetrVG Lohngestaltung; *Richardi*, § 87 BetrVG, Rn 734, 769 f; *Fitting/Kaiser/Heither/Engels/Schmidt*, § 87 BetrVG, Rn 441; *Goos*, NZA 1986, S 701; *Heinze*, NZA 1986, S 1, 4 ff; *Hromadka*, DB 1986, S 1921, 1922.

16 BAG GS AP Nr 51 zu § 87 BetrVG 1972 Lohngestaltung.

1. Betriebliche Lohngestaltung

Die Einführung des Prämienlohnsystems betrifft eine Frage der betrieblichen Lohngestaltung. Es geht um die Festlegung abstrakter Regelungen, nach denen die Entlohnung im Betrieb vorgenommen werden soll.[17] Ob insoweit die Einführung eines Entlohnungsgrundsatzes[18] oder einer Entlohnungsmethode[19] als gegeben anzusehen ist, ist demgegenüber unerheblich.

2. Erhöhung des Dotierungsrahmens

Ob die Einschränkung des Mitbestimmungsrechts aus § 87 Abs. 1 Nr. 10 BetrVG im Hinblick auf die Lohnpolitik (vgl. oben A. IV.) auch eine nur mittelbare Erhöhung des Dotierungsrahmens durch Anwendung eines Entlohnungssystems verbietet, ist umstritten.

Nach einer Ansicht sind solche mittelbaren Auswirkungen auf die Lohnhöhe im Rahmen des § 87 Abs. 1 Nr. 10 BetrVG nicht ausgeschlossen, wenn nur das Mitbestimmungsrecht nicht instrumental eingesetzt wird, um isoliert von der Lohnfindung eine Erhöhung des Arbeitsentgelts herbeizuführen.[20] Danach stünde die Erhöhung des Dotierungsrahmens hier einem Mitbestimmungsrecht nicht entgegen.

Andere Autoren halten eine mittelbare Erhöhung des Dotierungsrahmens jedenfalls dann für möglich, wenn die Vergütung die Arbeitsleistung des Arbeitnehmers, also das eigentliche arbeitsvertragliche Austauschverhältnis betrifft (im Gegensatz zur sog. »Topftheorie« bei den Sozialleistungen, § 87 Abs. 1 Nr. 8 BetrVG).[21]

Nach einer anderen Ansicht gebietet es das Verbot einer Lohnpolitik durch den Betriebsrat, dass der vom Tarifvertrag oder von den Einzelarbeitsverträgen vorgegebene Dotierungsrahmen unangetastet bleibt.[22] Dieser Ansicht ist zuzustimmen. Andernfalls könnte das Mitbestimmungsrecht leicht für eine Umgehung des Verbots der Lohnpolitik herangezogen werden.

Danach besteht hier kein Mitbestimmungsrecht, da mittelbar die Lohnhöhe geändert würde.

---

17   Vgl *Fitting/Kaiser/Heither/Engels/Schmidt,* § 87 BetrVG, Rn 424.
18   So *Richardi,* § 87 BetrVG, Rn 755, 894.
19   *Hromadka,* DB 1986, S 1921, 1929.
20   *Fitting/Kaiser/Heither/Engels/Schmidt,* § 87 BetrVG, Rn 516.
21   GK-BetrVG-*Wiese,* § 87, Rn 811; *Richardi,* § 87 BetrVG, Rn 771; *ders,* ZfA 1976, S 1, 23 f
22   *Heinze,* NZA 1986, S 1, 7; *Lieb,* Arbeitsrecht, § 8 III 4 b cc (4), S 239 f; ähnlich *Goos,* NZA 1986, S 701, 705; i E ebenso *Oetker,* RdA 1991, S 16, 26.

3. Kollektiver Tatbestand

Die Streitfrage könnte aber offen bleiben, wenn ein Mitbestimmungsrecht nach § 87 Abs. 1 Nr. 10 BetrVG hier aus anderen Gründen entfällt.
Grundsätzlich bezieht sich das Mitbestimmungsrecht nur auf die betriebliche Lohngestaltung und damit auf kollektive Regelungen, nicht aber auf
Einzelfallregelungen.[23]

Umstritten ist, ob diese Voraussetzung erfüllt ist, wenn der Arbeitgeber
die Zulage nicht nach einer generellen Regelung, sondern für jeden Einzelfall gesondert zuteilen will.

Das BAG gewährt dem Betriebsrat auch dann ein Mitbestimmungsrecht,
wenn der Arbeitgeber eine allgemeine Regelung ablehnt, die Zulage aber
allen oder nahezu allen Arbeitnehmern gewährt.[24] Begründet wird dies
damit, dass bei einer individuellen Bestimmung ein Grundsatz zur Lohnfindung fehle. Dies führe zu einem undurchsichtigen innerbetrieblichen
Lohngefüge, dessen Angemessenheit nicht gesichert sei. Die Mitbestimmung in diesem Bereich solle den Arbeitnehmer aber gerade vor einer einseitig an den Interessen des Unternehmers orientierten oder willkürlichen
Lohngestaltung schützen.[25]

Die Ansicht des BAG ist aus zwei Gründen abzulehnen: Allein dass Fragen der Lohngerechtigkeit betroffen sind, macht eine Maßnahme noch
nicht mitbestimmungspflichtig. Voraussetzung für die Mitbestimmung ist
ein kollektiver Tatbestand. Einzelentscheidungen, auch wenn sie in mehreren Fällen auftreten, unterliegen nicht der Mitbestimmung. Ein Einschrei-
ten des Betriebsrats ist mangels Kompetenz nicht zulässig.

Auch das Argument, die Mitbestimmung solle den Arbeitnehmer vor
einer willkürlichen Behandlung schützen, geht fehl. Hier wird zur Erreichung
des Zwecks (Schutz des Arbeitnehmers) das falsche Mittel angewandt. Der
Arbeitnehmer ist vor einer willkürlichen Ungleichbehandlung im Bereich
von Einzelmaßnahmen durch den Gleichbehandlungsgrundsatz geschützt.
Die Ausdehnung der Mitbestimmung ist also nicht erforderlich und, da deren
Voraussetzung – kollektiver Tatbestand – nicht vorliegt, auch nicht zulässig.

---

23 BAG AP Nr 5 zu § 87 BetrVG 1972 Tarifvorrang; *Fitting/Kaiser/Heither/En-
gels/Schmidt*, § 87 BetrVG, Rn 14 ff, 417 ff; GK-BetrVG-*Wiese*, § 87 Rn 813; *Wank*,
Festschrift für Wiese, 1998, S 617; *Zöllner/Loritz*, Arbeitsrecht, § 47 IV 2, S 567 f.
24 BAG AP Nr 5 zu § 87 BetrVG 1972 Tarifvorrang; BAG AP Nr 41 zu § 87 BetrVG
1972 Lohngestaltung.
25 BAG AP Nr 41 zu § 87 BetrVG 1972 Lohngestaltung; BAG AP Nr 3 zu § 87
BetrVG 1972 Lohngestaltung; vgl auch BAG GS AP Nr 51 zu § 87 BetrVG 1972 Lohngestaltung.

In neuerer Zeit hat das BAG ergänzend zu den obengenannten Argumenten eine neue Begründung für das Vorliegen eines kollektiven Tatbestandes versucht. Es sieht einen kollektiven Tatbestand als gegeben an, wenn dadurch die Strukturformen des Entgelts betroffen sind. Das sei bei einer Änderung der Verteilungsgrundsätze für Zulagen stets der Fall.[26] Ein kollektiver Tatbestand bestehe außerdem, wenn eine Anrechnungsklausel für alle Zulagen gegeben ist, die die Änderung der Verteilungsgrundsätze nach einem allgemeinen Grundsatz vorsieht. Eine solche Klausel liege vor, wenn in allen Verträgen die vollständige oder teilweise Anrechnung der Zulage auf tarifliche Änderungen vorgesehen ist.[27] In weiteren Entscheidungen hat das BAG bei der Änderung von Leistungszulagen einen kollektiven Tatbestand angenommen, wenn für die Durchführung die Leistungen der Arbeitnehmer zueinander ins Verhältnis gesetzt werden müssen.[28]

Diese Begründungen können nicht überzeugen.[29] Allein dass Strukturformen des Entgelts betroffen sind, macht noch keinen kollektiven Tatbestand aus. Auch bei einer Einzelentscheidung kann es um solche Strukturformen gehen. Dass die Änderung von übertariflichen Zulagen durch eine einheitliche Klausel geregelt ist, hat ebenfalls keine Auswirkungen auf die Einstufung als individuellen oder kollektiven Tatbestand. Die einheitliche Klausel kann im Einzelfall nach ganz unterschiedlichen Erwägungen angewandt werden, enthält selbst aber keine Vorgaben für die Anrechnung. Schließlich ist der Vergleich der Leistungen der Arbeitnehmer untereinander nicht ausschlaggebend; es kann sich trotzdem um eine Zulage aufgrund der besonderen Umstände beim einzelnen Arbeitnehmer handeln. So ist hier die Prämienzahlung jenseits der Basisprämie gerade an solche Besonderheiten gebunden, da U keine allgemeinen Kriterien anwendet.

Zuzustimmen ist daher der Ansicht, die ein Mitbestimmungsrecht nur dann als gegeben ansieht, wenn der Arbeitgeber von sich aus eine allgemeine Regelung der Lohngestaltung einführt, nicht aber, wenn er eine solche Regelung ausdrücklich ablehnt.[30] Ein Mitbestimmungsrecht besteht nur dann, wenn der Betriebsrat den generellen Charakter der Zulagenver-

26 BAG GS AP Nr 51 zu § 87 BetrVG 1972 Lohngestaltung.

27 BAG GS AP Nr 51 zu § 87 BetrVG 1972 Lohngestaltung.

28 BAG AP Nr 56 und Nr 60 zu § 87 BetrVG 1972 Lohngestaltung.

29 GK-BetrVG-*Wiese*, § 87, Rn 816; *Henssler*, Gem Anm zu BAG AP Nr 56, 57, 58 und 60 zu § 87 BetrVG 1972 Lohngestaltung; *Hromadka*, DB 1992, S 1573, 1577; s auch *Reichold*, RdA 1995, S 147, 151, 157 f.

30 *Hromadka*, DB 1986, S 1921, 1924; *Ziepke*, BB 1981, S 61, 71; vgl auch *Goos*, NZA 1986, S 701, 703 ff; *Wiese*, RdA 1995, S 355.

teilung darlegen kann. Das ist insbesondere in Großbetrieben möglich, in denen zwangsläufig generelle Grundsätze bei der Zulagenbemessung zugrunde liegen müssen. Für derartige Umstände enthält der Sachverhalt keine Angaben. Ein Mitbestimmungsrecht ist deshalb abzulehnen, weil es an einer allgemeinen Regelung fehlt.

> **Ergebnis zu B**: Ein Mitbestimmungsrecht des Betriebsrats scheitert daran, dass die mittelbare Erhöhung des Dotierungsrahmens gegen das Verbot der Lohnpolitik durch den Betriebsrat verstößt, jedenfalls aber daran, dass es hier an einem kollektiven Tatbestand fehlt.

Frage 2

Im Hinblick auf die Anrechnungsklausel macht der Betriebsrat einmal einen Beseitigungsanspruch geltend (die Klausel soll aus den bestehenden Einheitsarbeitsverträgen gestrichen werden) und zum anderen einen Unterlassungsanspruch (auch in zukünftige Verträge soll die Klausel nicht aufgenommen werden).

A. Anspruchstatbestand

Ob ein solcher Anspruch bei einem Verstoß gegen ein Mitbestimmungsrecht in einer Fallkonstellation wie der hier vorliegenden besteht, ist umstritten.

Teilweise wird lediglich die Unwirksamkeit der einzelvertraglichen Regelung wegen einer Umgehung des Mitbestimmungsrechts angenommen.[31] Die Unwirksamkeit der einzelvertraglichen Abreden beseitigt aber nicht das Bedürfnis nach einem eigenen betriebsverfassungsrechtlichen Anspruch des Betriebsrats. Überwiegend wird ein solcher Anspruch bejaht. Umstritten ist aber, auf welcher Grundlage er besteht. Teilweise wird die Anspruchsgrundlage in § 23 Abs. 3 Satz 1 BetrVG gesehen,[32] teilweise in § 87 BetrVG,[33] schließlich teilweise in § 1004 BGB analog, entweder in Verbindung mit § 87 Abs. 1 BetrVG oder in Verbindung mit § 23 Abs. 3 Satz 1 BetrVG.[34]

---

31 *Richardi*, § 87 BetrVG, Rn 127.
32 *Heinze*, DB Beil Nr 9/1983, S 16.
33 GK-BetrVG-*Wiese*, § 87, Rn 1043.
34 LAG Hamm, DB 1981, S 1336, 1338; *Denck*, RdA 1982, S 279, 284.

Das BAG hat inzwischen im Rahmen des § 87 BetrVG einen allgemeinen Unterlassungsanspruch des Betriebsrats gegen mitbestimmungswidriges Verhalten des Arbeitgebers anerkannt.[35] Diesen Anspruch leitet es aus einer Auslegung des § 87 BetrVG im Lichte des § 2 BetrVG ab.

Die Entscheidung dieses Streits kann hier offen bleiben, da alle Meinungen bei Bestehen eines Mitbestimmungsrechts zu einem Anspruch auf Beseitigung und Unterlassung kommen.

B. Voraussetzungen des § 87 Abs. 1 Nr. 10 BetrVG

Ein Mitbestimmungsrecht kann sich hier aus § 87 Abs. 1 Nr. 10 BetrVG ergeben, wenn eine Frage der betrieblichen Lohngestaltung betroffen ist.

Bei dem Teil der Leistungsprämie, der über die Basisprämie hinausgeht, scheidet ein Mitbestimmungsrecht bereits mangels kollektiven Tatbestandes aus (s. oben Frage 1 B. II. 3.). Die Anrechnung dieser Zulage ist hier ebenso mitbestimmungsfrei wie ihre Ausgestaltung. Die Arbeitsmarktzulage und die Basisprämie werden dagegen nach abstrakt-generellen Maßstäben vergeben, sie haben einen kollektiven Bezug.

Die Anrechnung ist rechtstechnisch als Widerruf der Zulage einzuordnen.[36] Das Mitbestimmungsrecht aus § 87 Abs. 1 Nr. 10 BetrVG greift dann ein, wenn der Arbeitgeber eine Zulage widerruft, um die dadurch freiwerdenden Mittel neu zu verwenden. Der Widerruf ist dann als unselbständiger Teil der betrieblichen Lohngestaltung anzusehen.[37]

Der generelle Widerruf einer freiwilligen Zulage unterliegt demgegenüber nicht der Mitbestimmung, da der Arbeitgeber in der Entscheidung frei ist, ob er eine solche Zulage überhaupt gewähren will.[38] Wenn danach der generelle Widerruf einer Leistungszulage mitbestimmungsfrei ist, muss es auch der vertragliche Vorbehalt des Widerrufs einer solchen besonderen Zulage sein, der den Vollzug dieses Widerrufs rechtlich erst ermöglicht.[39]

Allerdings ist nach der Rechtsprechung des BAG die Anrechnung mitbestimmungspflichtig, wenn durch sie das Verhältnis der Zulagen zueinan-

---

35 BAG AP Nr 23 zu § 23 BetrVG 1972.

36 *Hunold*, DB Beil Nr 26/1981, S 9.

37 BAG AP Nr 4 zu § 87 BetrVG 1972 Lohngestaltung; BAG AP Nr 12 zu § 87 BetrVG 1972 Lohngestaltung; *Richardi*, § 87 BetrVG, Rn 836.

38 GK-BetrVG-*Wiese*, § 87, Rn 841, 850 f; *Goos*, NZA 1986, S 701, 705; *Hunold*, DB Beil Nr 26/1981, S 11 f; *Ziepke*, BB 1981, S 61, 71; *Zöllner/Loritz*, Arbeitsrecht, § 47 II 10 a, S 561 f; vgl auch BAG AP Nr 12 zu § 87 BetrVG Lohngestaltung.

39 Vgl dazu BAG AP Nr 12 zu § 4 TVG Übertariflicher Lohn und Tariflohnerhöhung; BAG AP Nr 13 zu § 4 TVG Übertariflicher Lohn und Tariflohnerhöhung.

der verändert wird und wenn für eine anderweitige Anrechnung noch ein Regelungsspielraum besteht.[40] Aufgrund der vorliegenden Anrechnungsklausel sind nicht nur vollständige Anrechnungen möglich, es kommt auch eine teilweise Verrechnung mit der Tariflohnerhöhung in Betracht. Dadurch könnte es zu mitbestimmungspflichtigen Veränderungen der Zulagen kommen. Möglicherweise ist deshalb schon die Einführung der Anrechnungsklausel mitbestimmungspflichtig. Das BAG hält bei solchen Klauseln aber nur die jeweiligen Anrechnungsmaßnahmen nach den oben genannten Grundsätzen für mitbestimmungspflichtig.[41] Die Anrechnungsklausel selbst kann ohne die Mitwirkung des Betriebsrats in die Verträge aufgenommen werden.

> **Ergebnis zu Frage 2:** Ein Beseitigungs- und ein Unterlassungsanspruch des Betriebsrats scheitern daran, dass der einzelvertragliche Vorbehalt der Widerrufsmöglichkeit einer (besonderen) Leistungszulage nicht mitbestimmungspflichtig ist.

Hinweis: Das Mitbestimmungsrecht aus § 87 BetrVG hat erhebliche praktische Bedeutung und ist auch Gegenstand zahlreicher Klausuren und Hausarbeiten.

Eine Reihe von Problemen stellt sich für die unterschiedlichen Nummern des § 87 BetrVG in gleicher Weise; mit ihnen sollten Sie sich gründlicher befassen.

Die Konkurrenzfrage betreffend § 77 und § 87 BetrVG und die Frage des Dotierungsrahmens gehören zu den Standardproblemen.

Weitere häufige Probleme zu § 87 BetrVG sind:
- Rauchverbot,
- Betriebsbuße,
- Bildschirmarbeitsplätze.

---

40 BAG GS AP Nr 51, 53, 56 und 60 zu § 87 BetrVG 1972 Lohngestaltung.
41 BAG GS AP Nr 51 zu § 87 BetrVG 1972 Lohngestaltung.

Aufbauschema Nr. 14:

Mitbestimmungsrecht des Betriebsrats in sozialen Angelegenheiten nach § 87 BetrVG

I. Im Gesetz genannte Voraussetzungen
1. Kein Mitbestimmungsrecht bei Vorliegen einer gesetzlichen oder tariflichen Regelung, § 87 Abs. 1 Einleitungssatz BetrVG
   a) Gesetzliche Regelung
      aa) formelles oder materielles Gesetz
      bb) zwingendes Gesetz
      cc) abschließende gesetzliche Regelung
   b) Tarifliche Regelung
      aa) Tarifbindung
         streitig, ob
         – Tarifbindung nur des Arbeitgebers,
         – des Arbeitgebers sowie mindestens eines Arbeitnehmers,
         – des Arbeitgebers und der gesamten Belegschaft
      bb) abschließender Charakter des Tarifvertrags
2. Kein Mitbestimmungsrecht bei Tarifregelung oder Tarifüblichkeit
   a) Verhältnis des § 77 Abs. 3 Satz 1 BetrVG zu § 87 Abs. 1 Einleitungssatz BetrVG streitig
      aa) »Vorrangtheorie« (§ 87 verdrängt § 77 BetrVG)
      bb) »Zwei-Schranken-Theorie« (§ 77 neben § 87 BetrVG)
         folgt man der Zwei-Schranken-Theorie, ist wie folgt weiter zu prüfen:
   b) Tarifliche Öffnungsklausel, § 77 Abs. 3 Satz 2 BetrVG
   c) Arbeitsentgelte und sonstige Arbeitsbedingungen
      str., ob nur materielle Arbeitsbedingungen
   d) Tarifregelung oder Tarifüblichkeit
      aa) Betrieb und Arbeitnehmer unter tariflichem Geltungsbereich
      bb) Tarifliche Regelung, wenn Tarifvertrag mit abschließendem Charakter
      cc) Tarifüblichkeit
         – eingebürgerte tarifliche Regelung
         – potentielle Geltung des üblichen Tarifvertrags reicht aus

II. Ungeschriebene Tatbestandsvoraussetzungen
    1. Mitbestimmungsrecht nur bei kollektivem Tatbestand
    2. Mitbestimmungsfreiheit unternehmerischer Entscheidungen (str.)
    3. Mitbestimmungsrecht auch in Eilfällen
    4. Mitbestimmungsfreiheit bei Notfällen
III. Vorliegen eines der Mitbestimmungstatbestände des § 87 Abs. 1 Nr. 1–
     12 BetrVG

12. Ausgangsfall
»Vom Einkauf in den Verkauf«

1. A war von der Bochumer Textilhandels-GmbH, einem Unternehmen
    mit fünfzig Arbeitnehmern, vor acht Jahren für Bochum als kaufmänni-
    scher Angestellter eingestellt worden und arbeitet seitdem dort im Ein-
    kauf. Als der Angestellte B im Verkauf ausscheidet, erklärt der Geschäfts-
    führer G dem A, er solle vom 1. Juni an im Verkauf arbeiten. Angesichts
    eines festen Lieferantenstammes benötigt die Einkaufsabteilung heute
    weniger Personal.
    Die Verkaufsabteilung ist in einem anderen, 100 m entfernten Gebäude
    untergebracht, in dem nur Großraumbüros eingerichtet sind.
    A lehnt den Wechsel ab; für den Verkauf sei er nicht eingestellt. Der ord-
    nungsgemäß unterrichtete Betriebsrat erklärt G form- und fristgemäß,
    dem A seien eine neue Arbeit, neue Mitarbeiter und Großraumbüros
    nicht zuzumuten.
    Muss A in die Verkaufsabteilung wechseln?
2. Wie wäre es, wenn A nur während der 3-wöchigen Kur des B in der Ver-
    kaufsabteilung arbeiten soll?
3. Wie wäre es, wenn im Falle 1. für den Verkauf ein eigener Betrieb mit
    eigenem Betriebsrat in Dortmund besteht und der Wechsel auf einer
    Anregung des A beruht? – Bei der GmbH besteht ein Gesamtbetriebsrat.

Lösung
Vorüberlegungen

Diese Klausur betrifft eine typische Fallgestaltung. Ein und derselbe Fall ist
sowohl unter individualrechtlichen als auch unter kollektivrechtlichen Ge-
sichtspunkten zu prüfen. Beide Male geht es um eine Versetzung; aber sowohl die Definitionen als auch die einschlägigen Überlegungen sind nach
Individualarbeitsrecht und nach Betriebsverfassungsrecht verschieden.

Ausarbeitung
Frage 1

A muss in die Verkaufsabteilung wechseln, wenn ihn der Arbeitgeber dazu
einseitig anweisen darf und wenn die fehlende Zustimmung des Betriebsrats die Wirksamkeit dieser Anweisung nicht berührt.

A. Die Weisung des G

I. Die Erklärung des G als Organ der GmbH, A solle in die Verkaufsabteilung wechseln, könnte eine Weisung darstellen, für die es keiner Zustimmung des A bedarf. Im Hinblick auf den Inhalt der Arbeit hat der Arbeitgeber, wie allgemein anerkannt ist, ein Weisungsrecht[1]. Es muss abgegrenzt werden von Maßnahmen, die den Inhalt des Arbeitsvertrages ändern und die entweder einer einvernehmlichen Vertragsänderung oder einer Änderungskündigung bedürfen.

II. 1. Zur Abgrenzung zwischen Ausübung des Weisungsrechts und Änderung des Vertrages bedarf es des Rückgriffs auf den Vertragsinhalt. Je allgemeiner gehalten der Vertragstext ist, desto weiter geht das Weisungsrecht, während bei genauen Bestimmungen des Arbeitsinhalts und der Arbeitsumstände eher eine Vertragsänderung erforderlich ist[2].

Hier wurde A als kaufmännischer Angestellter bei der GmbH eingestellt. Der kaufmännische Angestellte ist Handlungsgehilfe nach § 59 HGB. Sein Arbeitsinhalt richtet sich in erster Linie nach den konkreten Vereinbarungen. A wurde zwar sofort in der Einkaufsabteilung eingesetzt; die Beschäftigung in dieser Abteilung war aber nicht zum Vertragsinhalt gemacht worden. A hat daher nach § 59 HGB die ortsüblichen Dienste zu leisten. Das ist so zu verstehen, dass er die üblichen Dienste eines kaufmännischen Angestellten zu erbringen hat[3]. Dazu gehört der Verkauf in gleicher Weise wie der Einkauf.

2. Etwas anderes könnte sich daraus ergeben, dass A bereits seit acht Jahren im Einkauf beschäftigt ist. Dadurch könnte sich der Inhalt des Arbeitsvertrages dahingehend »konkretisiert« haben, dass nunmehr eine Beschäftigung im Einkauf Vertragsinhalt ist.

Grundsätzlich ist in Rechtsprechung und Literatur anerkannt, dass eine derartige Konkretisierung des Arbeitsvertragsinhalts aufgrund langjähriger Beschäftigung möglich ist[4]. Dies kann mit dem Vertrauensprinzip begründet werden[5].

---

1 MünchArbR-*Richardi*, § 48, Rn 24; *Willemsen/ Brune*, Einstellung und Versetzung von Arbeitnehmern, 1987, S 18.
2 *v Hoyningen-Huene/Boemke*, Die Versetzung, 1991, S 84 ff; *Wank*, Lean Management und Business Reengineering aus arbeitsrechtlicher Sicht, 1995, S 34 ff.
3 Heymann-*Honsell*, HGB, 2. Aufl 1995, § 59, Rn 20, 25 ff.
4 BAG AP Nr 2, 17, 18, 24 zu § 611 BGB Direktionsrecht; *Klempt*, Festschrift für Stahlhacke, 1995, S 261 f.
5 *v Hoyningen-Huene/Boemke* (o Fn 2), S 101 f.

Unklar ist allerdings bereits, bei welcher Zeitspanne eine Konkretisierung anzunehmen ist. In den bisher von der Rechtsprechung entschiedenen Fällen betrug die Zeitspanne in der Regel mehr als acht Jahre. Darüber hinaus kann der bloße Zeitablauf nicht genügen. Es müssen besondere Umstände hinzukommen, die dem Arbeitnehmer einen Wechsel unzumutbar machen[6]. Grundsätzlich muss ein Arbeitnehmer bereit sein, sich auch nach Jahren in eine neue Tätigkeit einzuarbeiten. Im vorliegenden Fall ist jedenfalls nichts für derartige zusätzliche Umstände ersichtlich.

3. Unabhängig von der Frage einer Konkretisierung könnte eine Vertragsänderung dann zu bejahen sein, wenn wesentliche Arbeitsumstände so verändert werden, dass trotz vergleichbarer Tätigkeit ein anderer Vertragsinhalt zu bejahen ist. Aber auch insofern haben sich die Arbeitsumstände für A nicht erheblich geändert.

Individualrechtlich gesehen liegt demnach eine Weisung und keine Vertragsänderung vor.

III. Eine derartige Weisung braucht A aber nur zu befolgen, wenn sie nicht gegen ein Gesetz verstößt und wenn sie einer Inhaltskontrolle standhält[7]. Für einen Gesetzesverstoß ist hier nichts ersichtlich. Dass A wegen Ausfalls eines Mitarbeiters in eine andere Abteilung wechseln soll, entspricht billigem Ermessen nach § 315 BGB.

Somit liegt – individualrechtlich – eine wirksame Weisung vor, der A Folge leisten muss.

B. Die fehlende Zustimmung des Betriebsrats

Wenn auch die individualrechtlichen Voraussetzungen gegeben sind, so braucht A der Weisung dennoch nicht zu entsprechen, wenn die fehlende Zustimmung des Betriebsrats zur Unwirksamkeit der Maßnahme führt.

I. Hier hat der Betriebsrat seine Zustimmung zum Wechsel des A in die Verkaufsabteilung form- und fristgemäß verweigert. Dabei beruft er sich offenbar auf § 99 Abs. 2 BetrVG. Fraglich ist, ob sich aus der fehlenden Zustimmung die Rechtsfolge der Unwirksamkeit der Maßnahme ergibt.

Abzulehnen ist die Ansicht, die von vornherein ein Durchschlagen des Betriebsverfassungsrechts auf die individualrechtliche Maßnahme ablehnt.[8]

---

6 *v Hoyningen-Huene/Boemke* (o Fn 2), S 100 ff; *Hunold,* AR-Blattei SD Direktionsrecht, Rn 94 ff; *Klempt* (o Fn 4), S 265 ff; *Wank* (o Fn 2), S 39.

7 *v Hoyningen-Huene/Boemke* (o Fn 2), S 92 ff, 96 ff; *Hromadka,* DB 1995, S 1609, 1610; *Wank* (o Fn 2), S 40.

8 So *v Hoyningen-Huene/Boemke* (o Fn 2), S 195 ff; *Meisel,* Die Mitwirkung und Mitbestimmung des Betriebsrats in personellen Angelegenheiten, 5. Aufl 1984, Rn 371.

Vielmehr bedarf es zunächst der Prüfung, inwieweit sich die individual-schützende Zielrichtung des § 99 Abs. 2 BetrVG auf das Individualarbeits-recht auswirkt.

Dem Wortlaut des Gesetzes ist dazu keine Aussage zu entnehmen; eine Aussage zur individualvertraglichen Rechtsfolge der Zustimmungsverweigerung fehlt. Bei einem sorgfältig verfassten Gesetz wäre ein Umkehrschluss aus § 102 Abs. 1 Satz 3 BetrVG naheliegend: Wenn nur in diesem Fall die Verletzung des Mitbestimmungsrechts zur Unwirksamkeit führt, hat eine Verletzung in anderen Fällen nicht diese Konsequenz.

Dem Betriebsverfassungsgesetz 1972 liegt jedoch keine derart stringente Systematik zugrunde. Die Lösung kann aber mit Hilfe des Schutzzwecks der Mitbestimmung des Betriebsrats bei der Versetzung gefunden werden.

Das BAG hält eine Versetzung, zu der der Betriebsrat die Zustimmung verweigert hat, für unwirksam, so dass der betroffene Arbeitnehmer ihr nicht Folge zu leisten braucht.[9] Es stützt sich dabei auf den Schutzzweck der Mitbestimmung, der auch den Schutz des Einzelnen umfassen soll. Der Zustimmungsverweigerungsgrund des § 99 Abs. 2 Nr. 4 BetrVG ermögliche dem Betriebsrat die Ablehnung einer arbeitsvertraglich zulässigen Versetzung, die den Arbeitnehmer benachteiligt, soweit nicht bestimmte Rechtfertigungsgründe für die Maßnahme gegeben sind. Daraus ergebe sich, dass die Versetzung ohne die Zustimmung des Betriebsrats dem Arbeitgeber verboten sei, was nach § 134 BGB zu ihrer Unwirksamkeit führe.[10]

Nach anderer Ansicht ist die Maßnahme wirksam. Dem Arbeitnehmer soll aber ein Leistungsverweigerungsrecht zustehen, so dass er der Versetzungsanordnung nicht nachzukommen braucht.[11]

Da nach beiden Auffassungen der Arbeitnehmer die Weisung nicht zu befolgen braucht, kann der Meinungsstreit offen bleiben.

II. Voraussetzung für die Unwirksamkeit der Versetzungsanordnung ist, dass eine zustimmungspflichtige Maßnahme nach § 99 Abs. 1 BetrVG vorliegt und dass der Betriebsrat mit Recht seine Zustimmung verweigert hat.

1. Die Voraussetzung des § 99 Abs. 1 BetrVG, dass in dem Unternehmen mehr als zwanzig Arbeitnehmer beschäftigt sind, ist erfüllt. Als personelle

---

9 BAG AP Nr 50 zu § 99 BetrVG 1972.

10 BAG AP Nr 50 zu § 99 BetrVG 1972; zust *Däubler/Kittner/Klebe*, Betriebsverfassungsgesetz, 8. Aufl 2002, § 99, Rn 218; *Fitting/Kaiser/Heither/Engels/Schmidt*, 21. Aufl 2002, § 99 BetrVG, Rn 233; *Griese*, BB 1991, S 458, 463; *Wank* (o Fn 2), S 77.

11 GK-BetrVG-*Kraft*, 6. Auf 1998, § 99, Rn 124; *Ehrich*, NZA 1992, S 731, 734; *Richardi/Thüsing*, Betriebsverfassungsgesetz, 8. Aufl 2002, § 99, Rn 293; *Willemsen/Brune* (o Fn 1), S 71 f.

Einzelmaßnahme kommt hier eine Versetzung in Betracht. Wann eine Versetzung vorliegt, richtet sich nach der Legaldefinition in § 95 Abs. 3 BetrVG.

a) Erste Voraussetzung ist die Zuweisung eines anderen Arbeitsbereichs. Die Auslegung dieses Begriffs ist umstritten. Das BAG geht von der Zuweisung eines anderen Arbeitsbereichs aus, wenn dem Arbeitnehmer ein neuer Tätigkeitsbereich zugewiesen wird, so dass sich die von ihm geforderte Arbeitsleistung ändert. Der Begriff des Arbeitsbereichs ist aber nach Meinung des BAG auch durch eine stark räumliche Komponente geprägt.[12] Damit zieht das BAG einen bestimmten Arbeitsumstand zur Auslegung des Begriffs »anderer Arbeitsbereich« heran. Andere Umstände, wie zum Beispiel die Lage der Arbeitszeit, will es dagegen nicht berücksichtigen.[13]

Durch diese Rechtsprechung[14] wird die in § 95 Abs. 3 BetrVG klar enthaltene Trennung von Arbeitsbereich und Arbeitsumständen verwischt. Der Arbeitsbereich meint den Inhalt der Tätigkeit, den Aufgabenbereich des Arbeitnehmers. Die Arbeitsumstände beziehen sich dagegen auf die äußeren Umstände der Arbeit. Die Arbeitsumstände können daher nicht zur Auslegung des Merkmals »anderer Arbeitsbereich« herangezogen werden.[15] Die Zuweisung eines anderen Arbeitsbereichs ist also als Änderung des Inhalts der Tätigkeit des Arbeitnehmers zu verstehen.[16] Da A von der Einkaufs- in die Verkaufsabteilung wechseln soll, erhält er also einen anderen Arbeitsbereich.

b) Zweite Voraussetzung ist entweder eine Dauer der Maßnahme von mehr als einem Monat oder eine erhebliche Änderung der Arbeitsumstände. Da A dauerhaft in die Verkaufsabteilung überwechseln soll, kommt es auf eine Änderung der Arbeitsumstände nicht an.

2. Das Recht, die Zustimmung zu verweigern, könnte sich für den Betriebsrat hier aus § 99 Abs. 2 Nr. 4 BetrVG ergeben.

Der Betriebsrat hat sich nicht ausdrücklich auf diesen Zustimmungsverweigerungsgrund berufen. Das ist aber auch nicht erforderlich. Es genügt, wenn die Erwägungen des Betriebsrats tatbestandlich einem der in § 99 Abs. 2 BetrVG genannten Gründe entsprechen.[17]

---

12 BAG AP Nr 33 zu § 99 BetrVG 1972; BAG AP Nr 76 zu § 99 BetrVG 1972.
13 BAG AP Nr 25 zu § 95 BetrVG 1972.
14 S auch *Richardi/ Thüsing*, § 99 BetrVG, Rn 102.
15 *Wank*, Anm zu BAG EWiR § 95 BetrVG 1/92, S 129.
16 *Richardi/Thüsing*, § 99 BetrVG, Rn 98 ff; *Wank* (o Fn 2), S 62; *Willemsen/ Brune* (o Fn 1), S 21.
17 BAG AP Nr 21 zu § 99 BetrVG 1972.

Damit die Zustimmungsverweigerung begründet ist, müsste A durch die Versetzung benachteiligt werden. Für die Bestimmung des Nachteils kann die bloße Tatsache der Versetzung – mit der Folge, dass A unter einem neuen Vorgesetzten zusammen mit anderen Mitarbeitern, in einem anderen Gebäude, arbeiten muss – nicht genügen. Hinzu kommen müssen vielmehr darüber hinausgehende Nachteile, die sich in einer Verschlechterung der äußeren oder der materiellen Arbeitsbedingungen auswirken[18]. Insofern kommt hier das Überwechseln von einem Einzelbüro in ein Großraumbüro in Betracht. Die Arbeit in einem Großraumbüro wird von manchen Arbeitnehmern wegen der erleichterten Kommunikation als Vorteil angesehen, von anderen wegen Fehlens eines privaten Freiraums als Nachteil. Insofern ist es möglich, die Versetzung des A als nachteilig anzusehen.

Trotz eines Nachteils darf die Zustimmung aber nicht versagt werden, wenn die Versetzung aus betrieblichen Gründen gerechtfertigt ist. Hier war in der Verkaufsabteilung ein Mitarbeiter ausgeschieden, so dass die Stelle neu besetzt werden musste; demgegenüber bestand in der Einkaufsabteilung ein Personalüberhang. Da die Versetzung somit aus betrieblichen Gründen gerechtfertigt war, hat der Betriebsrat seine Zustimmung zu Unrecht verweigert.

3. Zweifelhaft ist, welche individualrechtliche Rechtsfolge im Falle einer unberechtigten Zustimmungsverweigerung eintritt.

Naheliegend wäre die Folgerung, dass eine unberechtigte Zustimmungsverweigerung nicht die schwerwiegende Folge auslösen kann, dass die vorgesehene Maßnahme unwirksam ist; dennoch liegt diese Konsequenz (Unwirksamkeit der Maßnahme auch bei unberechtigter Zustimmungsverweigerung) in der Logik des § 100 BetrVG.

Allerdings muss die Zustimmungsverweigerung bestimmte Mindestanforderungen erfüllen. So muss sie mit einer Begründung versehen sein und es als möglich erscheinen lassen, dass einer der in Abs. 2 genannten Gründe geltend gemacht wird[19]. Hier hatte der Betriebsrat seine Verweigerung mit Nachteilen für A begründet, so dass die Mindestvoraussetzungen erfüllt sind.

Damit führt die Zustimmungsverweigerung zur Unwirksamkeit der Anordnung der Versetzung. A braucht ihr nicht Folge zu leisten.

---

18   Vgl zum Begriff des Nachteils *Däubler/Kittner/Klebe*, § 99 BetrVG, Rn 182 ff; *Richardi/Thüsing*, § 99 BetrVG, Rn 230.
19   BAG AP Nr 50 zu § 99 BetrVG 1972; *v Hoyningen-Huene/Boemke* (o Fn 2), S 168 ff.

Frage 2

A. Die Weisung des G

Hier ergeben sich keine Änderungen. Kraft des Arbeitsvertrages ist G zu der Versetzung berechtigt.

B. Die fehlende Zustimmung des Betriebsrats

Zweifelhaft ist, ob eine Versetzung i.S. des § 95 Abs. 3 BetrVG vorliegt. A wird zwar ein anderer Arbeitsbereich zugewiesen. Die Zuweisung überschreitet jedoch nicht die Dauer von einem Monat. Eine Versetzung ist daher nur bei einer erheblichen Veränderung der Arbeitsumstände zu bejahen. Wie dieses Merkmal zu verstehen ist, ist in Rechtsprechung und Literatur umstritten. Die bloße Tatsache, dass der Arbeitnehmer unter einem anderen Vorgesetzten und mit anderen Arbeitnehmern zusammenarbeiten muss, reicht jedenfalls nach allgemeiner Ansicht nicht aus[20].

Umstritten ist, welche Bedeutung einem Ortswechsel zukommt. Nach einer Ansicht führt jeder Ortswechsel i.S. des Wechsels in ein anderes Gebäude zu einer »Versetzung«[21]. Diese Ansicht wird jedoch dem Sinn und Zweck des Gesetzes nicht gerecht[22]. Es kann nicht auf derartige Äußerlichkeiten ankommen; sondern die Änderung der Arbeitsumstände muss für den Arbeitnehmer erheblich sein. Das ist z.B. der Fall, wenn der Ortswechsel einen wesentlich längeren Anfahrtsweg erfordert[23]. Dagegen ist es als unerhebliche Änderung der Arbeitsumstände anzusehen, wenn der Arbeitnehmer lediglich in eine andere Etage oder in ein benachbartes Gebäude überwechseln soll.

A soll aber in der Verkaufsabteilung, anders als bei seiner bisherigen Tätigkeit, in einem Großraumbüro untergebracht werden. Der Wechsel von einem Einzelbüro in ein Großraumbüro kann nach einer Ansicht eine erhebliche Änderung der Arbeitsumstände darstellen[24]. Im Vergleich zu den sonstigen Fällen erheblicher Änderungen, wie z.B. Hitze- oder Kälteeinwir-

---

20   BAG AP Nr 18 zu § 95 BetrVG 1972; AP Nr 55 zu § 99 BetrVG 1972; *v Hoyningen-Huene/Boemke* (o Fn 2), S 128 f; *Wank* (o Fn 2), S 72.
21   *Däubler/Kittner/Klebe*, § 99 BetrVG, Rn 95; *Fitting/Kaiser/Heither/Engels/Schmidt*, § 99 BetrVG, Rn 121; *Richardi/Thüsing*, § 99 BetrVG, Rn 103 f.
22   *Wank*, Anm zu BAG EWiR § 95 BetrVG 1/92, S 129 f.
23   BAG AP Nr 18 zu § 95 BetrVG 1972; *v Hoyningen-Huene/Boemke* (o Fn 2), S 137 f.
24   Vgl *Richardi*, § 99 BetrVG, Rn 102; *v Hoyningen-Huene/Boemke* (o Fn 2), S 139.

kung, Auftreten von Nässe oder Schmutz[25], bedeutet aber die Unterbringung in einem Großraumbüro für drei Wochen keine entsprechende Belastung. Diese Art der Unterbringung mag dem Arbeitnehmer zwar unangenehm sein, sie führt aber nicht unmittelbar zu gesundheitlichen Belastungen und ist daher für kurze Zeit eher zu verkraften als die oben genannten anderen Fälle. Hier wirkt sich also die Dauer der Maßnahme auf die Erheblichkeit der Änderung aus. Eine kurzfristige Beschäftigung in einem Großraumbüro (bis zu einem Monat) ist demnach keine erhebliche Änderung der Arbeitsumstände. Der Begriff der Versetzung ist in dieser Fallvariante nicht erfüllt.

Die Zustimmungsverweigerung ist daher auch in diesem Fall unberechtigt. Doch kann sich A auch hier auf die Verweigerung der Zustimmung berufen.

Frage 3
A. Die Weisung des G

Anders als in den ersten beiden Fallvarianten kann G den Wechsel nicht durch Ausübung seines Weisungsrechts herbeiführen. Nach dem Arbeitsvertrag ist A nämlich »für Bochum« eingestellt worden. Damit ist dieser Beschäftigungsort vertraglich gesichert. Ohne eine Versetzungsklausel übersteigt daher der Ortswechsel die Grenzen des Weisungsrechts. Es bedarf vielmehr eines Änderungsvertrages. Wenn A dem Wechsel widerspricht, kommt nur eine Änderungskündigung in Betracht. Ohne eine solche Änderungskündigung kann A die Versetzung verweigern. Da der Wechsel aber auf eine Anregung des A zurückgeht, ist davon auszugehen, dass A mit einer Vertragsänderung einverstanden ist.

B. Die verweigerte Zustimmung des Betriebsrats in Bochum

I. Die Zustimmung des Bochumer Betriebsrats ist nur dann erforderlich, wenn es sich bei der Maßnahme um eine Versetzung handelt.

A soll in Dortmund eine inhaltlich andere Tätigkeit als in Bochum ausüben. Zweifel daran, dass die Maßnahme eine Versetzung ist, bestehen, weil

---

[25] *Fitting/Kaiser/Heither/Engels/Schmidt,* § 99 BetrVG, Rn 115; mit Recht krit *v Hoyningen-Huene/Boemke* (o Fn 2), S 123 f.

A in einem anderen Betrieb beschäftigt wird. Es ist umstritten, ob eine solche sogenannte überbetriebliche Versetzung eine Versetzung i. S. der §§ 95 Abs. 3, 99 Abs. 1 Satz 1 BetrVG sein kann, oder ob sich diese Normen nur auf innerbetriebliche Maßnahmen beziehen.

Nach einer Ansicht umfasst der Versetzungsbegriff des BetrVG auch überbetriebliche Maßnahmen[26]. Zur Begründung werden der Wortlaut und die Vorgeschichte des § 95 Abs. 3 BetrVG herangezogen. Die Notwendigkeit des Betriebsbezuges, der von der Gegenmeinung behauptet wird, ergebe sich nicht aus § 95 Abs. 3 BetrVG[27]. Mitbestimmungsrechte seien allgemein nicht betriebsbezogen[28]; und selbst wenn man das annehmen wollte, ergebe sich der Betriebsbezug daraus, dass durch die Maßnahme Interessen des abgebenden Betriebes berührt sein können[29].

Nach anderer Ansicht sind überbetriebliche Versetzungen keine Versetzungen i. S. der §§ 95 Abs. 3, 99 BetrVG 1972. Nach dieser Ansicht kann die Auslegung des Vorläufers des § 95 Abs. 3 (§ 60 Abs. 3 Satz 1 BetrVG 1952) nach der Neukodifizierung des Betriebsverfassungsgesetzes im Jahre 1972 keine Rolle mehr spielen[30]. In systematischer Hinsicht sei zu beachten, dass die Mitbestimmungsrechte grundsätzlich betriebsbezogen ausgestaltet sind[31]. Schließlich werden auch Sinn und Zweck des Mitbestimmungsrechts gegen die Bewertung als Versetzung angeführt, wobei zumeist bestritten wird, dass kollektive Interessen im abgebenden Betrieb bei überbetrieblichen Maßnahmen überhaupt berührt sein könnten[32].

26 BAG AP Nr 84 zu § 99 BetrVG 1972; BAG AP Nr 76 zu § 99 BetrVG 1972; BAG AP Nr 33 zu § 99 BetrVG 1972; *Boemke/Albrecht*, BB 1991, S 541, 543; *Weiss/Weyand*, BetrVG, 3. Aufl 1994, § 99, Rn 17.
27 *Richardi/Thüsing*, § 99 BetrVG, Rn 106; *Heinze*, Personalplanung, Einstellung und Kündigung, 1982, Rn 215; MünchArbR-*Matthes*, § 353, Rn 15; *Rüthers/Bakker*, ZfA 1990, S 245, 321.
28 *Richardi*, § 99 BetrVG, Rn106; *v Hoyningen-Huene/Boemke* (o Fn 2), S 134.
29 BAG AP Nr 84 zu § 99 BetrVG 72; *Bobke*, AuR 1981, S 355, 356; *Boemke/Albrecht*, BB 1991, S 541, 543; *Gaul*, Anm zu BAG EzA § 99 BetrVG 72 Nr 95; *v Hoyningen-Huene/Boemke* (o Fn 2), S 134 f.
30 *Hassan*, NZA 1989, S 373, 377; gegen die Übertragung dieser Auslegung auf § 95 Abs 3 BetrVG auch *Rumpff*, BB 1973, S 707, 708; *Steigerwald*, Die personelle Beteiligung des Betriebsrats an der Versetzung von Arbeitnehmern, 1976, S 97.
31 BAG AP Nr 12 zu § 99 BetrVG 72 »im Regelfall«; *Hassan*, NZA 1989, S 373, 378; *Hunold*, BB 1991, S 1263; bezogen auf die §§ 95 Abs 3, 99 BetrVG *Meisel* (o Fn 8), Rn 349; *Rumpff*, BB 1973, S 707, 708; bezogen auf die §§ 99–105 GK-BetrVG-*Kraft*, § 99, Rn 100 f.
32 LAG Berlin, DB 1978, S 2491; *Steigerwald* (o Fn 30), S 98.

Der Wortlaut des § 95 Abs. 3 BetrVG lässt es zu, überbetriebliche Maßnahmen in den Versetzungsbegriff einzubeziehen. Aus der Entstehungsgeschichte ergeben sich keine Anhaltspunkte dafür, dass in diesem Punkt
von der Vorgängerregelung (§ 60 Abs. 3 Satz 1 BetrVG 1952) abgewichen
werden sollte. Die Entstehungsgeschichte spricht also für einen weiten Versetzungsbegriff, der auch überbetriebliche Maßnahmen umfasst. Bei der
systematischen Betrachtung der §§ 95 Abs. 3, 99 Abs. 1 Satz 1 BetrVG stützen sich die Vertreter des engen Versetzungsbegriffes auf die Reichweite der
Mitbestimmung im Allgemeinen. Dabei ist schon die allgemeine Begrenzung der Mitbestimmung zweifelhaft[33]. Diese Frage kann hier aber dahinstehen, da auch bei einer überbetrieblichen Versetzung die Zustimmungsverweigerungsgründe des § 99 Abs. 2 Nr. 1 und 2 BetrVG mit Bezug auf den
abgebenden Betrieb verwirklicht sein können. Ein Betriebsbezug ist also
nicht ausgeschlossen.

Daher sind auch überbetriebliche Versetzungen Versetzungen i.S. der
§§ 95 Abs. 3, 99 BetrVG. Die Zustimmung des Bochumer Betriebsrats war
also grundsätzlich erforderlich.

II. Das Zustimmungserfordernis könnte aber deshalb entfallen, weil A
mit der Maßnahme einverstanden ist. Obwohl Einigkeit besteht, dass § 99
BetrVG auch dem Schutz kollektiver Interessen dient, wird die Sicherung
dieser Belange bei überbetrieblichen Versetzungen unterschiedlich ein-
geschätzt. Dabei werden teilweise die gleichen Argumente angeführt, wie
sie die Gegner des weiten Versetzungsbegriffes verwenden. Zum Teil wird
angenommen, dass die Interessen der Gesamtbelegschaft überhaupt nicht
betroffen sein können[34]. Zum Teil heißt es, kollektive Interessen seien nur
hinsichtlich des neu zu besetzenden Arbeitsplatzes geschützt[35]. Außerdem
wäre es ein Wertungswiderspruch, wenn die Versetzung im abgebenden
Betrieb mitbestimmungspflichtig wäre, die einvernehmliche Auflösung des
Arbeitsverhältnisses und eine Neueinstellung im anderen Betrieb aber
nicht[36]. Deshalb sei bei überbetrieblichen Maßnahmen nur der Betriebsrat
des aufnehmenden Betriebes zu beteiligen. Schließlich wird vorgebracht,
dass bei einem echten Einverständnis des versetzten Arbeitnehmers der kollektive Schutzzweck unerreichbar sei. Denn in diesem Fall könnten die Beteiligten auch eine andere rechtliche Gestaltung wählen, das Ausscheiden

---

33   Dagegen *v Hoyningen-Huene/Boemke* (o Fn 2), S 134.
34   *Steigerwald* (o Fn30), S 98.
35   LAG Berlin, DB 1978, S 2491; im Ergebnis auch *Boewer*, DB 1979, S 1035, 1039.
36   LAG Berlin, DB 1978, S 2491.

des Arbeitnehmers sei letztlich nicht vermeidbar. Das Mitbestimmungsrecht laufe in diesem Fall also leer[37].

Nach anderer Ansicht kann der Schutz kollektiver Interessen nicht davon abhängen, ob der einzelne Arbeitnehmer mit der Versetzung einverstanden ist[38]. Die Umgehungsmöglichkeiten dürften nicht dazu führen, dass das Mitbestimmungsrecht aufgegeben werde[39]. Vielmehr seien Umgehungsgeschäfte kritisch auf ihre Wirksamkeit zu überprüfen[40]. So werde auch ein Leerlauf des Mitbestimmungsrechts verhindert.

Wie oben dargelegt wurde, können kollektive Interessen im abgebenden Betrieb auch bei überbetrieblichen Versetzungen berührt sein. Es trifft allerdings zu, dass § 99 Abs. 2 BetrVG auf die Besetzung des neuen Arbeitsplatzes gerichtet ist. Daraus folgt aber nicht, dass das Mitbestimmungsrecht im abgebenden Betrieb entfällt. Gerade bei der sog. Einzelbetrachtung zeigt sich, dass in den betroffenen Betrieben ganz unterschiedliche Interessen zu wahren sind. Die Verstöße i. S. von § 99 Abs. 2 Nr. 2 und 3 BetrVG könnten vom Betriebsrat des aufnehmenden Betriebes kaum sinnvoll geltend gemacht werden.

Das Einverständnis des einzelnen Arbeitnehmers ist insoweit irrelevant, als es um den Schutz der Gesamtbelegschaft geht. Deren Interessen können nicht zur Disposition des Einzelnen stehen. Soweit Umgehungsgeschäfte abgeschlossen werden, sind diese an § 134 BGB zu messen. Die Möglichkeit, eine Norm zu umgehen, kann nicht dazu führen, dass sie (teilweise) außer Kraft gesetzt wird. Kollektive Schutzzwecke beschränken hier die Vertragsfreiheit des Einzelnen, nicht umgekehrt.

Außerdem soll der Zustimmungsverweigerungsgrund des § 99 Abs. 2 Nr. 3 BetrVG gewährleisten, dass kündigungsschutzrechtliche Bedenken frühzeitig geltend gemacht werden können. Dieses Verfahren ist auch sinnvoller, als wenn zunächst die Maßnahme vorgenommen würde und später dem Arbeitnehmer nach einem erfolgreichen Kündigungsschutzverfahren eines Kollegen gekündigt werden müsste, um den Arbeitsplatz korrekt zu

---

37 BAG AP Nr 84 zu § 99 BetrVG 72; *Griese*, BB 1991, S 458, 460; MünchArbR-*Matthes*, § 353, Rn 16; im Ergebnis auch *Rüthers/Bakker*, ZfA 1990, S 245, 321 f.
38 *Däubler/Kittner/Klebe*, § 99 BetrVG, Rn 194; *Gaul*, Anm zu BAG EzA § 99 BetrVG 1972 Nr 95; *v Hoyningen-Huene/Boemke* (o Fn 2), S 135 f; *v Hoyningen-Huene*, NZA 1993, S 145148; *Hunold*, BB 1991, S 1263, 1264; *Zunft*, EWiR § 99 BetrVG 1/91, S 339, 340.
39 *Gaul*, Anm zu BAG EzA § 99 BetrVG 1972 Nr 95.
40 *Däubler/Kittner/Klebe*, § 99 BetrVG, Rn 194; *v Hoyningen-Huene/Boemke* (o Fn 2), S 135 f; *Zunft*, EWiR § 99 BetrVG 1/91, S 339, 340.

besetzen. Diese Überlegungen gelten aber auch für überbetriebliche Versetzungen.

Demnach entfällt das Mitbestimmungsrecht des Betriebsrats des abgebenden Betriebes auch dann nicht, wenn der Arbeitnehmer mit der Maßnahme einverstanden ist. Das Einverständnis des A führt hier also nicht dazu, dass das Mitbestimmungsrecht des Bochumer Betriebsrats wegfällt.

III. Das Mitbestimmungsrecht des Bochumer Betriebsrats könnte – abgesehen davon, dass der Betriebsrat unzulässige Zustimmungsverweigerungsgründe geltend macht – aufgrund einer Zuständigkeit des Gesamtbetriebsrats entfallen sein. Die Zuständigkeit des Gesamtbetriebsrats schließt die Regelungskompetenz der Einzelbetriebsräte aus[41], so dass der Bochumer Betriebsrat unzuständig ist, wenn die Versetzung des A dem Kompetenzbereich des Gesamtbetriebsrats unterfällt.

Nach einer Ansicht in der Literatur ist bei überbetrieblichen Versetzungen der Gesamtbetriebsrat zuständig[42]. Die Einzelbetriebsräte könnten das Problem nicht regeln. Insbesondere könnten sie nicht umfassend klären, ob und inwieweit der betroffene Arbeitnehmer benachteiligt ist[43]. Bestehe kein Gesamtbetriebsrat, so sei nur der Betriebsrat des aufnehmenden Betriebes zu beteiligen.

Nach h. M. ist die Mitbestimmung wegen der jeweils besonderen betrieblichen und persönlichen Interessen in den betroffenen Betrieben von den Einzelbetriebsräten wahrzunehmen[44]. Nur sie hätten die nötige Sachnähe, um Interessen gezielt und effektiv vertreten zu können. Außerdem sei es inkonsequent, dass ausschließlich der Betriebsrat des aufnehmenden Betriebes beteiligt werden solle, wenn kein Gesamtbetriebsrat besteht[45].

Entscheidend ist, ob, wie es § 50 Abs. 1 Satz 1 BetrVG verlangt, eine getrennte Regelung unmöglich ist. Das ist der Fall, wenn eine Regelung von der Natur der Sache her sinnvollerweise unternehmenseinheitlich getroffen werden muss[46]. Die Zulässigkeit der Versetzung muss zwar im Ergebnis

---

41 *Däubler/Kittner/Klebe*, § 50 BetrVG, Rn 16; *Richardi*, § 50 BetrVG, Rn 29; *Fitting/Kaiser/Heither/Engels/Schmidt*, § 50 BetrVG, Rn 8.

42 *Richardi/Thüsing*, § 99 BetrVG, Rn 124; *Richardi*, DB 1974, S 1285, 1287; *Stege*, DB 1975, S 1506, 1509; zust *Rumpff*, BB 1973, 707, 710.

43 *Stege*, DB 1975, S 1506, 1509.

44 BAG AP Nr 102 zu § 99 BetrVG 1972; BAG AP Nr 84 zu § 99 BetrVG 1972; LAG Berlin, DB 1978, S 2491, 2492; *Boemke/Albrecht*, BB 1991, S 541, 544; *Gaul*, Anm zu BAG EzA § 99 BetrVG Nr 95; *Heinze* (o Fn 26), Rn 444 f.

45 *Boewer*, DB 1979, S 1035, 1036.

46 *Fitting/Kaiser/Heither/Engels/Schmidt*, § 50 BetrVG, Rn 18, 23 ff.

einheitlich beurteilt werden, damit die Maßnahme durchgeführt werden darf. Das bedeutet aber nicht, dass die Entscheidung auch nur von *einem* Gremium zu treffen ist. Die jeweiligen kollektiven Interessen der beiden Betriebe können sinnvoll und effektiv von den Einzelbetriebsräten wahrgenommen werden. Die verschiedenen Interessen in den betroffenen Betrieben kann der Gesamtbetriebsrat nicht so gut überschauen, so dass man im Falle seiner Mitwirkung auch nicht unbedingt von einer Entscheidung zum besten aller ausgehen kann. Der Schutz des einzelnen Arbeitnehmers ist im Falle seines Einverständnisses, wie es hier bei A gegeben ist, nicht mehr Sache der Betriebsräte. Es besteht also jedenfalls kein zwingendes Bedürfnis dafür, den Gesamtbetriebsrat einzuschalten. Die Zuständigkeit des Bochumer Betriebsrats ist also nicht aufgrund einer Zuständigkeit des Gesamtbetriebsrats ausgeschlossen.

IV. Der Bochumer Betriebsrat macht allerdings nur Zustimmungsverweigerungsgründe gem. § 99 Abs. 2 Nr. 4 BetrVG geltend. Es kann aber nicht richtig sein, dass der Betriebsrat gegen das erklärte Interesse eines erwachsenen Arbeitnehmers gleichsam als dessen Vormund auftritt. Wenn A also der Versetzung zustimmt, ist die Verweigerung der Zustimmung unwirksam.

Da allerdings auch dieser Fehler nicht offensichtlich ist und die Rechtsprechung nur offensichtliche Fehler des Betriebsrats berücksichtigen will, könnte es dabei bleiben, dass wegen fehlender Zustimmung des Betriebsrats die Versetzung unwirksam ist.

Die Unwirksamkeit wurde mit dem Schutz des betroffenen Arbeitnehmers begründet, der vom Zweck der Mitbestimmung umfasst ist. Dieser Zweck fällt weg, wenn der Arbeitnehmer mit der Maßnahme einverstanden ist, so dass in diesem Fall die Unwirksamkeit der Versetzung nicht vom Schutzzweck der Norm geboten ist. Dem Schutz des Arbeitnehmers dient gerade die Wirksamkeit der Maßnahme, da er ihre Durchführung selbst wünscht. Da es bei dem Zustimmungsverweigerungsgrund des § 99 Abs. 2 Nr. 4 BetrVG nur um das Interesse des Arbeitnehmers geht, kann diesem voll dadurch Rechnung getragen werden, dass die Versetzung nicht aufgrund der unberechtigten Zustimmungsverweigerung unwirksam ist. Diese Lösung gilt aber dann nicht, wenn der Betriebsrat einen anderen Zustimmungsverweigerungsgrund geltend macht, da in diesem Fall auch Interessen anderer Arbeitnehmer zu berücksichtigen sind.

C. Die fehlende Zustimmung des Betriebsrats in Dortmund

Zweifelhaft ist, inwieweit außer dem Betriebsrat in Bochum auch der Betriebsrat in Dortmund an der Maßnahme zu beteiligen ist.

Im Hinblick auf den Betrieb in Dortmund könnte eine »Einstellung« i. S. des § 99 Abs. 1 BetrVG vorliegen. Da es hierfür an einer Legaldefinition fehlt, muss das Merkmal ausgelegt werden.

Man könnte hier auf den Abschluss eines Arbeitsvertrages abstellen[47]. Im vorliegenden Fall müsste zwischen A und der GmbH zwar der Arbeitsvertrag hinsichtlich des Ortes geändert werden, doch bleibt es bei denselben Vertragsparteien.

Die Anknüpfung allein an den Arbeitsvertrag wird jedoch dem Zweck des § 99 BetrVG nicht gerecht. Entscheidend ist, dass sich tatsächlich die personelle Zusammensetzung im Betrieb verändert. Deshalb ist in derartigen Fällen auf diesen tatsächlichen Vorgang abzustellen[48].

Damit liegt im Falle des A eine Einstellung im Betrieb in Dortmund vor. Demgemäss muss G nach § 99 Abs. 1 BetrVG hierfür die Zustimmung des Betriebsrats in Dortmund einholen. Das ist bisher nicht geschehen.

Zweifelhaft ist, welche individualrechtliche Wirkung die fehlende Zustimmung des Betriebsrats zu einer Einstellung hat. Hier ist die Interessenlage anders als bei einer Versetzung. Würde man die Einstellung (insbesondere in Fällen der Neueinstellung) für unwirksam erklären, würde die Rechtsposition des Arbeitnehmers geschwächt. Eine teleologische Auslegung ergibt, dass die Versagung der Zustimmung bei einer Einstellung nicht zur Unwirksamkeit des Arbeitsvertrages oder der Maßnahme führt[49].

A könnte im Ergebnis die Versetzung nach Dortmund mit Recht verweigern, weil sein Arbeitsvertrag nicht geändert wurde. Dagegen wäre die Versetzung nicht deshalb unwirksam, weil der Betriebsrat in Bochum nicht zugestimmt hat und der Betriebsrat in Dortmund nicht beteiligt wurde.

Hinweise: Der Fall veranschaulicht lebhaft eine Besonderheit des Arbeitsrechts gegenüber dem allgemeinen bürgerlichen Recht. Die individualrechtliche Betrachtungsweise wird durch eine kollektivrechtliche überlagert. Dabei kann ein und dieselbe Maßnahme verschiedenen Begriffen (»Versetzung« i. S. des Individualvertrages und i. S. des § 95 Abs. 3 BetrVG)

---

47 GK-BetrVG-*Kraft*, § 99, Rn 20 f.
48 *Richardi/Thüsing*, § 99 BetrVG, Rn 29.
49 *Richardi/Thüsing*, § 99 BetrVG, Rn 293.

unterliegen, und es können unterschiedliche Interessenabwägungen erforderlich sein.

Ähnliche Konstellationen wie hier im Hinblick auf Versetzung und Einstellung ergeben sich für folgende Fälle:

Eingruppierung, Umgruppierung	– § 99 Abs. 1 BetrVG
Kündigung	– § 102 Abs. 1 BetrVG
Vertragsänderung	– § 111 BetrVG
Kündigungsabfindung	– §§ 112 Abs. 1 Satz 2, 113 BetrVG
§§ 17 f. KSchG	– § 112a BetrVG

Aufbauschema Nr. 15:

Mitbestimmungsrecht des Betriebsrats bei Versetzungen nach §§ 99, 95 Abs. 3 BetrVG

Tatbestand

1. Versetzung
   a) mehr als zwanzig Arbeitnehmer, § 99 Abs. 1 BetrVG
   b) Versetzung i. S. des § 95 Abs. 3 BetrVG
      aa) Zuweisung eines anderen Arbeitsbereichs +
      bb) Dauer der Maßnahme länger als ein Monat oder
      cc) erhebliche Änderung der Arbeitsumstände
2. Zustimmungsverweigerung des Betriebsrats
   a) § 99 Abs. 1 Nr. 1–6 BetrVG
   b) schriftliche Mitteilung innerhalb einer Woche, § 99 Abs. 3 BetrVG
3. Rechtsfolgen
   a) individualrechtlich:
      grundsätzlich Unwirksamkeit der Versetzung;
      Ausnahme: Einverständnis des Arbeitnehmers mit der Maßnahme,
      die Zustimmungsverweigerung des Betriebsrats ist *nur* auf § 99 Abs. 2
      Nr. 4 BetrVG gestützt
   b) kollektivrechtlich:
      – vorläufige Maßnahme des Arbeitgebers: § 100 BetrVG
      – dauerhafte Maßnahme des Arbeitgebers: § 99 Abs. 4 BetrVG:
        Zustimmungsersetzung durch das Arbeitsgericht

13. Ausgangsfall
»Weiterarbeit sinnlos«

Das Unternehmen des U wird nach einer Urabstimmung von der IG Metall Nordwürttemberg bestreikt: Sie verlangt 3,2 % mehr Lohn. Die wenigen Nichtorganisierten, die zur Arbeit erscheinen, darunter der A, werden von U nach Hause geschickt, da unter diesen Umständen keine Möglichkeit besteht, die arbeitswilligen Arbeiter weiterzubeschäftigen. Bei U sind 20 % der Arbeitnehmer des Tarifgebiets beschäftigt.

Weil von U keine Ware mehr kommt, kann auch bei der V-AG, einem weiteren Unternehmen der Metallbranche im Tarifbezirk Nordwürttemberg, nicht mehr weitergearbeitet werden. Allen Arbeitnehmern, darunter dem IG-Metall-Mitglied B, teilt die Geschäftsleitung mit, dass sie vorläufig nicht zur Arbeit zu erscheinen brauchen. Die V-AG ist Mitglied des Arbeitgeberverbandes Metall Nordwürttemberg.

Auf Beschluss des Arbeitgeberverbandes Metall Nordwürttemberg sperrt nunmehr W, dessen Unternehmen bisher nicht bestreikt wurde, seine Arbeitnehmer aus. Von der Aussperrung sind weniger als ein Viertel der Metall-Arbeitnehmer Nordwürttembergs betroffen.

Da die X-AG an U, V und vor allem an W nicht mehr liefern kann und andere Abnehmer nicht vorhanden sind, ist eine Weiterarbeit sinnlos. Alle Arbeitnehmer der X-AG, darunter der C, werden vorübergehend von der Arbeit freigestellt. Die X-AG gehört dem Arbeitgeberverband Metall in Baden an. Der Tarifvertrag mit der IG Metall Baden ist abgelaufen. Die IG Metall Baden verlangt 3,3 % Lohnerhöhung und erhebt im Übrigen die gleichen Forderungen wie in Nordwürttemberg.

A, B und C verlangen von ihren Arbeitgebern Fortzahlung ihres Lohns für die aufgrund des Arbeitskampfes ausgefallenen Stunden. Mit Recht?

Hinweis: Betriebsverfassungsrechtliche Fragen sind nicht zu erörtern.

Lösung
Vorüberlegungen

Zu untersuchen ist hier der Lohnanspruch im Falle von Arbeitskämpfen. Der Sachverhalt lässt eine Steigerung der Problematik erkennen. Zunächst geht es um den bestreikten Betrieb selbst, sodann um »Fernwirkungen des Arbeitskampfes« auf zwei Betriebe, die nur mittelbar von den Arbeitskampfmaßnahmen betroffen sind.

Da die Lohnansprüche für drei Arbeitnehmer zu prüfen sind, muss die Frage für jeden getrennt untersucht werden. Dabei kann einerseits nach oben verwiesen werden, zum anderen können die zusätzlichen Probleme jeweils auf B und C beschränkt werden.

Ausarbeitung
A. Ansprüche des A gegen U

A könnte gegen U einen Lohnanspruch aus §§ 611, 615 BGB haben. Das setzt voraus, dass A in einer den Annahmeverzug begründenden Weise seine Arbeit angeboten hat.

Ein Arbeitsangebot des A nach § 295 BGB liegt hier vor. Zweifelhaft ist aber, ob U auch in Annahmeverzug geraten ist.

I. Art der Leistungsstörung

Die hier vorliegende Leistungsstörung könnte man sowohl als Annahmeverzug ansehen mit der Folge, dass ein Lohnanspruch des A gem. § 615 Satz 1 BGB bestehen bleibt, als auch als Fall der Unmöglichkeit mit der Folge, dass gem. § 326 Abs. 1 BGB ein Lohnanspruch des A entfällt.

Die Frage der rechtlichen Qualifizierung wurde bereits vor Jahrzehnten kontrovers diskutiert und ist auch heute noch umstritten.[1] Dabei geht es darum, ob zur Erfüllung durch den Arbeitnehmer nur das Angebot des Arbeitnehmers gehört oder auch die Arbeit unter Mitwirkung des Arbeitgebers. Der Theorienstreit kann jedoch dahinstehen, wenn § 615 BGB auf den Fall nicht anwendbar ist.

II. Betriebsrisikolehre

Soweit es um den Ausfall der Arbeit im Arbeitsfrieden geht, wurden diese Fälle nach der »Betriebsrisikolehre im Arbeitsfrieden« oder, richtiger, nach § 615 BGB gelöst.[2] § 615 Satz 3 BGB hat den Streit jedenfalls für den Arbeitsfrieden i. S. der Anwendbarkeit des § 615 BGB entschieden.

Für den Arbeitskampf war demgegenüber ganz überwiegend anerkannt, dass die allgemeinen Vorschriften über Unmöglichkeit und Annahmever-

---

1   S *Kalb*, Rechtsgrundlage und Reichweite der Betriebsrisikolehre, 1977, S 20 f; MünchArbR-*Boewer*, § 78, Rn 9 ff; *Nierwetberg*, BB 1982, S 995 ff; *Picker*, JZ 1979, S 285 ff; *Rückert*, ZfA 1983, S 1 ff.
2   *Bletz*, JR 1985, S 228 ff (s o 4. Ausgangsfall).

zug zur Lösung nicht geeignet sind und dass stattdessen eine besondere »Betriebsrisikolehre im Arbeitskampf« zugrunde zulegen ist.[3] Daran hat sich auch durch § 615 Satz 3 BGB nichts geändert.

1. Rechtsgrundlagen

Über deren Rechtsgrundlagen besteht allerdings keine Einigkeit. Teilweise wurde das Ergebnis auf § 323 BGB oder auf §§ 325, 323 BGB (jetzt: § 326 Abs. 1 BGB) gestützt,[4] andere wollten den Rechtsgedanken des § 323 BGB (jetzt: § 326 Abs. 2 BGB) oder den Grundsatz »Ohne Arbeit kein Lohn« zugrundelegen,[5] teilweise wurde ein spezielles arbeitskampfrechtliches Lohnverweigerungsrecht als Grundlage genannt.[6]

2. Innerbetrieblicher Teilstreik

a) Unabhängig von diesem dogmatischen Ansatz besteht jedenfalls ganz überwiegend Einigkeit über die hier einschlägige Problematik des »innerbetrieblichen Teilstreiks«. Seit der grundlegenden RG-Entscheidung[7] ist anerkannt, dass anstelle des § 615 BGB die allgemeine Regel des § 323 BGB (jetzt § 326 Abs. 1 BGB) eingreift unter folgenden Voraussetzungen:

- Einige Arbeitnehmer des Betriebs streiken.
- Andere Arbeitnehmer desselben Betriebs, die arbeitswillig sind, können wegen des Streiks nicht weiterbeschäftigt werden.

Das Reichsgericht hatte damals ausgeführt, das BGB passe für derartige Fälle überhaupt nicht. Das Ergebnis folge daraus, dass alle Arbeitnehmer eines Betriebs eine Solidargemeinschaft bilden. Hilfsweise berief sich das Reichsgericht auf § 323 BGB a. F. (jetzt § 326 Abs. 1 BGB).

b) Diese Begründung kann heute nicht mehr als ausreichend angesehen werden. Das Ergebnis ist aber zutreffend: Der Arbeitskampf in einem Unternehmen muss als einheitliches Geschehen gesehen werden, bei dem

---

3 S zur Unterscheidung zwischen Betriebsrisikolehre im Arbeitsfrieden und im Arbeitskampf BAG AP Nr 70 zu Art 9 GG Arbeitskampf Bl 588.

4 *Biedenkopf*, Die Betriebsrisikolehre als Beispiel richterlicher Rechtsfortbildung, 1970, S 201; *Ehmann*, DB 1978, S 2023, 2026; *Zöllner/Loritz*, Arbeitsrecht, § 18 V 3, S 244.

5 *Wiedemann*, Das Arbeitsverhältnis als Austausch- und Gemeinschaftsverhältnis, 1966, S 83 ff, 90.

6 *Seiter*, Streikrecht und Aussperrungsrecht, 1975, S 296; ähnlich BAG AP Nr 70 zu Art 9 GG Arbeitskampf, Bl 589.

7 RGZ 106, S 272.

sowohl kollektivrechtliche Aspekte der Arbeitskampfparität als auch individualrechtliche der Zurechnung zu den einzelnen Arbeitgebern und Arbeitnehmern zu beachten sind.[8]

c) Das BAG[9] hält es aber seit einiger Zeit nicht mehr für erforderlich, dass die Arbeitsleistung der Arbeitswilligen unmöglich ist. Es gesteht dem Arbeitgeber auch dann, wenn noch weiter gearbeitet werden könnte, das Recht zu, den Betrieb für die Dauer des Streiks stillzulegen. Dadurch entfällt die Vergütungspflicht des Arbeitgebers, ohne dass er zum Mittel der Aussperrung greifen muss.

Diese Rechtsfigur der Betriebsstillegung für die Dauer des Streiks wird allerdings in der Literatur überwiegend abgelehnt. Wenn die Arbeitsleistung der arbeitswilligen Arbeitnehmer trotz des Streiks möglich bleibe, stelle die Annahmeverweigerung eine Aussperrung dar.[10] Unabhängig von der Bezeichnung der Maßnahme seien dann aber auch die Voraussetzungen für eine Aussperrung einzuhalten. Ohne diese Voraussetzung könne der Arbeitgeber die angebotene Arbeitsleistung nur im Falle der Unmöglichkeit zurückweisen.

Der Streit kann hier dahinstehen, da A wegen des Streiks nicht beschäftigt werden kann.

Im Streitfall liegt ein rechtmäßiger, gewerkschaftlich geführter Streik vor, der gegen den Betrieb des U gerichtet ist. Zweifelhaft ist allerdings, ob A der Streik zugerechnet werden kann, obwohl er nicht Gewerkschaftsmitglied ist.

3. Außenseiter

Wäre A Gewerkschaftsmitglied, müsste er sich den Streik seiner Gewerkschaft zurechnen lassen, auch wenn er selbst nicht streikt.

Etwas anderes könnte sich aber daraus ergeben, dass A kein Gewerkschaftsmitglied ist. Er könnte als Außenseiter darauf verweisen, dass ihn der Streik nichts angeht und dass er weiter arbeiten will. Wenn ihm der Lohnanspruch versagt wird, könnte das gegen die negative Arbeitskampffreiheit des A verstoßen.[11]

---

8 *Brox/Rüthers*, Arbeitskampfrecht, 2. Aufl 1982, Rn 172; MK-*Schaub*, § 615 BGB, Rn 93 ff; *Richardi*, NJW 1978, S 2057, 2062; *Seiter*, DB 1981, S 578, 580; Soergel-*Kraft*, § 615 BGB, Rn 75 ff
9 BAG, NZA 1995, S 1097 = NJW 1995, S 477.
10 *Käppler*, ZfA 1995, S 271, 332; *Kalb*, Festschrift für Stahlhacke, 1995, S 213, 222 f.
11 S *Biedenkopf* (o Fn 4), S 20 ff.

Dem ist aber Folgendes entgegenzuhalten: Durch Bezugnahmeklauseln im Arbeitsvertrag, jedenfalls aber durch einheitliche Handhabung, werden auch Außenseiter in der betrieblichen Praxis den Gewerkschaftsmitgliedern meist gleichgestellt, sie nehmen auch an den von den Gewerkschaften erzielten Verbesserungen teil. Arbeitskampfrechtlich gesehen muss für den Betrieb eine einheitliche Betrachtung gelten, eine Spaltung der Arbeitnehmerschaft darf es nicht geben.[12]

Infolgedessen ist ein Lohnverweigerungsrecht des Arbeitgebers auch gegenüber Außenseitern gegeben. U kann aufgrund seiner auf den Streik bezogenen Erklärung Zahlung des Lohns an A verweigern.

Hinweis: In der Praxis wird in diesen Fällen vielfach Kurzarbeit eingeführt; es besteht ein Mitbestimmungsrecht des Betriebsrats. Diese Fragen waren hier nicht zu erörtern.

B. Anspruch des B gegen die V-AG

Ein Anspruch des B gegen die V-AG könnte sich aus §§ 611, 615 BGB oder aufgrund der Betriebsrisikolehre im Arbeitskampf ergeben.

Auf die Gedanken zum Teilstreik kann hier nicht unmittelbar zurückgegriffen werden, da es sich um die besondere Fallgruppe der Fernwirkungen des Arbeitskampfs im Drittbetrieb handelt.

In der neueren Rechtsprechung des BAG wird die Versagung des Lohnanspruchs auf den Gedanken der Arbeitskampfparität gestützt.[13] Diese rein arbeitskampfrechtliche Betrachtung ist allerdings zu eng. In der früheren Rechtsprechung und Literatur wurden vor allem zwei Begründungen angeführt. Zum einen wurde auf die Solidarität aller Arbeitnehmer untereinander Bezug genommen.[14] Zum anderen wurde das Ergebnis auf den Ge-

---

12 BAG AP Nr 66 zu Art 9 GG Arbeitskampf; BAG, NZA 1994, S 1097, 1098; *Brox/Rüthers* (o Fn 8), Rn 289; *Kalb* (o Fn 1), S 120 ff; *Löwisch/Mikosch*, AR-Blattei Arbeitskampf, Entscheidungen 8; MünchArbR-*Boewer*, § 79, Rn 52; *Seiter* (o Fn 6), S 37 ff, 90 f, 104 ff; *ders*, RdA 1981, S 65, 80 f, 82 f; *Scholz/Konzen*, Die Aussperrung im System von Arbeitsverfassung und kollektivem Arbeitsrecht, 1980, S 255; *Wiedemann*, RdA 1969, S 325 ff; s ferner *Dütz*, Beil DB Nr 14/1979, S 10 zu Fn 191; *Ehmann/Schnauder*, Anm zu BAG EzA Nr 7, 8 zu § 615 BGB Betriebsrisiko, S 95.
13 BAG AP Nr 70 zu Art 9 GG Arbeitskampf m. Anm *Dütz* und *Ehmann/Schnauder*; s auch *Ehmann/Schnauder*, Jura 1983, S 181, 283; *Wank*, Festschrift für Kissel, 1994, S 1225, 1238 ff; zu dieser Rechtsprechung BVerfG, NZA 1995, S 754.
14 BAG AP Nr 2 zu § 615 BGB Betriebsrisiko, Bl 250; AP Nr 3 zu § 615 BGB Betriebsrisiko, Bl 621; zur Literatur s für alle *Hueck*/Nipperdey, Arbeitsrecht, Bd 1, § 44 IV.

danken der Partizipation gestützt. Arbeitnehmer, denen die Ergebnisse des Arbeitskampfes mittelbar zugute kommen, müssten sich dessen negative Folgen ebenfalls zurechnen lassen.[15] Richtig ist eine Beurteilung, die arbeitskampfrechtliche und individualrechtliche Aspekte miteinander verbindet. Das Ergebnis ist deshalb sowohl auf den Gedanken der Arbeitskampfparität als auch auf den Gedanken der Partizipation zu stützen.[16]

Innerhalb der Literatur ist allerdings umstritten, für welche Fallgestaltung das Entfallen eines Lohnanspruchs bei Fernwirkungen zu bejahen ist. Im Streitfall liegt die Besonderheit vor, dass arbeitskampfbetroffener Betrieb und Drittbetrieb innerhalb des Geltungsbereichs des gleichen Tarifvertrags liegen. In diesem Fall wird der Arbeitskampf allgemein als ein einheitliches Geschehen beurteilt. Auf der einen Seite erfolgt von Seiten der Gewerkschaft ein Schwerpunktstreik, auf der anderen Seite ergibt sich ein Wegfall des Lohnanspruchs bei arbeitskampfbedingter Unmöglichkeit.[17]

Soweit in der Literatur streitig ist, ob sich in Fällen von Betriebsrisiko und Wirtschaftsrisiko, von Streik und Aussperrung unterschiedliche Konsequenzen ergeben, kann diese Diskussion dahinstehen. Im Streitfall bleibt Vormaterial aus, daher liegt hier Unmöglichkeit auch i.S. des § 275 Abs. 1 BGB vor.[18] Jedenfalls wenn, wie hier, der Streik die Ursache des Arbeitsausfalls im Drittbetrieb ist, besteht nach keiner der verschiedenen Ansichten ein Lohnanspruch der Arbeitnehmer des Drittbetriebs.

Dem B steht daher gegen die V-AG kein Lohnanspruch zu.

C. Anspruch des C gegen die X-AG

C könnte gegen die X-AG einen Anspruch aus §§ 611, 615 BGB oder aufgrund der Betriebsrisikolehre im Arbeitskampf haben.

I. Besonderheiten

Gegenüber der unter B. erörterten Problematik ergeben sich hier mehrere Besonderheiten. Das Unternehmen der X-AG liegt in einem anderen Tarif-

---

15 BAG AP Nr 2 zu § 615 BGB Betriebsrisikolehre, Bl 250; AP Nr 30 zu § 615 BGB Betriebsrisiko, Bl 609 R.
16 *Kalb* (o Fn 10), S 226 ff; *Wank* (o Fn 13), S 1248 ff.
17 S zur Grenze des Tarifgebiets als Kampfgrenze *Brox/Rüthers* (o Fn 8), S 126 f; MünchArbR-*Otto*, § 286, Rn 83, § 290 Rn 29; zum Lohnwegfall *Kalb* (o Fn 1), S 132; *Seiter*, DB 1981, S 578, 580.
18 Vgl *Richardi*, Festschrift für Strasser, 1983, S 451, 462 f.

bezirk als demjenigen, in dem der Arbeitskampf stattfindet. Eine Weiterarbeit scheitert hier nicht daran, dass Vormaterial ausbleibt, sondern daran, dass die Ware nicht abgenommen wird; dieser Fall wird teilweise dem Wirtschaftsrisiko des Unternehmers zugeordnet. Schließlich liegt die Ursache der Betriebsstörung hier letztlich nicht in einem Streik, sondern in einer Aussperrung, wobei ein Streik bei U Streikfolgen bei V und schließlich eine Aussperrung bei W auslöst.

II. Einschränkungen für den Wegfall des Lohnanspruchs

In der Literatur werden im Hinblick auf einen Wegfall des Lohnanspruchs im Drittbetrieb bezüglich der genannten Sonderfälle teilweise Einschränkungen vertreten.

1. Allgemeine Einschränkungen

a) Nach der Theorie der Aussperrungsobliegenheit stehen dem Arbeitgeber zwei Kampfmittel zur Verfügung, die Aussperrung und der Wegfall des Lohnanspruchs. Nach dieser Theorie muss er die Aussperrung wählen.[19] Diese Ansicht ist jedoch abzulehnen. Es handelt sich um zwei unterschiedliche Sachverhalte; der Arbeitgeber darf nicht zum härteren Mittel Arbeitskampf gezwungen werden.[20]

b) Nach einer anderen Theorie ist in Fällen der Fernwirkung des Arbeitskampfs in Drittbetrieben eine Risikoteilung vorzunehmen.[21] – In Wahrheit lässt diese Theorie jedoch keine Begrenzung erkennen.

c) Nach einer anderen Ansicht sind die Auswirkungen des Arbeitskampfs im Hinblick auf Fernwirkungen und Lohnverweigerungsrecht auf das Tarifgebiet zu beschränken.[22] Auch diese Ansicht ist abzulehnen. Sie räumt der einen Arbeitskampfpartei die Möglichkeit ein, das Arbeitskampfgeschehen über den Tarifbezirk hinaus zu erweitern, ohne dass entsprechende Reaktionsmöglichkeiten zur Verfügung stehen.[23]

19 *Dütz*, DB Beil. Nr 14/1979, S 10 f; *ders*, Anm zu BAG EzA Nr 7, 8 zu § 615 BGB Betriebsrisiko; *Eisemann*, BB 1979, S 218, 223; *ders*, AuR 1981, S 357, 367; *Weiss*, AuR 1974, S 37 ff.
20 BAG AP Nr 70 zu Art 9 GG Arbeitskampf; *Ehmann*, Betriebsrisikolehre und Kurzarbeit, 1979, S 11 ff; *Lieb*, Festschrift für das BAG, 1979, S 327, 335; *Scholz/Konzen* (o Fn 12), S 106 ff, 130 ff; *Seiter* (o Fn 6), S 308 f.
21 *Mayer-Maly/Nipperdey*, Risikoverteilung in mittelbar von rechtmäßigen Arbeitskämpfen betroffenen Betrieben, 1965, S 30 ff.
22 *Dütz*, DB Beil. Nr 14/1979, S 10 f.
23 BAG AP Nr 70 zu Art 9 GG Arbeitskampf, Bl 589 R.

d) Des Weiteren wird die Theorie vertreten, die Folgewirkungen seien auf Modellarbeitskämpfe zu beschränken. Zwischen § 116 AFG (jetzt § 146 SGB III) und dem Arbeitskampfrecht sei eine Parallelität herzustellen.[24] Dem kann nicht zugestimmt werden. Das Sozialversicherungsrecht stellt sich als Folgerecht zum Arbeitsrecht und damit zum Arbeitskampfrecht dar. Insofern kann nicht umgekehrt das Sozialversicherungsrecht die Rechtsfolgen des Arbeitskampfrechts bestimmen.[25] Selbst wenn man sich dieser Meinung anschließen wollte, könnte im Streitfall der Meinungsstreit dahinstehen. Es liegt ein Modellstreik i. S. des § 146 SGB III vor; es werden 3,2 % Lohnerhöhung in Nord-Württemberg und 3,3 % in Baden gefordert, im Übrigen werden die gleichen Forderungen erhoben.

e) Die neuere Rechtsprechung des BAG geht von dem Gedanken der Paritätsrelevanz aus.[26] Voraussetzungen für den Wegfall des Lohnanspruchs sind dabei im Einzelnen die koalitionspolitische Verbindung oder die wirtschaftliche Abhängigkeit.[27]

Folgt man dieser Ansicht, so ist das Merkmal wirtschaftliche Abhängigkeit hier zu verneinen. Das BAG nennt Konzernzugehörigkeit als Beispiel, also eine institutionelle Abhängigkeit. Da es hier nur um Lieferverträge geht, besteht eine wirtschaftliche Abhängigkeit in diesem Sinne nicht. Das zweite vom BAG genannte Merkmal, die koalitionspolitische Verbindung, liegt hier vor.[28] Auf Arbeitgeberseite stehen hier die Arbeitgeberverbände Metall, Nord-Württemberg und Baden, die beide im gleichen Dachverband sind. Auf der Arbeitnehmerseite steht jeweils die IG Metall, deren Unterorganisationen ebenfalls dem gleichen Dachverband angeschlossen sind. Nach der Theorie der Paritätsrelevanz ist hier ein Wegfall des Lohnanspruchs zu bejahen.

Wie dargelegt, ist die allein kollektivrechtliche Sicht des BAG aber deshalb abzulehnen, weil sie die individualrechtliche Zuordnung des Arbeitskampfrisikos vernachlässigt. Verbindet man die Gedanken des einheitlichen

24   LAG Hamm, DB 1979, S 216; *Kalb* (o Fn 1), S 136; *Richardi*, NJW 1978, S 2957, 2065.
25   S auch BAG AP Nr 70 zu Art 9 GG Arbeitskampf, Bl 589 R, 590; BVerfG, NZA 1995, S 754; *Ehmann* (o Fn 20), S 102 ff; *Ehmann/Schnauder*, Jura 1983, S 237, 240; *Scholz/Konzen* (o Fn 12), S 218.
26   BAG AP Nr 70 zu Art 9 GG Arbeitskampf; s auch BVerfG, NZA 1995, S 754.
27   BAG AP Nr 70 zu Art 9 GG Arbeitskampf, Bl 590 R.
28   Zu diesem Merkmal s *Ehmann/Schnauder*, Anm zu BAG EzA Nr 7, 8 zu § 615 BGB Betriebsrisiko, S 100; *Konzen*, Anm SAE 1981, S 209, 210; *Seiter*, DB 1981, S 581, 582.

arbeitskampfrechtlichen Geschehens und der Partizipation, gelangt man für den vorliegenden Fall jedoch zum gleichen Ergebnis. Nach den bisherigen Kriterien ist ein Lohnanspruch des C zu verneinen.

2. Aussperrung als Ursache

Ein Lohnanspruch des C könnte aber deshalb weiterbestehen, weil die fehlende Weiterbeschäftigungsmöglichkeit nicht auf einem Streik beruht, sondern auf einer Aussperrung. In der früheren Literatur wurde nur für die Ursache Streik ein Lohnanspruch verneint. In der heutigen Literatur besteht demgegenüber Einigkeit darüber, dass es wegen des komplexen Geschehens im Arbeitskampf gleichgültig sein muss, ob letzte Ursache für den Arbeitsausfall ein Streik oder eine Aussperrung ist.[29] Im Streitfall beruht der Arbeitsausfall auf folgender Kette: Streik, streikbedingter Arbeitsausfall, Aussperrung; letztlich geht er also auf ein einheitliches Arbeitskampfgeschehen zurück. Am bisherigen Ergebnis ändert sich also nichts dadurch, dass der Arbeitsausfall hier auf einer Aussperrung beruht.

Für die Lösung könnte aber von Bedeutung sein, ob Streik und Aussperrung rechtmäßig oder rechtswidrig sind. Die Frage kann jedoch hier dahinstehen. Für eine Rechtswidrigkeit des Streiks sind keine Anhaltspunkte ersichtlich. Legt man zur Beurteilung der Rechtmäßigkeit einer Abwehraussperrung die »Arbeitskampfarithmetik« des BAG zugrunde,[30] so ergibt sich: Wenn weniger als ein Viertel der Arbeitnehmer des Tarifgebiets streikt, darf bis zu einem weiteren Viertel der Arbeitnehmer dieses Gebiets ausgesperrt werden. Hier betraf der Streik bei U 20 % der Arbeitnehmer des Tarifgebiets und die Aussperrung bei W weniger als 25 % der Arbeitnehmer des Tarifgebiets, so dass die Aussperrung auch nach diesen Grundsätzen rechtmäßig war. Andere Gründe für eine Rechtswidrigkeit der Aussperrung sind nicht ersichtlich.

3. Absatzstörung

Zweifelhaft kann aber sein, ob es hier darauf ankommt, ob die fehlende Weiterarbeitsmöglichkeit auf fehlende Bezugsmöglichkeiten oder auf feh-

---

29 *Ehmann*, DB 1973, S 1994, 1999; *Eisemann*, BB 1979, S 218, 222; *Kalb* (o Fn 1), S 61 ff; *Lieb*, Arbeitsrecht, Rn 672; *Löwisch*, DB 1963, S 899 ff; *ders*, RdA 1967, S 45 ff; *Mayer-Maly/Nipperdey* (o Fn 21), S 17 ff; *Hanau*, AR-Blattei, Arbeitskampf I, Entscheidungen 19; *Richardi* (o Fn 18), S 451, 458 f; Soergel-*Kraft* § 615 BGB, Rn 79; Staudinger-*Richardi*, § 615 BGB, Rn 230; *Seiter*, DB 1981, S 578, 579.
30 BAG AP Nr 64, 65 zu Art 9 GG Arbeitskampf; dazu *Brox/Rüthers* (o Fn 8), Rn 208 ff.

lende Absatzmöglichkeiten zurückgeht. Früher wurde nur im Falle der Bezugsstörung Unmöglichkeit bejaht.[31] In der Literatur wird diese Ansicht teilweise auch heute noch vertreten.[32]

Diese Ansicht ist jedoch abzulehnen, da sie das Arbeitskampfgeschehen zu sehr dem Individualrecht einzuordnen versucht.[33] Da die X-AG ihre Ware nicht absetzen kann, liegt zwar keine Unmöglichkeit im Sinne des BGB vor, wohl aber eine Betriebsstörung im arbeitskampfrechtlichen Sinne.

4. Unternehmerische Fehldisposition

Ein Lohnverweigerungsrecht des Arbeitgebers wäre allerdings dann zu verneinen, wenn die fehlende Arbeitsmöglichkeit in Wahrheit nicht auf dem Arbeitskampf beruhen würde, sondern auf einer unternehmerischen Fehldisposition der X-AG.[34] Im Streitfall ist jedoch für ein Verschulden der X-AG nichts ersichtlich. Ein Lohnanspruch für C besteht nicht.

> **Gesamtergebnis:** Weder A, noch B, noch C haben einen Lohnanspruch gegen ihre jeweiligen Arbeitgeber.

Hinweis: In Arbeitskampffällen muss man immer sowohl an die kollektivrechtliche als auch an die individualrechtliche Ebene denken.

Der Arbeitskampf kann zu Ansprüchen der Tarifparteien oder ihrer Mitglieder untereinander führen (z. B. Schadensersatzanspruch des Arbeitgebers gegen die Gewerkschaft wegen eines rechtswidrigen Streiks). Hieran können sich Probleme der Zurechnung des Verhaltens Einzelner zu der Organisation sowie des Schadensumfangs anschließen.

---

31 BAG AP Nr 13 und Nr 29 zu § 615 BGB Betriebsrisiko; BAG AP Nr 2 zu § 615 BGB Kurzarbeit.

32 *Picker,* JZ 1979, S 293 ff; *Richardi* (o Fn 18), S 451, 462 f; *ders,* ZfA 1985, S 101, 115 ff; Staudinger-*Richardi,* § 615 BGB, Rn 212 ff, 242 ff; *Richardi,* Betriebsverfassungsgesetz, 8. Aufl 2002, § 87 BetrVG, Rn 382 ff.

33 *Brox/Rüthers* (o Fn 8), Rn 171; *Dütz,* Anm zu BAG, EzA Nr 7, 8 zu § 615 BGB Betriebsrisiko, S 80; *Ehmann,* DB 1973, S 1994, 1999 f; *Ehmann/Schnauder,* Anm zu BAG, EzA Nr 7, 8 zu § 615 BGB Betriebsrisiko, S 90; *Lieb* (o Fn 20), S 327, 350; *Löwisch,* RdA 1967, S 45, 49 f; *Mayer-Maly/Nipperdey* (o Fn 21), S 33.

34 Dazu *Ehmann/Schnauder,* Anm zu BAG, EzA Nr 7, 8 zu § 615 BGB Betriebsrisiko, S 107; MünchArbR-*Otto,* § 290, Rn 46; *Seiter,* DB 1981, S 578, 582; krit *Lieb,* NZA 1990, S 289, 297.

Häufiger sind arbeitskampfrechtliche Fragen in individualrechtliche eingekleidet. So ist beispielsweise die Wirksamkeit einer Kündigung gegenüber einem Arbeitnehmer, der an einem Streik teilgenommen hat, zweistufig zu prüfen. Zunächst muss man auf der kollektivrechtlichen Ebene feststellen, ob der Arbeitskampf rechtmäßig oder rechtswidrig war. Die Teilnahme an einem rechtmäßigen Streik bedeutet auch individualrechtlich einen Rechtfertigungsgrund, während sich die Teilnahme an einem rechtswidrigen Streik als Arbeitsvertragsbruch und als unerlaubte Handlung darstellt. Insofern müssen in einer zweiten Stufe die persönlichen Voraussetzungen auf Seiten des Arbeitnehmers geprüft werden. So kann er trotz Teilnahme an einem rechtswidrigen Streik wegen Rechtsirrtums nicht haftbar sein oder wegen eines Exzesses auch bei einem rechtmäßigen Streik haften.

Im Hinblick auf Ansprüche von Arbeitnehmern gegen Arbeitgeber geht es regelmäßig um den Lohnanspruch. Hier wirft vor allem die Fernwirkung von Arbeitskämpfen Probleme auf.

Aufbauschema Nr. 16:
Rechtmäßigkeit eines Streiks

1. Allgemeine Rechtmäßigkeitsvoraussetzungen für den Streik
   a) von einer Gewerkschaft getragen
   b) »zur Wahrung und Förderung der Arbeits- und Wirtschaftsbedingungen« (kein politischer Streik)
   c) zur Wahrung *eigener* Interessen (kein Sympathiestreik)
   d) gerichtet auf Regelungsfragen, nicht auf Rechtsfragen
   e) gerichtet auf tariffähige Forderungen
2. Allgemeine Rechtmäßigkeitsvoraussetzungen für Arbeitskampfmaßnahmen
   a) Beachtung des Verhältnismäßigkeitsprinzips
   b) Beachtung des Paritätsprinzips
3. Beachtung des Verhältnismäßigkeitsprinzips bei der Durchführung des konkreten Streiks (kein Streikexzess)

Rechtsfolgen eines Streiks

1. Rechtsfolgen eines rechtmäßigen Streiks
   a) unter den Arbeitsvertragsparteien
      – Suspendierung der beiderseitigen Hauptleistungspflichten aus dem Arbeitsvertrag
      – keine unerlaubte Handlung
   b) unter den Tarifparteien
      – keine unerlaubte Handlung
2. Rechtsfolgen eines rechtswidrigen Streiks
   a) gegen den einzelnen Arbeitnehmer
      – Ansprüche aus Vertrag (Unterlassung, Schadensersatz)
      – Ansprüche aus unerlaubter Handlung
      – Recht zur Kündigung
      – (Lohnwegfall wie beim rechtmäßigen Streik)
   b) gegen die Gewerkschaft
      – Ansprüche aus Vertrag (Unterlassung, Schadensersatz)
      – Ansprüche aus unerlaubter Handlung

Sachregister